智能制造新模式应用系列

智能解密
——智能+场景应用案例解析

刘明雷　丁德宇　主编

电子工业出版社
Publishing House of Electronics Industry
北京·BEIJING

内 容 简 介

本书由 9 篇专家署名文章及 9 篇企业案例组成，从理论体系架构、管理、5G 和区块链、数字经济、智造人才培养等方面对智能制造进行深入分析和探讨，通过典型案例形象地描述了我国智能制造在行业及企业中发展的应用场景，对智能制造的理解和分析具有前瞻性的理论价值，对企业开展智能制造的实施与改造具有重要的指导意义。

本书可为政府部门、制造业企业及从事制造业政策制定、管理决策和咨询研究的人员提供参考，也可以供高等院校相关专业师生及对制造业感兴趣的读者学习。

未经许可，不得以任何方式复制或抄袭本书之部分或全部内容。
版权所有，侵权必究。

图书在版编目（CIP）数据

智能解密：智能+场景应用案例解析 / 刘明雷，丁德宇主编. —北京：电子工业出版社，2021.4
（智能制造新模式应用系列）
ISBN 978-7-121-40740-6

Ⅰ. ①智… Ⅱ. ①刘… ②丁… Ⅲ. ①智能制造系统—制造工业—案例—中国 Ⅳ. ①F426.4

中国版本图书馆 CIP 数据核字（2021）第 042339 号

责任编辑：秦　聪
印　　刷：北京市大天乐投资管理有限公司
装　　订：北京市大天乐投资管理有限公司
出版发行：电子工业出版社
　　　　　北京市海淀区万寿路 173 信箱　邮编：100036
开　　本：720×1 000　1/16　印张：15　字数：312 千字
版　　次：2021 年 4 月第 1 版
印　　次：2021 年 4 月第 1 次印刷
定　　价：79.00 元

凡所购买电子工业出版社图书有缺损问题，请向购买书店调换。若书店售缺，请与本社发行部联系，联系及邮购电话：(010) 88254888，88258888。
质量投诉请发邮件至 zlts@phei.com.cn，盗版侵权举报请发邮件至 dbqq@phei.com.cn。
本书咨询联系方式：(010) 88254568，qincong@phei.com.cn。

智能制造新模式应用系列丛书编委会

顾问：

李伯虎 中国工程院院士

姚建铨 中国科学院院士

褚君浩 中国科学院院士

倪光南 中国工程院院士

赵淳生 中国科学院院士

指导委员会主任：

屈贤明 中国工程院制造业研究室主任

委员：

刘九如 电子工业出版社总编辑兼华信研究院院长

刘　强 北京航空航天大学机械工程及自动化学院教授、博导

范玉顺 清华大学教授、博导、清华大学系统集成研究所所长

石　勇 机械工业信息研究院副院长

郭源生 工业和信息化部电子元器件行业发展研究中心总工程师

主编：

刘九如 电子工业出版社总编辑兼华信研究院院长

郭源生 工业和信息化部电子元器件行业发展研究中心总工程师

刘　强 北京航空航天大学机械工程及自动化学院教授、博导

执行主编：

徐　静 华信研究院智能制造研究所所长、电子工业出版社副总编辑

丁德宇 北京元工国际科技股份有限公司董事长

李　奇 北京奇步自动化设备控制有限公司董事长

刘明雷 中国智能制造百人会秘书长

执行副主编：

袁宏伟 广东工信两化融合发展中心主任

宋　谠 合肥市首席信息官协会会长

王长怀 北京天云聚合科技有限公司董事长

肖继元 中国智能制造百人会副秘书长

王　玉 青岛玉成咨询有限公司总工程师

姚信威 浙江工业大学教授，浙江省人工智能产业技术联盟常务副理事长兼秘书长

朱文华 浦江学者、上海第二工业大学特聘教授

欧阳生 精益智能制造理论创始人、灵满咨询资深顾问

张靖笙 粤港澳国家应用数学中心战略拓展委员会委员

序　言

随着我国工业经济规模持续扩大，制造业企业生产质量与效益同步提升，创新意识与能力显著增强，为高质量发展打下了良好基础。然而，我国工业经济大而不强，地区与地区、企业与企业之间发展参差不齐的问题依然突出。

在当今世界经济复杂多变、多边贸易摩擦不断的新形势下，实体经济转型升级迫在眉睫，需要加快产品创新、服务创新、商业模式创新的应对步伐，加快新旧动能转换过程，推广普及智能化生产、智能化服务、智能化管理，全面迎接数字经济时代的到来已成为共识。

随着人工智能、大数据、互联网、5G 等新一代信息技术的飞速发展，全球制造业数字化、网络化、智能化日益推进。制造强国战略已经实施了五年，在这五年中国务院先后出台了《国务院关于推进"互联网+"行动的指导意见》《新一代人工智能发展规划》《关于深化"互联网+先进制造业"发展工业互联网的指导意见》等指导性文件，由工业和信息化部牵头先后确立了智能制造试点示范、工业互联网试点示范、制造业与互联网融合发展试点示范等项目，指导实体经济实现高质量发展，智能制造升级已经取得初步成效。

电子工业出版社有限公司作为工业和信息化部直属单位，近年来组织出版了智能制造系列书籍，涵盖教材类、社科类、科普类等，特别是配合国家产业政策推进，宣贯智能制造试点示范优秀案例。中国智能制造百人会联合电子工业出版社有限公司在征集优秀智能化产品、智能制造解决方案和典型实践案例的基础上，出版《智能解密——智能+场景应用案例解析》《智慧工厂技术与应用》《未来智路——实例解读如何走出智能制造33个误区》等智能制造新模式应用系列图书，以推广制造业企业智能化升级的典型经验、普及智能制造技术应用示范，更好地服务于广大科技工作者、制造业从业者、研究机构科研人员及对智能制造领域感兴趣的人士。

本系列丛书编委会特邀国家制造强国战略咨询委员会、清华大学、北京航空航天大学等单位的学术权威专家作为指导顾问，组织了中国智能制造百人会专家委员会、航天云网、中车集团、潍柴动力、海尔集团、上汽大通、大连光洋、江西合力泰等制造业先进企业代表和产学研专家、学者共同参与编写工作。

　　本系列丛书内容既有工业大数据、人工智能、物联网等先进技术应用场景分析，也有大规模定制、智能化柔性生产等新型生产制造模式的具体场景部署案例解读，旨在宣贯优秀案例、为企业提供参照样本的同时，引导企业提升创新驱动能力，为企业解决好产业链、创新链、资金链的优化配置提供参考依据，着力引导企业解决设备、工艺、基础零部件、核心系统软件等短板问题，推动企业智能制造集成创新发展。科技是第一生产力，赋能企业升级转型，离不开新时代复合型智能人才的培养，本系列丛书的作者都是从业十余年甚至几十年的业界一线专家，是新时代"匠心精神"的杰出代表。衷心希望本系列丛书在传递信息知识的同时，通过这些优秀人物的履历和取得的工作成绩为广大读者提供榜样，推广普及"匠心思维"，为企业理性升级、培养"匠心人才"提供鲜活教材。

　　期望本系列丛书能为我国从制造大国迈向制造强国做出积极贡献。

2021 年春

前　言

2021年为"十四五"开局之年。新春伊始，在"中国信息化 iTECH2020 年会暨中国智能制造百人会 2021 年会"上，中国工程院李伯虎院士与中国智能制造百人会专家委主任、清华大学国家 CIMS 中心副主任范玉顺教授等 30 多位专家为企业数字化、网络化、智能化发展建言献策，同时就如何编写智能制造优秀示范企业的数字化转型升级的案例提出了宝贵意见。

2021年，中国智能制造百人会秘书处将"专家出版计划"列为工作重点，继续推进智能制造新模式系列丛书的出版工作。本系列丛书特邀两院院士、中国智能制造百人会专家顾问李伯虎、姚健铨、倪光南、褚君浩、赵淳生担任顾问，中国工程院制造业研究室主任屈贤明担任指导委员会主任，由电子工业出版社总编辑兼华信研究院院长刘九如、工业和信息化部电子元器件行业发展研究中心总工程师郭源生、北京航空航天大学机械工程及自动化学院教授刘强等编委会委员统筹丛书出版工作。本系列丛书已出版了《智慧工厂技术与应用》《未来智路——实例解读如何走出智能制造33 个误区》等，2021年聚焦"智能+""互联网+"新业态、新模式，先行推出了《智能解密——智能+场景应用案例解析》一书。

本书采取汇编模式，紧扣企业数字化、智能化建设实践，既有智能制造领域专家学者撰文论述，又有深度剖析企业智能化转型升级的实战案例，共十八章。

第一章：从机电一体化到智能制造，作者为中国工程院制造业研究室主任屈贤明；第二章：智能制造理论体系架构研究，作者为北京航空航天大学江西研究生院院长刘强；第三章：数字加管理 打造智能力，作者为中国智能制造百人会专家委员张明文；第四章：智能制造落地实践向导，作者为北京元工国际科技股份有限公司董事长丁德宇；第五章：5G+区块链为数字经济添加"快速+安全"双动力，作者为中国移动通信联合会区块链专业委员会主任陈晓华；第六章：数字经济与预期经济分析，作者为山东省大数据研究会副秘书长俞少平；第七章：龙头企业数字化转型的历史机遇和战略，作者为中关村大数据交易产业联盟副秘书长张涵诚；第八章：智能制造应用型人才培养的实践与思考，作者为天津职业技术师范大学机器人及智能装备研究所所长邓三鹏；第九章：疫情启示呼吁新智造文化，作者为粤港澳国家应用数学中心战略拓展委员会委员张靖笙；第十章：工业大数据在物流装备领域应用的探索，作者为卫华集团有限公司总裁俞有飞；第十一章：基于互联网架构的订单交付流程应用，作者为河北雷萨重型工程机械有限责任公司董事长杨国涛、北汽福田汽车信息技术部经理王培友；第十二章：汽车 C2B 定制化业务模式的实现，作者为上汽大通有限公司南京 ME 总工程师王颖；第十三章：北京星火站智慧建造新模式，作者为筑讯（北京）科技有限公司总经理汪军；第十四章：玻璃纤维智能制造新模式应用，作者为巨石集团有限公司信息技术部总经理于亚东；第十五章：铅炭电池数字化车间建设，作者为浙江天能动力能源有限公司蒋鑫成、宋文龙；第十六章：电子行业智能制造新模式应用，作者为北京元工国际科技股份有限公司技术总监靳春蓉；第十七章：从"电子制造"到"电子智造"的蜕变之路，作者为天准科技股份有限公司技术总监曹葵康、机械部经理黄沄；第十八章：电动汽车充电新技术新模式应用，作者为清华大学能源互联网创新研究院研究员张罗平。

  为更好地促进专家学者了解企业数字化、智能化发展现状，丛书编委会在北京、南京、青岛、济南、佛山、绍兴等地组织召开了智能制造研讨会及出版工作会议，深入企业现场考察。收集与整理企业案例材料的过程得到了中国智能制造百人会副理事长、元工国际董事长、本书主编之一丁德宇的积极肯定和支持，以及清华大学能源互联网创新研究院研究员张罗平、浙江工业大学教授/浙江省人工智能产业技术联盟常务副理事长兼秘书长姚信威、青岛玉成咨询有限公司总工程师王玉、合肥市首席信息官协会会长宋谠、广东省工信两化融合发展中心秘书长袁宏伟、科工网董事长王禹智，国轩电池、上汽大通、菲尼克斯(中国)、卫华集团、北汽福田、巨石集团、天准智能、天能动力、中国通信工业协会、中国机电一体化技术应用协会等众多专家委员和企事业单位的大力支持和帮助。在此，向"坚守匠心"的专家、学者、企业家和参编作者们，表示最诚挚的敬意！我们也衷心希望本书的出版能给广大实体企业带来对高质量发展的新思考，发现新契机、新曙光，谱写智能制造的美好新篇章。

  在此还要感谢本书的全体作者及编辑努力克服疫情的影响，为编写及出版工作贡献了汗水和智慧，但是由于水平和时间有限，书中可能还存在纰漏和不足，敬请广大读者批评指正。

本书编委会
2021 年 3 月

目　录

上篇　专家观点

第一章　从机电一体化到智能制造 ... 002
　　一、技术的融合和产业的融合是技术进步和产业进步的主要途径 ... 002
　　二、要高度重视民生产业的智能化改造 ... 004

第二章　智能制造理论体系架构研究 ... 008
　　一、制造技术发展变迁与新挑战 ... 008
　　二、对智能制造内涵的认知发展 ... 011
　　三、智能制造理论体系构建 ... 013
　　四、智能制造的总体目标、核心主题和关键技术体系 ... 015
　　五、智能制造发展模式和路径探索 ... 022
　　六、总结 ... 028
　　参考文献 ... 029

第三章　数字加管理　打造智能力 ... 030
　　一、制造业的"资源—能力—竞争力" ... 030
　　二、智能制造的路径——打造智能力 ... 034
　　三、数字加管理，打造智能力，提高竞争力 ... 040

第四章　智能制造落地实践向导 ... 045
　　一、以数字孪生体为核心构建信息物理系统 ... 045
　　二、以数学模型为工具推进信息自动化 ... 048
　　三、以平台化应用为导向，适应频繁变化的需求 ... 054

第五章　5G+区块链：为数字经济添加"快速+安全"双动力 ... 059
　　一、区块链技术 ... 059
　　二、5G和区块链融合赋能 ... 063
　　三、"5G+区块链"融合应用 ... 070

第六章　数字经济与预期经济分析 ... 079
　　一、经济模型 ... 079
　　二、数字技术与数字经济的关系 ... 080

三、数字经济模式 ·· 081
　　四、当前的现状与历史原因 ······································· 084
　　五、近期需要解决的几个问题 ····································· 084
　　六、预期经济的发展路线和任务 ··································· 085
　　七、预期经济发展的必要性和意义 ································· 087
　　参考文献 ·· 088

第七章　龙头企业数字化转型的历史机遇和战略 ················ 089
　　一、龙头企业对产业的驱动变革作用 ······························ 089
　　二、8种构建产业生态的入口级平台 ································ 091
　　三、总结 ·· 094

第八章　智能制造应用型人才培养的实践与思考 ··············· 095
　　一、制造业现状及发展趋势 ·· 095
　　二、智能制造相关专业的发展 ······································ 098
　　三、智能制造应用型人才培养的实践与思考 ····················· 100
　　四、总结 ·· 107

第九章　疫情启示呼吁新智造文化 ·································· 108
　　一、疫情是对人类科技的一次大考 ································· 108
　　二、疫情对制造业企业文化建设的重要启示 ····················· 108
　　三、企业转型要先消除组织学习障碍 ······························ 110
　　四、智能制造需要数字孪生的工匠精神 ··························· 112
　　五、智能制造需要"智造+"新思维 ································ 115
　　六、中华文化推动世界智造 ·· 119
　　七、新工业革命与创客文化 ·· 122
　　八、帮助消费者成为创客是新智造文化的必然趋势 ·············· 124
　　参考文献 ·· 125

下篇　企业应用案例

第十章　工业大数据在物流装备领域应用的探索 ················ 127
　　一、项目实施背景与状况 ··· 127
　　二、项目主要实施内容和措施 ······································ 128
　　三、项目实施成效 ··· 139

第十一章　基于互联网架构的订单交付流程应用 ··············· 143
　　一、项目实施背景与状况 ··· 143

二、项目主要实施内容和措施……………………………………145
　　三、项目实施成效…………………………………………………150
　　四、项目实施经验…………………………………………………151

第十二章　汽车 C2B 定制化业务模式的实现……………………152
　　一、项目实施背景与状况…………………………………………152
　　二、项目主要实施内容和措施……………………………………153
　　三、项目实施成效…………………………………………………163

第十三章　北京星火站智慧建造新模式……………………………166
　　一、项目实施背景与状况…………………………………………166
　　二、项目主要实施内容和措施……………………………………168
　　三、项目实施成效…………………………………………………181
　　四、项目实施经验…………………………………………………182

第十四章　玻璃纤维智能制造新模式应用…………………………184
　　一、项目实施背景与状况…………………………………………184
　　二、项目主要实施内容和措施……………………………………186
　　三、项目实施成效…………………………………………………189
　　四、项目实施经验和问题分析……………………………………192

第十五章　铅炭电池数字化车间建设………………………………195
　　一、项目实施背景与状况…………………………………………195
　　二、项目主要实施内容和措施……………………………………197
　　三、项目实施成效…………………………………………………202
　　四、项目实施经验…………………………………………………203

第十六章　电子行业智能制造新模式应用…………………………205
　　一、项目实施背景与状况…………………………………………206
　　二、项目主要实施内容和措施……………………………………207
　　三、项目实施成效…………………………………………………212
　　四、项目实施经验…………………………………………………213

第十七章　从"电子制造"到"电子智造"的蜕变之路…………214
　　一、项目实施背景与状况…………………………………………214
　　二、项目主要实施内容和措施……………………………………215
　　三、项目实施成效…………………………………………………216
　　四、项目实施经验…………………………………………………217

第十八章　电动汽车充电技术新模式应用 …………………… 218
一、项目实施背景与状况 ………………………………… 218
二、项目主要实施内容和措施 …………………………… 219
三、项目实施成效 ………………………………………… 225
四、项目实施经验 ………………………………………… 226

上篇　专家观点

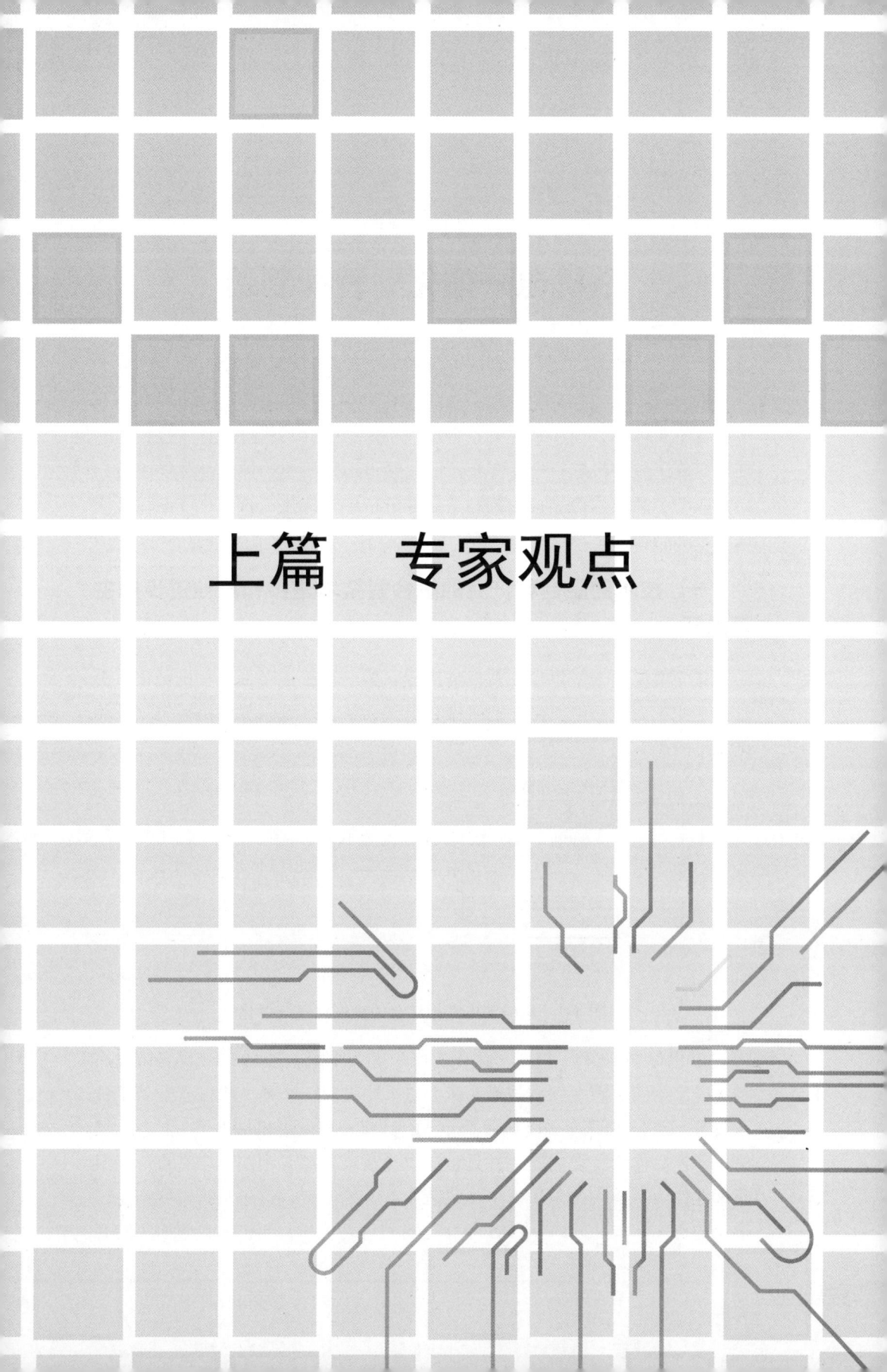

第一章
从机电一体化到智能制造

中国工程院制造业研究室主任　屈贤明

机电一体化，简单来说就是普通的机床结合计算机技术、数控技术，使它变成了数控机床；一个传统产品，通过运用机电一体化及智能改造，会变成一个高技术产品；传统制造业经过机电一体化、智能化改造，会变成先进的制造业。

一、技术的融合和产业的融合是技术进步和产业进步的主要途径

先简要说明一下世界工业发展历程：第一次工业革命——机械化；第二次工业革命——电气化。把机械和电气相结合，可以称为机械电气一体化（见图1-1）。

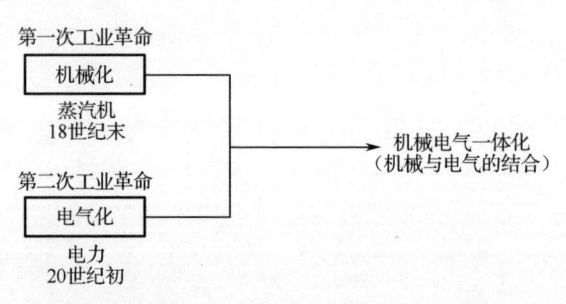

图1-1　机械和电气相结合的机械电气一体化

20世纪70年代，机电一体化的概念进入中国。在1986年国务院发布的《国家十四个重要领域技术政策要点》中，有一个是《机械工业若干技术政策要点》（以下简称《政策要点》），其将积极发展机械电子一体化、机械电子产品作为主要内容，并且是这个《政策要点》中的一个亮点。我很荣幸地作为执笔人参与了这个《政策要点》的制定，这条政策对我产生了很大的影响。与此同时，1985年，受国家科委委托，原机械科学研究院开

始进行重大软科学研究，《机电一体化发展预测和综合研究》对推动中国发展机电一体化发挥了重要的作用，这个开创性的研究成果获得了国家科技进步三等奖。

正是由于这一政策要点以及这样一个政策研究课题，1989年诞生了机电一体化协会，这是一脉相承的。

20世纪90年代，国家提出了"以信息化带动工业化"的概念，刚提出时，时任机械工业部的何光远部长对此是很不赞成的，认为信息化带不动工业化。当然，后来提出了"以工业化促进信息化"，这样就比较全面了。在20世纪90年代，我国开始推进CAD/CAM、MRPⅡ（ERP），进入了数字化制造阶段。也就是说，"制造技术+数字技术"产生了数字化制造。

21世纪以来，互联网在中国得到了广泛应用，"数字化制造+互联网""数字化网络化制造"应运而生。近几年，随着人工智能技术的突破，"数字化网络化制造+人工智能""数字化网络化智能化制造"出现，或者可以说这才是真正的智能制造。

再说远一点，第二次世界大战之后，计算机技术诞生，其与机床的结合产生了最早的机械技术与计算机技术融合的产品——数控机床。这可称之为最早、最具代表性的机电一体化产品。

机械技术与计算机技术、微电子技术、信息技术紧密结合。这种结合从硬件和软件两方面实现，把机械产品的功能、性能及制造过程提高到了一个新的水平，使机械产品的构成发生了变化，所带来的经济效益和社会效益是巨大的。所以，日本在20世纪提出了"机电一体化""机械电子学"，还创造了一个英文组合词"Mechatronics"。

再举一些在20世纪70年代与80年代发生的例子。

比如，日本生产的具有微处理器、微型计算机的机电一体化产品，其产值到1979年已经达到了仪器仪表工业总产值的60%。

1983年，日本生产数控机床2.6万台，产品数控化率达到了18.9%，产值数控化率达到了60.8%。

汽车采用微处理器是从1976年开始的，用它来控制燃料的喷射装置，这就是现在我们所说的电喷、点火正时。微处理器能够实现节油、降低污染排放、延长汽车寿命等，意义重大。

当然，德国在《德国工业4.0》中写明：第三次工业革命是以1976年PLC的出现为标志的。所以，无论是日本还是德国，都是从20世纪70年代开始将机械技术与电子技术、计算机技术、微电子技术相结合，这是一个重要的发展节点。

从四次工业革命的发展历程（见图1-2）来看，工业革命实际上是技术融合和产业融合的产物。第三次工业革命也可以说是机电一体化结出的硕果，尽管后来发生了很多的变化，但是实质、根源在于机电一体化。

图1-2 工业革命发展历程

二、要高度重视民生产业的智能化改造

机电一体化、数字化、网络化、智能化应该把民生产业作为一个主要领域。

1. 传统产业不是"夕阳产业"

与人民生活密切相关的纺织、服装、食品、饮料、家具、家电、玩具等产业，以及钢铁、石化、建材等产业，被许多专家称为传统产业，其实它们中的大部分是民生产业。当然也有人进而认为这些产业是"夕阳产业"，认为这些产业看不到未来。

说这些民生产业是传统产业没错，因为其历史悠久，但是说他们是"夕阳产业"就大错特错了。100年、1000年以后，如果人类的肌体功能没有太大的变化，那么穿衣、吃饭、睡觉永远是人类最基本、最主要的需求。希望穿得漂亮、身体健康、家具舒适是当今也是未来人们最大的生活需求，只不过人的需求会不断升级。

传统产业是相对于新兴产业而言的，可以分为基础材料产业和消费品产业。传统产业在国民经济中具有重要地位：传统产业增加值大约占我国规模以上制造业增加值的80%以上。出口方面：2017年1—10月，我国机电产品及服装、纺织品、鞋类、家具等7类民生产品占出口总值的78.2%；就业方面：全国2.88亿名农民工大部分在传统产业就业，如纺织业就业人数为2000多万人，占制造业就业总人数的10.4%。

由于劳动力成本不断攀升，招工难的问题日益突出。对于以劳动密集为特征的传统产业，比起以技术密集为特点的新兴产业，更迫切要求用新的技术、生产工具和生产方式来取代传统的技术和生产工具。当今自动化、数字化、网络化、智能化制造是改造和提升传统产业最为有效的手段。

以互联网为代表的新一代信息技术将改变人类的生活方式，也将给传统产业带来革命性的变化。"传统制造+互联网"将走向数字化网络化制造，再加上人工智能，最终将走向智能制造。传统制造业的智能化改造为智能制造装备及工业软件的发展提供了巨大的市场，值得高度重视。传统产业经过改造提升将成为先进制造业，"夕阳产业"将成为"朝阳产业"。

从泉州推动智能化改造的案例中可以得到一些有益的启示。泉州是一个以纺织服装、制鞋、建材家具、食品饮料等传统制造产业为重点的工业城市。但是从 2015 年到 2019 年，这个城市发生了巨大的变化：第一，推动自动化、数字化、网络化、智能化改造已经成为企业的普遍需求，已经有 2200 多家企业参与其中。2014 年，泉州的达利园食品有限公司的饮料罐装生产线是自动化的，而当时其他同类企业基本都是手工的、机械化的。第二，个性化定制生产模式已经被越来越多的企业所认识，并且身体力行地推进。第三，面对电子商务，制造企业已经由抵触、恐惧转向接受、拥抱。2014 年，我参加了一个泉州企业家座谈会，一些制鞋和制衣企业家建议取缔网上销售这种商业模式。但是五年以后，这些企业家们都接受了这种新的模式，可以说是拥抱了互联网。

2018 年，泉州交出一份满意的成绩单，完成地区生产总值 8467.98 亿元，同比增长 8.9%，总量及增速继续占据福建"领头羊"地位。而 2019 年的数据更让人刮目相看：2019 年前 9 个月，泉州出口额逆势上升，增长 17.9%，10 月的数据增长达到了 20%。泉州的经验表明，传统制造业不是"夕阳产业"，只要抓好了转型升级，也能成为"朝阳产业"。

比如，制鞋一般都是手工制作的，国外有两家公司开发出了自动制鞋生产线，但是很难适应鞋的类型变化的需求，所以这两条生产线都没能长期运行。但是，泉州华宝科技有限公司研制的智能生产线就很成功，他们掌握了一批关键技术，如基于 3D 视觉的机器人制鞋成型工艺中的胶线提取技术、施胶路线的智能化，以及大数据、云平台的制鞋成型系统，建立了数字孪生系统（见图 1-3）。

智能解密——智能+场景应用案例解析

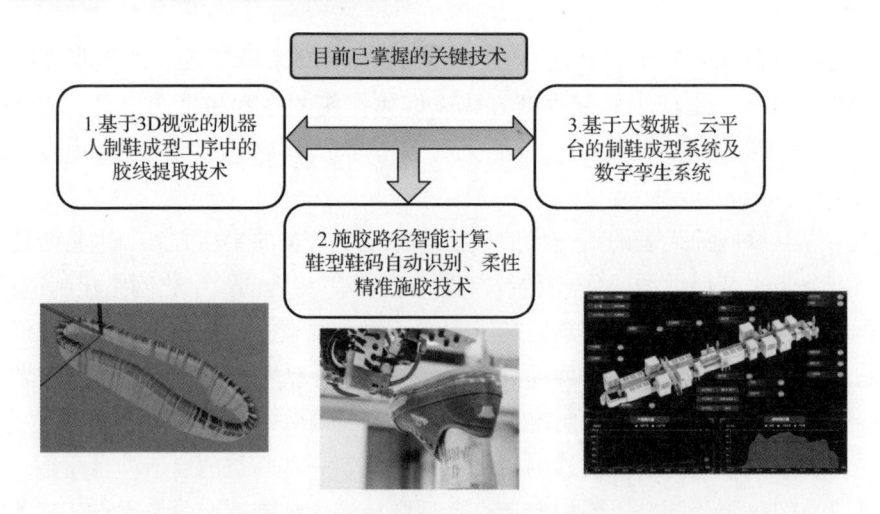

图1-3 泉州华宝科技有限公司智能生产线的关键技术

泉州华宝科技有限公司已经有八条智能生产线（五条硫化鞋线、三条冷贴鞋线）开始运转（见图1-4），取得了相当不错的效果，用工的人数从66人减少到8人，产品合格率从96%提高到99.9%，产品返修率从5%降低到0.5%，外观质量合格率从96%提高到100%。

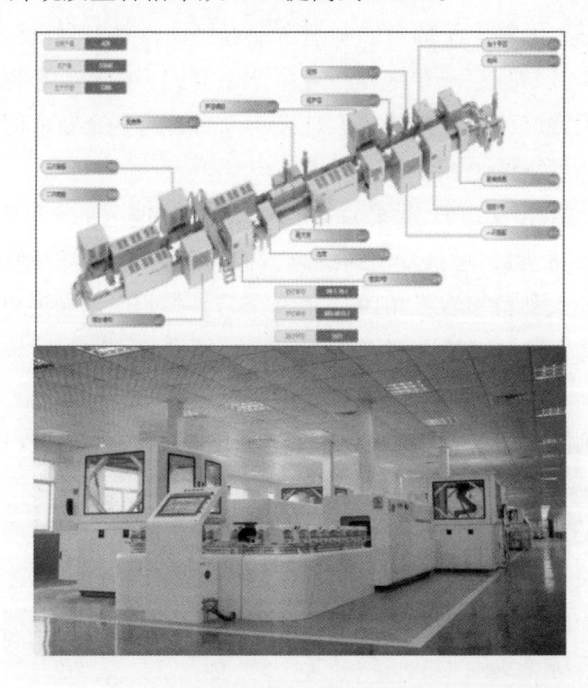

图1-4 泉州华宝科技有限公司的智能生产线示意图

此智能制鞋生产线很有推广价值，现在我国年产 120 亿双鞋，就需要 7000 条生产线，一条生产线卖 500 万元。所以这个产业有可能成为千亿元级的产业集群。

2. 以纺织服装为代表的传统产业是我国的优势产业

中国工程院于 2019 年 7 月将我国六大传统产业的综合水平与国外发达国家的综合水平做了对比，结果是我国的纺织服装产业与家电产业的综合水平为世界领先；钢铁产业、石化产业、建材产业的综合水平为世界先进；食品产业由于食品安全性以及其装备水平较差，所以总体差距比较大。由此，一个出人意料又在情理之中的结论是：六大传统产业是我国制造业最具优势和竞争力的板块。

以纺织服装产业为例，规上企业主营收入为 53703 亿元，出口创汇 2766 亿美元，占全球该产业总额的 11.1%，美国进口的纺织服装有 36.5%来自中国；实现净创汇 2501 亿美元，占全国净创汇总额的 71%，解决就业 2000 万人，每年为农村进城务工人员提供 1000 万个就业岗位。

以北京机械工业自动化所（以下简称北自所）发展涤纶长丝后纺物流装备及提供解决方案为例，可以说明我国智能制造系统集成商的重要作用。我国的后纺工艺普遍存在着人工作业、人工管理、占场地面积大、劳动强度大、人手直接接触丝饼等问题。北自所从 2009 年至今，在这个领域一步一步地发展，一步一步地耕耘，从只能提供 240 万落丝设备、0.8 亿元销售收入的自动包装线，发展到 2019 年已形成 7 亿元的销售规模，并形成了一个很有特色的团队，团队规模从 14 人发展到 50 余人，客户数量从 2 家发展到 13 家，订单体量从几百万元到超过亿元。北自所开发的自动络筒机、全自动络丝系统、智能包装线、成品立体仓库、丝车转运及缓存系统等化纤后纺生产全流程智能物流系统，已经在行业里得到了推广普及，成为新建工厂的必备系统。目前这套解决方案占据国内 85%到 90%的市场份额，其余为进口产品。

北自所走了一条从点到线、迭代发展的道路，并发挥样板的作用，在行业中大力推广智能制造。如果说我们这几年推进智能制造时着眼的更多是一个点，那么北自所经过十年的努力研究，在化纤设备领域走出了一条成功之路，在整个行业中发挥了重要的作用。

第二章
智能制造理论体系架构研究

北京航空航天大学江西研究生院院长　刘　强

近年来,制造技术面临诸多挑战,如产品性能指标要求越来越高且呈个性化,交付期、成本、环保压力不断增加,制造场景日益复杂。同时,新一代信息通信技术和新一代人工智能技术与制造技术深度融合,给制造业带来新的理念、模式、技术和应用,展现出制造技术和制造业发展的前景。德国于2013年提出"工业4.0",于2019年11月正式发布《国家工业战略2030》(*Nationale Industrie Strategie 2030*);2015年,中国提出制造强国战略;2018年,美国国家科学技术委员会下属的先进制造技术委员会发布了《先进制造业美国领导力战略》(*Strategy for American Leadership in Advanced Manufacturing*)。在这些国家发展战略中,各国不约而同地将智能制造确定为其振兴工业发展战略的关键,智能制造由此成为全球工业界关注的重点和学术界研究的热点。笔者基于近年来对智能制造的理论体系、关键技术和应用实践等的研究和探索,结合国内外的相关成果,提出一个以理论基础、技术基础、支撑技术、使能技术、核心主题和总体目标为主体内容的智能制造理论体系架构。

一、制造技术发展变迁与新挑战

制造活动是人类进化、生存、生活和生产活动中一个永恒的主题,是人类建立物质文明和精神文明的基础。与工业化进程和产业革命紧密相连,制造业已先后经历了机械化、电气化和信息化三个阶段,现在正处于智能化发展的第四个阶段,这四个阶段现在普遍被称为四次工业革命(分别称为工业1.0、工业2.0、工业3.0和工业4.0)。

从工业1.0到工业4.0,每一次工业革命中,制造技术都发生了重大变迁,如表2-1所列,从各阶段的主要标志、时代特点、生产模式、制造技术特点、制造装备及系统等方面,列出了不同的工业阶段制造技术的特征,以便进行对比。

表 2-1　不同的工业阶段制造技术特征对比

工业 x.0	主要标志	时代特点	生产模式	制造技术特点	制造装备及系统
工业 1.0	蒸汽机动力应用	蒸汽时代	单件小批量	机械化	集中动力源的机床
工业 2.0	电能和电力驱动	电气时代	大规模生产	标准化、刚性自动化	普通机床、组合机床、刚性生产线
工业 3.0	数字化信息技术	信息化时代	柔性化生产	柔性自动化、数字化、网络化	数控机床、复合机床、FMS、CIMS
工业 4.0	新一代信息技术（I-Internet,IoT,AI,BD,CC,…）	智能化时代	网络化协同、大规模个性化定制	人—机—物互联、自感知、自分析、自决策、自执行	智能化装备、增材制造、混合制造、云制造、赛博物理生产系统

从工业 1.0 到工业 2.0 的变化特点是从依赖工人技艺的作坊式机械化生产，走向产品和生产的标准化以及简单的刚性自动化。标准化表现在许多不同的方面：零件设计的标准化、制造步骤的标准化、检验和质量控制的标准化等。刚性自动化的目的是提高制造过程的速度，同时考虑过程的可重复性。刚性自动化系统最大的不足是在设计中并不关注工艺的柔性，即一旦自动化系统完成和投入生产，不能再改变其设定的动作或生产过程。如 1908 年的福特 T 型车生产线，该车的巨大成功来自亨利·福特的数项革新，其中一项最重要的革新是以标准化的流水装配线大规模作业代替传统个体手工制作。

从工业 2.0 发展到工业 3.0，则产生了复杂的自动化、数字化和网络化生产。这个阶段相对于工业 2.0 具有更复杂的自动化特征，追求效率、质量和柔性。先进的数控机床、机器人技术、PLC 和工业控制系统可以实现敏捷的自动化，从而允许制造商以合理的响应能力和精度质量、适应产品的多样性和批量大小的波动实现柔性化制造。工业 3.0 的另一个特点是在制造装备（如数控机床、工业机器人等）上安装各种传感器和仪表，以采集装备状态和生产过程数据，用于制造过程的监测、控制和管理。此外，工业 3.0 具有网络化支持特性，通过联网，机器与机器、工厂与工厂、企业与企业之间能够进行实时和非实时通信、连通，实现数据和信息的交互和共享。传感器、数据共享和网络为制造业提供了全新的发展驱动力，当然，也带来了网络安全风险。

从工业 3.0 到工业 4.0，制造技术发展将面临四大转变：从相对单一的制造场景转变到复杂混合的制造场景；从面向控制的机器学习转变到分析决策的深度学习；从基于经验知识决策转变到基于数据证据决策；从解决可见的现有问题转变到预防不可见的未来问题（见图 2-1）。

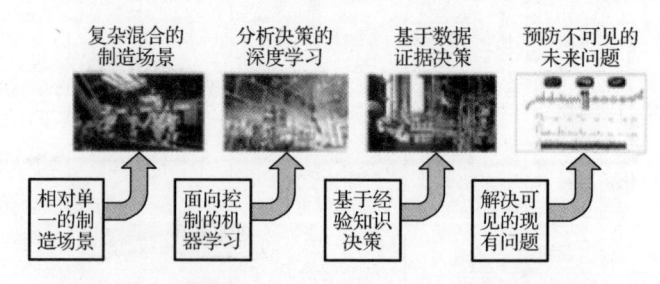

图 2-1　从工业 3.0 到工业 4.0 制造技术面临的新转变

智能制造成为未来制造发展趋势，为满足新的挑战，需要我们的制造系统具有预测和适应未知场景的智能优化能力，能够自感知、自学习、自组织、自适应，从而实现大制造闭环、全生命周期的闭环，而不是单台机床或者局部闭环。我们要处理的数据越来越多，除了结构化数据，非结构化数据也要去处理，从而支持我们进行决策与预测；不同层级的 **CPS**、**DT** 将虚拟仿真和物理生产过程深度融合，从而支撑后面的系统。

未来，从底层设备到单元再到生产线，预见不可见的未发生问题成为我们保证需求的一个重要方面。

为了适应上述转变，工业 4.0 的制造技术将呈现出新的技术特征，一是基于先验知识和历史数据的传统优化将发展为基于数据分析、人工智能、深度学习的具有预测和适应未知场景能力的智能优化；二是面向设备、过程控制的局部或内部的闭环将扩展为基于泛在感知、物联网、工业互联网、云计算的大制造闭环；三是大制造闭环系统中处理的数据不仅是结构化数据，还包括大量的非结构化数据，如图像、自然语言，甚至社交媒体中的信息等；四是基于设定数据的虚拟仿真、按给定指令计划进行的物理生产过程，将转向以不同层级的数字孪生、赛博物理生产系统的形式将虚拟仿真和物理生产过程深度融合，从而形成虚实交互融合、数据信息共享、实时优化决策、精准控制执行的生产系统和生产过程，使之不仅能满足工业 3.0 时代的性能指标（如生产率、质量、可重复性、成本和风险），并且能进一步满足诸如灵活性、适应性和韧性（能从失败或人为干预中学习及复原的能力）等新指标。

为适应从工业 3.0 到工业 4.0 制造技术面临的上述新变化和新需求，众多研究者和工程师自 20 世纪 80 年代开始展开了针对智能制造理论、技术和系统的研究，近年来，从学者到企业家、从研究机构到政府已形成共识——智能制造是未来制造发展的必然趋势和主攻方向。

二、对智能制造内涵的认知发展

1989 年，智能制造专家安德鲁·库夏克首次明确提出了"智能制造系统"（Intelligent Manufacturing System）一词，并将智能制造定义为"通过集成知识工程、制造软件系统和机器人控制对制造技工们的技能和专家知识进行建模，以使智能机器可自主地进行小批量生产"。此时，智能制造的概念主要是从技术方面阐述的，描述一种面向生产制造过程的工程技术。智能制造最初的概念强调它是由智能机器和人类专家共同组成的人机一体化智能系统。早期的智能制造技术的主要研究内容包括：智能制造基础理论（如制造经验与知识的表达、自适应控制理论、智能控制系统理论与方法等）、智能化单元技术（柔性制造单元）、智能机器技术等。智能制造系统研究主要解决两个方面的问题：一方面是在制造系统中用机器智能替代人的脑力劳动，使脑力劳动自动化；另一方面是在制造系统中用机器智能替代熟练工人的操作技能，使制造过程不再依赖于人的"手艺"或"技艺"，或是在维持自动生产时，不再依赖于人的监视和决策控制，使制造系统的生产过程可以自主进行。

美国能源部在较早的关于智能制造的研究中，认为智能制造是先进传感、仪器、监测、控制和过程优化的技术和实践的组合，它们将信息和通信技术与制造环境融合在一起，实现工厂和企业中能量、生产率和成本的实时管理。2017 年，由美国能源部资助的清洁能源智能制造创新研究院（CESMII）发布的 2017 年到 2018 年智能制造的短期建设路线图指出，智能制造是 2030 年左右可以实现的制造方式，它是一系列涉及业务、技术、基础设施及劳动力的实践活动，通过整合运营技术和信息技术（OT/IT）的工程系统，实现制造的持续优化。该定义把所给出的四个维度中的"业务"放在第一位，把智能制造最终目的定位在持续优化（Optimizing），强调了智能制造是为业务服务的，智能化一定是和优化同步的并以此为目标的观点。此外，该定义提到了"劳动力"的实践活动，强调了人在智能制造中不可或缺的地位。

德国工业 4.0 描述了未来制造的几大关键特征，包括一个核心、两大

智能解密——智能+场景应用案例解析

主题和三项集成。其中,"一个核心"是指赛博物理系统(Cyber Physical System, CPS);"两大主题"是指智能工厂和智能生产,进一步将智能服务和智能物流融入整体,形成"四大主题";"三项集成"包括横向集成、垂直集成和端到端集成:价值网络的横向集成(Horizontal Integration Through Value Networks)是指跨越企业边界的一体化网络,分享产品设计、数字模型以及工艺细节,纵向集成和网络化制造系统(Vertical Integration and Networked Manufacturing Systems)是指可根据产品特点自动进行调整的、有弹性的、可随时重新编程构建的生产场景,贯穿全价值链的端到端工程(End to End Digital Integration Across the Entire Value Chain)是指实现从价值链上游的生产系统规划到最终产品消费整个价值链的、端到端的数字化工业设计开发。

在我国的制造强国战略研究报告中,认为智能制造是制造技术与数字技术、智能技术及新一代信息技术的融合,是面向产品全生命周期的具有信息感知、优化决策、执行控制功能的制造系统,旨在高效、优质、柔性、清洁、安全、敏捷地制造产品和服务用户。智能制造的内容包括:制造装备的智能化、设计过程的智能化、加工工艺的优化、管理的信息化、服务的敏捷化和远程化等。在工业和信息化部发布的《智能制造发展规划(2016—2020年)》中给出了智能制造的另一个表述——智能制造是基于新一代信息通信技术与先进制造技术深度融合,贯穿于设计、生产、管理、服务等制造活动的各个环节,具有自感知、自学习、自决策、自执行、自适应等功能的新型生产方式。

基于对工业革命与现代制造概念形成及发展的分析,以及对制造业和制造技术发展永恒目标的认识,并进一步分析工业4.0时代的特征,我们对工业4.0时代的智能制造内涵有了进一步的认知:智能制造是先进制造技术与新一代信息技术、新一代人工智能等新技术深度融合形成的新型生产方式和制造技术,它以产品全生命周期价值链的数字化、网络化和智能化集成为核心,以企业内部纵向管控集成和企业外部网络化协同集成为支撑,以物理生产系统及其对应的各层级数字孪生映射融合为基础,建立起具有动态感知、实时分析、自主决策和精准执行功能的智能工厂,进行赛博物理融合的智能生产,实现高效、优质、低耗、绿色、安全的制造和服务。

三、智能制造理论体系构建

1. 理论体系总体架构

人们对智能制造的目标、内涵、特征、关键技术和实施途径等的认识是一个不断发展、逐步深化的过程，当前迫切需要在总结智能制造的发展历史、理论和实践研究成果的基础上，形成一个智能制造理论体系架构，该理论体系架构旨在以功能架构模型描述构成智能制造理论体系的各个组成部分，明确各部分的主要内容及其相互关系，从而为智能制造的进一步研究、教学和实践提供框架和指导。基于近年来的科研和教学工作，笔者提出如图 2-2 所示的智能制造理论体系架构。

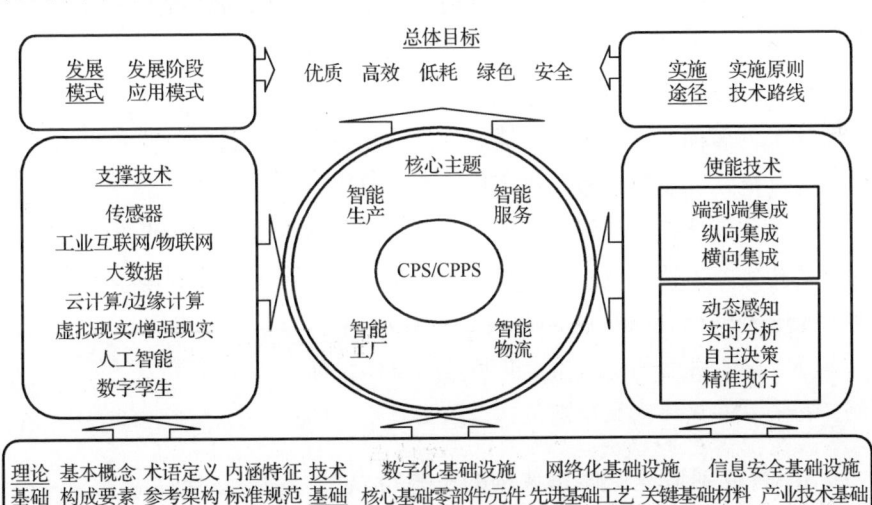

图 2-2 智能制造理论体系架构示意图

2. 智能制造理论体系架构各构成模块及其主要内容

（1）理论基础——阐明智能制造理论的概念、范畴、基本原理等。涉及智能制造的基本概念、术语定义、内涵特征、构成要素、参考架构、标准规范等。

（2）技术基础——阐明发展智能制造的工程技术基础和基础性设施条件等，涉及工业"四基"和基础设施两个方面。"四基"即核心基础零部件/元件、先进基础工艺、关键基础材料、产业技术基础；基础设施包括数字化基础设施、网络化基础设施、信息安全基础设施。

（3）支撑技术——属于智能制造的关键技术，涉及支撑智能制造发展的新一代信息技术和人工智能技术等关键技术。主要包括传感器、工业互联网/物联网、大数据、云计算/边缘计算、虚拟现实/增强现实、人工智能、数字孪生等。人们认为未来还会有新的技术出现。

（4）使能技术——属于智能制造的关键技术，涉及智能制造系统性集成和应用使能方面的关键技术，归结为三大集成技术和四项应用使能技术：端到端集成，纵向集成，横向集成；面向功能的、实现智能制造的功能特征的动态感知，实时分析，自主决策，精准执行。

（5）核心主题——阐述构成智能制造的核心内容和主要任务，概括为"一个核心"和"四大主题"。"一个核心"即赛博物理系统（CPS），以及由此构建的赛博物理生产系统（Cyber Physical Production System，CPPS）。CPS/CPPS 的实现形式和载体为智能制造的"四大主题"——智能工厂、智能物流、智能生产和智能服务。

（6）发展模式——阐述智能制造发展演进阶段的划分、特点和范式，包括演进范式、发展阶段和应用模式等。

（7）实施途径——阐述实施智能制造的基本原则，并给出推进智能制造落地的实施步骤建议，包括在业界已被广泛引用的智能制造"三要三不要"原则，以及规划落地实施的技术路线。

（8）总体目标——阐述智能制造的总体目标："优质、高效、低耗、绿色、安全"的具体内涵及意义。

3. 智能制造理论体系架构的主线特点

智能制造理论体系架构的构建，体现了从基础到应用、从理论到实践、从技术到实现、从任务到目标等系统化、层次化的特点，具体表现在：聚焦总体目标——"优质、高效、低耗、绿色、安全"；围绕核心主题——以赛博物理融合（生产）系统 CPS/CPPS 为核心，围绕智能工厂、智能生产、智能服务、智能物流四个主题；强化两大基础——智能制造理论基础和智能制造技术基础；突出两类关键技术——支撑技术和使能技术；阐明发展阶段、演进范式和可参考的应用模式，给出实施原则和具体实施步骤。

不管是数字化还是智能化，一定要先解决工艺问题，在传统落后工艺的基础上无法发展自动化、数字化和智能化。

数字化转型是实现制造业企业转型升级的关键，网络化是企业实现资源共享、集成重组、动态联盟的前提。工艺突破牵引高端装备创新研发，装备是工艺的载体，也是保证工艺实现的手段。

四、智能制造的总体目标、核心主题和关键技术体系

（一）总体目标

如前所述，工业 4.0 是正在发展之中的新工业革命，面临着一系列的变化和挑战，智能化是未来制造技术发展的必然趋势，赛博物理融合的智能制造是其核心，在工业 4.0 时代，智能制造的总体目标可以归结为如下五个方面。

（1）优质——制造的产品具有符合设计要求的优良质量，或提供优良的制造服务，或使制造产品和制造服务的质量优化。

（2）高效——在保证质量的前提下，在尽可能短的时间内，以高效的工作节拍完成生产，从而制造出产品和提供制造服务，快速响应市场需求。

（3）低耗——以最低的经济成本和资源消耗，制造产品或提供制造服务，目标是综合制造成本最低或制造能效比最优。

（4）绿色——在制造活动中综合考虑环境影响和资源效益，其目标是使整个产品全生命周期对环境的影响最小、资源利用率最高，并使企业经济效益和社会效益协调优化。

（5）安全——考虑制造系统和制造过程中涉及的网络安全和信息安全问题，即通过综合性的安全防护措施和技术，保障设备、网络、控制、数据和应用的安全。

（二）核心主题

1. 赛博物理系统（CPS）和赛博物理生产系统（CPPS）

CPS/CPPS 是智能制造理论体系架构中的核心。CPPS 是 CPS 在智能制造中的具体应用，它通过制造系统和制造活动的各个层级（产品、制造装备、制造单元、生产线、工厂、服务等）与各个方面（纵向、横向、端到端）的各种颗粒度物理对象映射——数字孪生，实现"人—机—物"连接，给各种设备赋予计算、通信、控制、协同和自治功能，将智能机器、存储系统和生产设施相融合，使人、机、物等能够相互独立地自动交换信息、触发动作和自主控制，实现一种智能、高效、个性化、自组织的生产方式，从而构建出真正的智能工厂，实现智能生产。

未来的智能制造过程中，物理系统中的智能化生产设备和智能化产品

将成为 CPS 的物理基础，虚拟产品和虚拟生产设备等通过数学模型、仿真算法、优化规划和虚拟制造等构成 CPS，物理系统和 CPS 通过工业互联网和物联网协同交互，构建出基于数字孪生的 CPPS，实现"人—机—物"之间、物理系统和 CPS 之间的网络互联、信息共享，从而可在赛博空间中对生产过程进行实时仿真和优化决策，并通过 CPS 实时操作和精确控制物理系统的生产设备和生产过程，支持在智能制造新模式下实现生产设施、生产系统及过程的智能化管理和智能化控制。

2. 四大主题——智能工厂、智能生产、智能物流和智能服务

1）智能工厂

重点研究智能化生产系统和过程，以及网络化分布式生产设施的实现。智能工厂是工业 4.0 中的一个关键主题，其主要内容可从多个角度来描述，本文仅从工厂模式演进的角度予以阐述。

（1）数字工厂是工业化与信息化融合的应用体现，它借助于信息化和数字化技术，通过集成、仿真、分析、控制等手段，为制造工厂的生产全过程提供全面管控的整体解决方案，它不限于虚拟工厂，更重要的是实际工厂的集成，包括产品工程、工厂设计与优化、车间装备建设及生产运作控制等。

（2）数字互联工厂是指将物联网（Internet of Things，IoT）技术全面应用于工厂运作的各个环节，实现工厂内部人、机、料、法、环、测的泛在感知和万物互联，互联的范围甚至可以延伸到供应链和客户环节。通过工厂互联化，可以缩短时空距离，为制造过程中"人—人""人—机""机—机"之间的信息共享和协同工作奠定基础，还可以获得制造过程更为全面的状态数据，使数据驱动的决策支持与优化成为可能。

（3）智能工厂：从范式维度看，智能工厂是制造工厂层面的信息化与工业化的深度融合，是数字化工厂、网络化互联工厂和自动化工厂的延伸和发展，通过将人工智能技术应用于产品设计、工艺、生产等过程中，使制造工厂在其关键环节或过程中能够体现出一定的智能化特征，即自主性的感知、学习、分析、预测、决策、通信与协调控制能力，能动态地适应制造环境的变化，从而实现提质增效、节能降本的目标。

2）智能生产

智能生产是工业 4.0 中的另一个关键主题。在未来的智能生产中，生产资源（生产设备、机器人、传送装置、仓储系统和生产设施等）将通过

集成形成一个闭环网络,具有自主、自适应、自重构等特性,从而可以快速响应、动态调整和配置制造资源网络和生产步骤。智能生产的主要研究内容如下。

(1) MOM 生产网络——基于制造运营管理(Manufacturing Operating Management,MOM)系统的生产网络,生产价值链中的供应商通过生产网络可以获得和交换生产信息。通过智能物流系统,供应商提供的全部零部件可以在正确的时间以正确的顺序到达生产线。

(2) 基于数字孪生的生产过程设计、仿真和优化——通过数字孪生将虚拟空间中的生产建模仿真与现实世界的实际生产过程完美融合,从而为真实世界里的物件(包括物料、产品、设备、生产过程、工厂等)建立一个高度真实仿真的"数字孪生",生产过程的每一个步骤都可在虚拟环境(即CPS)中进行设计、仿真和优化。

(3) 基于现场动态数据的决策与执行——利用数字孪生模型,为真实的物理世界中的物料、产品、工厂等建立一个高度仿真的"孪生体",以现场动态数据驱动,在虚拟空间里对定制信息、生产过程或生产流程进行仿真优化,给实际生产系统和设备发出优化的生产工序指令,指挥和控制设备、生产线或生产流程进行自主式自组织的生产执行,满足用户的个性化定制需求。

3) 智能物流和智能服务

智能物流和智能服务也分别是智能制造的主题,在一些场景下,这两者也常被认为是构成智能工厂和进行智能生产的重要内容。

智能物流主要通过互联网、物联网和物流网等整合物流资源,充分发挥现有物流资源供应方的效率,使需求方能够快速获得服务匹配和物流支持。

智能服务是指能够自动辨识用户的显性和隐性需求,并且主动、高效、安全、绿色地满足其需求的服务。在智能制造中,智能服务需要在集成现有多方面的信息技术及其应用的基础上,以用户需求为中心,进行服务模式和商业模式的创新,因此,智能服务的实现需要涉及跨平台、多元化的技术支撑。

在智能工厂中,基于 CPS 平台,通过物联网(物品的互联网)和务联网(服务的互联网),将智能电网、智能移动、智能物流、智能建筑、智能产品等与智能工厂(智能车间和智能制造过程等)互相连接和集成,实现对供应链、制造资源、生产设施、生产系统及过程、营销及售后等的管控。

3. 关键技术体系

1）支撑技术

支撑技术是指支撑智能制造发展的新一代信息技术和人工智能技术等关键技术。

（1）传感器与感知技术。传感器是一种"能感受规定的被测量并按照一定的规律（数学函数法则）转换成可用信号的器件或装置，通常由敏感元件和转换元件组成"。感知技术是由传感器的敏感材料和元件感知被测量的信息，且将感知到的信息由转换元件按一定的规律和使用要求变换成为电信号或其他所需的形式并输出，以满足信息的传输、处理、存储、显示、记录和控制等要求。传感器与感知技术主要涉及智能制造系统中常用传感器的工作机理、感知系统构成原理、传感信号获取/传输/存储/处理、智能传感网络、传感器与感知技术应用等。

（2）工业互联网/物联网。工业互联网是指一种将人、数据和机器连接起来的开放式、全球化的网络，属于泛互联网的范畴。通过工业互联网，可连接机器、物料、人、信息系统，实现工业数据的全面感知、动态传输、实时分析和数据挖掘，形成优化决策与智能控制，从而优化制造资源配置、指导生产过程执行和优化控制设备运行，提高制造资源配置效率和生产过程综合能效。工业互联网三大主要元素包括智能设备、智能系统和智能决策。工业互联网在智能制造中的应用以底层智能装备为基础，以信息智能感知与交互为前提，以基于工业互联网平台的多系统集成为核心，以产品全生命周期的优化管理和控制为手段，构建一种可实现"人—机—物"全面互联、数据流动集成、模型化分析决策和最优化管控的综合体系及生产模式。

物联网（IoT）是指由各种实体对象通过网络连接而构成的世界，这些实体对象嵌入了电子传感器、作动器或其他数字化装置，从而连接和组网以用于采集和交换数据。IoT 技术从架构上可以分为感知层、网络层和应用层，其关键技术包括感知控制、网络通信、信息处理、安全管理等。5G 作为具有高速度、泛在网、低功耗、低时延等特点的新一代移动通信技术，将在物联网应用方面发挥巨大作用。

（3）大数据。从 3V（Volume、Velocity、Variety）特征的视角，大数据被定义为具有容量大、变化多和速度快等特征的数据集合，即在容量方面具有海量性，随着海量数据的产生和收集，数据量越来越大；在速度方

第二章 智能制造理论体系架构研究

面具有及时性,特别是数据采集和分析必须迅速及时地进行;在变化方面具有多样性,包括各种类型的数据,如半结构化数据、非结构化数据和传统的结构化数据。

从智能制造的角度,大数据技术涉及的内容有大数据的获取、大数据平台、大数据分析方法和大数据应用等。特别值得关注的是工业大数据及其应用,工业大数据是指在工业领域信息化和互联网应用中所产生的大数据,来源于条形码、二维码、RFID、工业传感器、工业自动控制系统、物联网、ERP/MES/PLM/CAX 系统、工业互联网、移动互联网、物联网、云计算等。工业大数据渗透到企业运营、价值链乃至产品生命周期中,是工业 4.0 的"新资源、新燃料"。在工业大数据应用中,重点需要解决两大关键问题:面向工业过程的数据建模和复杂工业环境下的数据集成。

(4)云计算/边缘计算。云计算是一种基于网络(主要是互联网)的计算方式,它通过虚拟化和可扩展的网络资源提供计算服务,通过这种方式共享的软硬件资源和信息可以按需提供给计算机和其他设备,而用户不必在本地安装所需的软件。云计算涉及的关键技术包括基础设施即服务(Infrastructure as a Service,IaaS)、平台即服务(Platform as a Service,PaaS)、软件即服务(Software as a Service,SaaS)等。一些学者提出了一种新的制造平台——云制造,即与云计算、物联网、面向服务的技术和高性能计算等新兴技术相结合的新型制造模式(如李伯虎院士团队提出的"智慧云制造——云制造 2.0")。

边缘计算是指在靠近设备端或数据源头的网络边缘侧,采用集网络、计算、存储、应用核心能力为一体的开放平台,提供计算服务。边缘计算可产生更及时的网络服务响应,满足敏捷连接、实时业务、数据优化、应用智能、安全与隐私保护等方面的需求。边缘计算为解决工业互联网/物联网、云计算在智能制造的实际应用场景中遇到的问题(如数据实时性、资源分散性、网络异构等)提供了技术途径和方案。智能制造中边缘计算涉及的关键技术有感知终端、智能化网关、异构设备互联和传输接口、边缘分布式服务器、分布式资源实时虚拟化、高并发任务实时管理、流数据实时处理等。

(5)虚拟现实/增强现实/混合现实。虚拟现实(Virtual Reality,VR)是一种可以创建和体验虚拟世界的计算机仿真系统和技术,它利用计算机生成一种模拟环境,使用户沉浸到该环境中。虚拟现实技术具有"3I"的基本特性,即沉浸(Immersion)、交互(Interaction)和想象(Imagination)。

增强现实（Augmented Reality，AR）是虚拟现实的扩展，它将虚拟信息与真实场景相融合，通过计算机系统将虚拟信息通过文字、图形图像、声音、触觉方式渲染补充至人的感官系统，增强用户对现实世界的感知。AR 技术的关键在于虚实融合、实时交互和三维注册。混合现实（Mixed Reality，MR）结合真实世界和虚拟世界创造了一种新的可视化环境，可以实现真实世界与虚拟世界的无缝连接。在智能制造应用中，VR/AR/MR 有许多应用场景，如设备运维、物流管理、标准作业程序 VR/AR 支持、虚拟装配及装配过程人机工程评估、工艺布局虚拟仿真与优化、交互式虚拟试验、基于 AR 的全息索引、操作技术培训等。

（6）人工智能。人工智能是研究使用计算机模拟人的某些思维过程和智能行为（如学习、推理、思考、规划等）的学科，它研究开发用于模拟、延伸和扩展人类智能的理论、方法、技术及应用系统，主要包括计算机实现智能的原理、制造类似于人脑的智能机器，使之能实现更高层次的应用。人工智能研究的具体内容包括机器人、机器学习、语言识别、图像识别、自然语言处理和专家系统等。

人工智能将在智能制造中发挥巨大的作用，为产品设计/工艺知识库的建立和充实、制造环境和状态信息理解、制造工艺知识自学习、制造过程自组织执行、加工过程自适应控制等提供强大的理论和技术支持。

（7）数字孪生。数字孪生可充分利用物理模型、实时动态数据的感知更新、静态历史数据等，集成多学科、多物理量、多尺度、多概率的仿真过程，在虚拟空间中完成映射，从而反映相对应的实体对象的全生命周期过程。在智能制造中，数字孪生以现场动态数据驱动的虚拟模型对制造系统、制造过程中的物理实体（如产品对象、设计过程、制造工艺装备、工厂工艺规划和布局、制造工艺过程或流程、生产线、物流、检验检测过程等）的过去和目前的行为或流程进行动态呈现，基于数字孪生进行仿真、分析、评估、预测和优化。

2）使能技术

使能技术是指智能制造系统性集成和应用使能方面的关键技术，归结为三大集成技术（横向集成、纵向集成和端到端集成）和四项应用使能技术（状态感知、实时分析、自主决策和精准执行）。

（1）集成技术——横向集成、纵向集成和端到端集成。

① 横向集成——价值网络的横向集成。横向集成的本质是横向打通企业与企业之间的网络化协同及合作。

第二章 智能制造理论体系架构研究

② 纵向集成——纵向集成和网络化制造系统。其实质是将企业中从最底层的物理设备或装置到最顶层的计划管理等不同层面的 IT 系统（如执行器与传感器、控制器、生产管理、制造执行和企业计划等）进行高度集成，纵向打通企业内部管控，其重点是企业计划、制造系统与底层各种生产设施的全面集成，为智能工厂的数字化、网络化、智能化、个性化制造提供支撑。

③ 端到端集成——贯穿全价值链的端到端工程。未来的智能制造系统在 CPS、DT 等技术的支持下，基于模型的开发可以完成从客户需求分析描述到产品结构设计、加工制造、产品装配等各个方面的工作，也可以在端到端的工程工具链中，对所有的相互依存关系进行定义和描述，实现"打包"开发的模式，从而开启个性化定制产品项目。

（2）应用使能技术——状态感知、实时分析、自主决策和精准执行。

① 状态感知。状态感知是智能系统的起点，也是智能制造的基础。它是指采用各种传感器或传感器网络，对制造过程、制造装备和制造对象的有关变量、参数和状态进行采集、转换、传输和处理，获取反映智能制造系统运行工作状态、产品或服务质量等的数据。随着物联网的快速发展，智能制造系统状态感知的数据量将急剧增加，从而形成制造大数据或工业大数据。

② 实时分析。实时分析是处理智能制造数据的方法和手段，它是指采用工业软件或分析工具平台，对智能制造系统状态感知数据（特别是制造大数据或工业大数据）进行在线实时统计分析、数据挖掘、特征提取、建模仿真、预测预报等处理，为趋势分析、风险预测、监测预警、优化决策等提供数据支持，为从大数据中获得洞察和进行自主决策奠定基础。

③ 自主决策。自主决策是智能制造的核心，它要求针对智能制造系统的不同层级（如设备层、控制层、制造执行层、企业资源计划层）的子系统，按照设定的规则，根据状态感知和实时分析的结果，自主做出判断和选择，并具有自学习和提升进化的能力（即还具有"学习提升"的功能）。由于智能制造系统的多层次结构和复杂性，故自主决策既涉及底层设备的运行操控、实时调节、监督控制和自适应控制，也包括制造车间的制造执行和运行管控，还包括整个企业的各种资源、业务的管理和服务中的决策。

④ 精准执行。精准执行是智能制造的关键，它要求智能制造系统在状态感知、实时分析和自主决策基础上，对外部需求、企业运行状态、研发和生产等做出快速反应，对各层级的自主决策指令准确响应和敏捷执行，

使不同层级子系统和整体系统运行在最优状态，并对系统内部或来自外部的各种扰动变化具有自适应性。

五、智能制造发展模式和路径探索

（一）智能制造的"三要三不要"原则

在分析总结制造技术发展规律和我国制造业特点的基础上，2015年年初，笔者首次提出智能制造"三不要"，后进一步发展总结为推进和实施智能制造的"三要三不要"原则，在业界中得到广泛认同。

1. 智能制造的"三不要"原则

（1）不要在落后的工艺基础上实施自动化。对应工业2.0阶段，必须先解决在优化工艺基础上实现自动化的问题。

（2）不要在落后的管理基础上实施信息化。对应工业3.0阶段，必须先解决在现代管理理念和基础上实现信息化的问题。

（3）不要在不具备数字化网络化基础时实施智能化。要实现工业4.0，必须先解决制造技术和制造过程的数字化网络化问题，进行补课、普及、充实和提高。

2. 智能制造的"三要"原则

（1）标准规范要先行。先进标准是指导智能制造顶层设计、引领智能制造发展方向的重要手段，必须前瞻部署、着力先行，以先进标准引领、倒逼"中国制造"智能转型和向中高端升级。

（2）支撑基础要强化。如前所述，智能制造涉及一系列基础性支撑技术。当前我国仍面临关键技术能力不足、核心软件缺失、支撑基础薄弱、安全保障缺乏等问题，必须加强智能制造支撑基础建设，掌握和突破智能制造核心关键技术，通过"软硬并重"为智能制造发展提供坚实的支撑基础。

（3）CPS理解要全面。CPS是工业4.0和智能制造的核心，CPS中的"3C"缺一不可，即虚拟空间的"计算（Computing）"与物理空间中的"控制（Control）"通过网络化"通信（Communication）"实现连接和融合。在发展智能制造、实施制造强国战略的过程中，我们不能期望跃进发展、一蹴而就，需要保持清醒、冷静分析、分步部署、务实推进。一方面，要补好工业2.0阶段自动化的课，做好工业3.0的信息化普及，推进工业4.0

的智能制造示范；另一方面，要以智能制造标准规范为指导，加强智能支撑基础和关键技术，全面理解智能制造的本质和内涵，发展先进制造，推进转型升级，走向智能制造。

（二）智能制造演进范式和发展阶段

1. 智能制造演进范式

新一代智能制造发展和演进的三个基本范式是由周济、李培根、周艳红等人提出的，三个基本范式为：数字化制造（即第一代智能制造）、数字化网络化制造（即第二代智能制造，也可称为"互联网＋制造"）、数字化网络化智能化制造（即新一代智能制造）。智能制造的三个基本范式体现了智能制造发展的内在规律：一方面，三个基本范式次第展开，各有阶段自身的特点和需要重点解决的问题，体现了先进信息技术与先进制造技术融合发展的阶段性特征；另一方面，三个基本范式在技术上并不是决然分离的，而是相互交织、迭代升级的，体现着智能制造发展的融合性特征。对中国等新兴工业国家而言，应发挥后发优势，采取三个基本范式"并行推进、融合发展"的技术路线。

2. 智能制造的发展阶段

德勤（中国）借鉴国际普遍认可的工业 4.0 发展路径，将企业智能化成熟度分为 6 个阶段，可以作为企业智能制造发展的 6 个发展阶段，它们是：计算机化、连接、可视、透明、预测、自适应。

3. 智能制造的典型模式

赛迪智库在对 2015—2016 年工业和信息化部持续组织实施的 109 个智能制造试点示范专项行动项目进行总结和梳理的基础上，归纳出 8 种智能制造典型模式，即大规模个性化定制、产品全生命周期数字一体化、柔性制造、互联工厂、产品全生命周期可追溯、全生产过程能源优化管理、网络协同制造和网络运维服务。这些典型模式反映了现阶段我国尚处于实施智能制造的初始阶段，可作为推进智能制造应用模式的参考。

（三）实施智能制造的技术路线建议

对于不同的行业、不同的领域或不同的企业，具体实施智能制造会有各自不同的技术路线和解决方案，笔者仅从一般方法的角度给出推进智能制造实施技术路线的五个步骤建议。

1. 需求分析

需求分析是指在系统设计前和设计开发过程中对用户实际需求所做的调查与分析，是系统设计、系统完善和系统维护的依据。需求分析主要涉及发展趋势、已有基础、问题与差距、目标定位等。

2. 网络基础设施建设

网络互联是网络化的基础，主要实现企业各种设备和系统之间的互联互通，包括工厂内网络、工厂外网络、工业设备/产品联网、网络设备、网络资源管理等，涉及现场级、车间级、企业级设备和系统之间的互联，即企业内部纵向集成的网络化制造，还涉及企业信息系统、产品、用户与云平台之间的不同互联场景，即企业外部（不同企业间）的横向集成。因此，网络互联为实现企业内部纵向集成和企业外部横向集成提供网络互联基础设施实现和技术保障。在网络互联基础建设中，还必须考虑网络安全和信息安全问题，即要通过综合性的安全防护措施和技术，保障设备、网络、控制、数据和应用的安全。

3. 互联可视的数字化

以产品全生命周期数字化管理（PLM）为基础，把产品全价值链的数字化、制造过程数据获取、产品及生产过程数据可视化作为智能化的第一步，实现数字化和数据可视化呈现，即初级的智能化。其主要内容包括产品全生命周期价值链的数字化、数据的互联共享、数据可视化及展示。

4. 现场数据驱动的动态优化

现场数据驱动的动态优化在本质上就是以工厂内部"物理层设备—车间制造执行系统—企业资源管理信息系统"纵向集成为基础，通过对物理设备/控制器/传感器的现场数据采集，获得对生产过程、生产环境的状态感知，进行数据建模分析和仿真，对生产运行过程进行动态优化，做出最佳决策，并通过相应的工业软件和控制系统精准执行，完成对生产过程的闭环控制。其主要内容包括现场数据感知与获取、建模分析和仿真、动态优化与执行等。

5. 虚实融合的智能生产

虚实融合的智能生产是智能制造的高级阶段，这一阶段将在实现产品全生命周期价值链端到端数字化集成、企业内部纵向管控集成和网络化制造、企业外部网络化协同这三大集成的基础上，进一步建立与产品、制造装备及工艺过程、生产线/车间/工厂和企业等不同层级的物理对象映射融合的数字孪生，并构建以 CPS 为核心的智能工厂，全面实现动态感知、实时分析、自主决策和精准执行等功能，进行赛博物理融合的智能生产，实现高效、优质、低耗、绿色的制造和服务。其主要内容包括数字孪生建模及仿真、智能工厂、智能生产。

（四）关注未来制造的新形态和新特征

美国未来学家托夫勒在 1980 年出版的《第三次浪潮》一书中，预测未来工业的生产方式具有如下的主要特征：①小规模、定制化；②在大城市以外的地方的工业生产与日俱增；③利用更少的能源、消耗更少的原料、使用更少的零部件，以及要求更多的智能设计；④工厂的许多机器由消费者自己远距离遥控而不是由工人直接操作的。35 年后，德国工业 4.0 描绘未来工厂的生产场景与托夫勒的预测不谋而合——规模化定制、移动互联/工业物联网、云制造、赛博物理融合生产等。工业 4.0、智能制造的内涵和特征非常丰富且仍在研究发展过程之中。伴随着日新月异的新一代信息技术和人工智能技术的发展，在考察工业社会新技术革命历程和未来人类社会发展需求的基础上，我们应进一步关注未来制造形态和特征方面可能出现的新趋势。

1. 未来制造的新形态

（1）混合制造。混合制造是在近 10 年中发展迅速的一种新制造模式，是指在单台机床上将增材制造与传统加工方法相结合的一种新制造模式。未来的混合制造可能进一步发展为"增材＋等材＋减材"多工艺混合制造、"数控机床＋机器人"多机一体化混合制造、"金属材料＋复合材料"多材料混合制造、"光（Optical）＋机（Mechanical）＋电（Electrical/Electronic）"多能源复合制造等更多形式的混合制造模式。

（2）软件定义的制造（Software Defined Manufacturing，SDM）。SDM 是指生产过程由与硬件解耦的软件定义和实现其可编程、可重构、自适应功能的一种制造模式。SDM 的基本思想是将产品的全部生产过程与生产对象的物理特性相分离，仅在制造之前，将所需的生产对象用软件定义，以便能够制造特定的产品。SDM 在产品制造以前并没有与生产对象直接连接，只有在软件中才能以可执行生产步骤的方式来描述。单个生产步骤的定义不是使用类似 NC、RC、MD 或 PLC 的常规程序，而是作为 CPS 的服务，这些服务完全是在云中或本地生成然后被执行的，此处只有服务在本地运行，因此要求具有很高的实时性，描述物理系统行为的本地服务则被称为软件定义工厂。

（3）移动制造（Mobile Manufacturing，MM）。移动制造的主要思想是开发和使用可移动的制造模块，这些模块可以迅速组合成一个完整的制造系统，并可进行重构，用于新的产品和（或）新的批量生产。在移动制造模式中，生产能力可以作为一种可移动和灵活的资源来提供，这种资源可以快速定制以满足客户的需要。移动制造的一种应用场景是大型/超大型零部件的现场加工，由于这类零件尺寸和质量过大而不便于移动和安装到加工装备的工作台上，因此利用可移动的加工装备，在被加工对象所在场所进行配置、校准和定位，现场对大型/超大型零部件进行加工。

（4）韧性制造。韧性制造的概念是从人文科学的概念借用而来的，21世纪具有高度的不确定性特点，全球互联和一体化趋势表明各国的相互依赖性增加，同时意味着脆弱性在变大，持续的气候变化、不断恶化的环境条件、城市化、地缘政治动荡、自动化程度增加、新兴市场和社会变化等，要求未来制造业更具竞争力，以应对不稳定的环境。因此，未来制造业体系必须是一种韧性制造系统，即具有韧性、适应性和可恢复力，以应对迅速变化和不可预测的环境，克服混乱，适应不断变化的市场需求。韧性制造具有如下一些关键特征：技术和供应链整合、关键性能指标——Q（Quality）/C（Cost）/D（Delivery）/F（Flexibility）/S（Safty）、制造供应链韧性的运作模式、系统可重构/供应链可重组、基于系统的韧性视图、敏捷制造、安全性、业务精益、知识管理等。

（5）可持续制造。制造系统的边界已从工厂大门扩展到外部更广阔的空间，能源和资源效率在生产设施中起着重要的作用，工厂的生态系统也已成为具有决定性影响的关键因素，人们越来越关注制造业在资源利用和减少消耗方面的运作效率和效益，以保护自然环境生态，实现可持续发展，可持续制造和生态型工厂的概念应运而生。为了以正确的时间、正确的制造成本生产出质量和数量正确的商品和提供服务，需要从机器设备行为和能源相关的关键性能指标（e-KPI）、技术建筑服务（TBS）、生产系统规划、生产管理、再制造和回收等方面入手，将传统的线性生产过程重组为循环和网络化的"生产—消费—再循环"系统，建设生态型工厂，实现生态高效、可持续制造。

2. 未来的工厂

1）互联和透明的赛博物理融合工厂

在未来的智能制造工厂中，不同层级、不同阶段和不同颗粒度的数字孪生，将重新定义端到端的过程，帮助制造业企业实现产品生命周期闭环，缩短产品上市的周期，降低生产设计和维护的成本。同时，实现相应生产过程中的灵活安排、柔性制造，包括可以通过新产品导入或者通过不同批次的生产来实现更大的灵活性，确保生产质量可被持续追溯和改进，最终保证整个企业的生产效率不断提高。

边缘计算和制造大数据分析将为传统制造业企业带来数据的透明度和可视化，将使工程师和管理人员实时监控生产线及设备的运行状态、有效地使用和分析数据变得轻而易举。

云服务和工业互联网平台将催生数字化服务的新业务模式，它们将带来广泛的互联，将机器设备甚至整个工厂连接到数字化世界，通过开放的编程接口，用户可共同参与开发，让用户决定设备或者边缘设备运行的内容，以及云端的内容，最终实现产业的"集成连接协作"，共同营造一个全新的生态环境。以云服务和工业互联网平台为基础，将建立一种全新的"增材制造+减材制造"在线协作平台和开放的生态系统，即混合制造网络系统，为未来制造提供"软件+硬件+网络"的新的数字化解决方案。

2）自治型工厂

利用新一代的信息技术，如传感器、控制器、大数据、物联网、云计算、人工智能等，进一步通过互联建立起基于CPS的工厂。在未来的工厂里，机器能够智能地制造产品，工厂将具有高度自治的特点，具体表现为具备自感知、自预测、自比较、自决策、自配置、自组织、自执行、自维护等功能特征。在自治型的工厂中，将可以实现如下目标。

（1）更具柔性的生产。允许实时适应需求变化。

（2）先进的跟踪。不仅告知是何时何地生产的产品，还能给出生产的工艺方法。

（3）更安全的生产。在整个制造过程中进行安全检查，可以在发生故障时进行快速和准确的召回。

（4）故障预测与排除。能够与专家联系的机器，可以远程对它们进行故障排除，并且可以通过互联网更新系统并提高性能。

（5）脚本化确定生产周期。根据客户的需求指导生产，并且能够生产个性化产品。

（6）基于能源效率的消耗优化。生产是根据能源成本及其全天供应情况进行优化的，如使用较低能源成本时段，或者使用替代能源；如果机器不需要运行，会自动关闭电源；信息反馈也有助于优化消费，从而提高工厂的能源效率。

3）生态型工厂

未来工厂将是一种生态型工厂，在这个生态系统中，工厂与城市融为一体，人与环境和谐相处，"生产—消费—再循环"可持续发展。

（1）未来工厂的布局将是高度灵活的以适应物流、生产系统的重构和扩展，以及适合消费者、生产者、管理者之间的交流；未来工厂将与城市组织系统紧密结合，现代工厂将以"生产林荫大道"为特征，以产生对工艺水平持续提高的意识。

（2）机器人在未来工厂中不仅能辅助人类操作员执行困难或危险的人工任务，而且将具有更好的移动性和更高的智能，越来越多地承担"制造者"的角色，即"不知疲倦"地制造着"机器"和"机器人"等产品。

（3）随着大众化定制的到来，供应商网络和通常隔绝的专业技术部门必须维持紧密的交流，经济地制造具有最佳性能的定制部件。

（4）未来工厂将体现自给自足的机制，它将致力于资源和能源的可持续管理，这一可持续目标的中心是利用风能、太阳能、地热能源和生物能源进行生产的，并进一步通过闭合水循环和原材料循环利用系统进行补充，形成"生产—消费—再循环"的可持续生态系统。

六、总结

为适应制造技术的发展变迁与制造业的新挑战，智能制造是制造业发展的必由之路，对工业 4.0 时代的智能制造内涵和特征的认识也在不断发展和深化。本文提出的智能制造理论体系架构，一方面是将笔者的研究进展呈现给大家，另一方面期待可以抛砖引玉，带来进一步的研究和探讨。期盼有关智能制造理论体系的探索研究能对智能制造的发展和实践产生一些参考和指导意义。

参考文献

[1] 工业4.0工作组，德国联邦教育研究部. 德国工业4.0战略计划实施建议（上）[J]. 机械工程导报，2013（3）：23-33.

[2] 制造强国战略研究项目组.制造强国战略研究. 智能制造专题卷[M]. 北京：电子工业出版社，2015.

[3] 美国制造创新研究院.美国智能制造的路线图[EB/OL]. 2017-11-13.

[4] 刘强，丁德宇. 智能制造之路——专家智慧实践路线[M]. 北京：机械工业出版社，2017.

[5] 王建伟.工业赋能：深度剖析工业互联网时代的机遇和挑战[M]. 北京：人民邮电出版社，2018.

[6] 工业和信息化部，国家标准化管理委员会. 国家智能制造标准体系建设指南（2018年版）[S]. 北京：中国标准出版社，2018.

第三章
数字加管理 打造智能力

中国智能制造百人会专家委员 张明文

一、制造业的"资源—能力—竞争力"

什么是竞争力？产品性价比；
性价比靠什么？资源变能力。

1. 产品性价比代表了企业竞争力

制造型企业是通过制造产品并卖给客户获得利润的。在市场经济下，产品卖得越多，企业获取的利润就越多，产品的市场占有率也就代表了企业的竞争力，或者说，企业竞争力的终极体现就是产品的竞争力。

那么，产品的竞争力有哪些主要影响因素呢？

每个人几乎都有买东西的经历。不管是买食品、饮料，还是买电器、家具，甚至买汽车、房子，我们往往面临多个选择，需要决定买哪一个。通常采用的方法就是货比三家：同样价位的比性能、比质量、比服务；同样性能的比价格、比品牌。比如，买汽车要比较维修保养费、燃油费等，买房子要考虑建筑质量、装修质量、交房日期、物业管理等。选择的方法就是找到"性价比"最高的产品，花最少的钱买最好的东西。

进一步分析产品性价比的构成因素，又可以分解为"性"（获得的价值）和"价"（付出的费用），如图3-1所示为"'性'比'价'"：分子是客户获得的价值的总和：产品的性能、功能、质量、售后服务水平、配件供应能力、订单交货周期、技术先进性、品牌声誉等；分母是客户付出的购买价格和长期使用成本的总和：产品的售价、使用过程的消耗材料成本、维护保养成本、维修配件成本等。

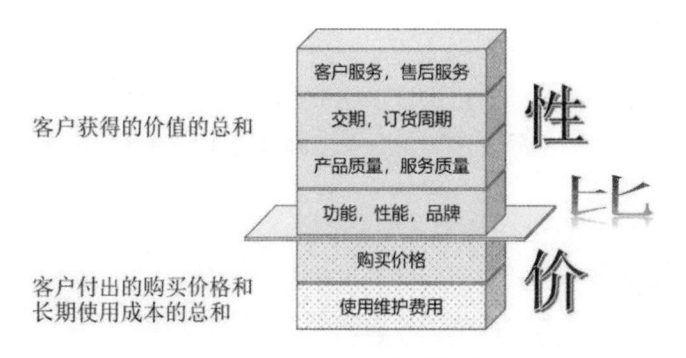

图 3-1　产品性价比的构成因素

2. 资源—能力—竞争力

我们把产品的竞争力看做制造企业的竞争力。产品竞争力的直接表现就是性价比。

显然，产品性价比的构成因素是在产品的生产过程中形成的。经过分析梳理，决定性价比因素的是六个方面的能力：客户服务能力、交期保证能力、供应链管理能力、质量优化能力、产品研发能力和成本控制能力。

值得说明的是，品牌议价能力也是一项非常重要的因素，但它是上述六项能力的综合结果，所以，不把品牌议价能力作为一项独立的制造能力因素进行讨论。

这六项能力就是制造型企业的核心竞争力（见图 3-2）。

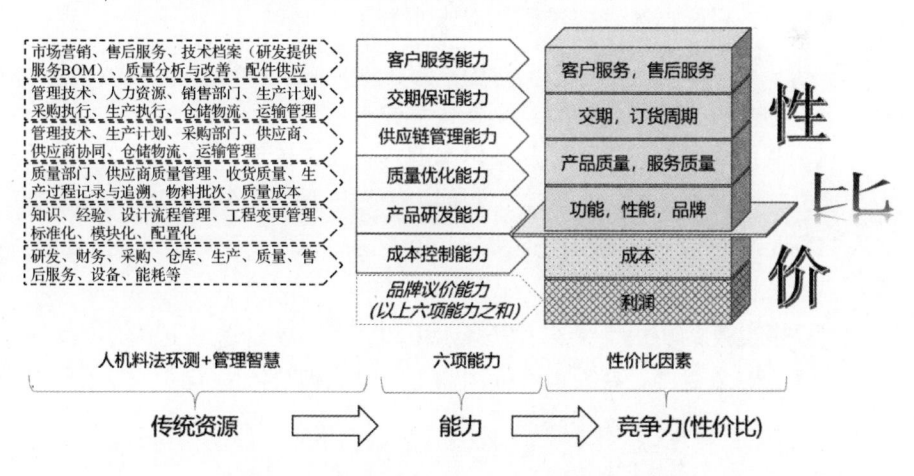

图 3-2　传统资源—能力—竞争力关系模型

为了区别于后文中将要提到的"智能使能资源"，我们把"人机料法环测"和"管理智慧"称为"传统资源"。

无论是传统资源还是智能使能资源，都是企业可以从外部直接获取的资源。比如，引进人才、引进技术、引进战略投资、购买设备、购买技术专利、投资厂房、合资合作等都是获取外部资源的方式。但是，拥有了资源并不一定能建立长久的竞争优势。在资源和竞争力之间，有一个关键因素：能力！

必须把资源打造成能力，才能提升企业竞争力。

在现实中，我们会看到这样的情况，两家企业同时从国外引进了生产线和产品技术，起初，两家企业生产的产品在市场上的竞争力差不多，然而几年以后，逐渐在产品的质量、服务、价格等方面产生了差距。一家企业的效益越来越好，另一家企业的效益越来越差。我们通常可以这样说：这两家企业的"经营管理水平不同"。进一步分析，两家企业之间的经营管理水平差异在哪些方面呢？不用到企业内部做研究，我们通过对比他们的产品性价比，就能大致了解两家企业的管理水平差距。产品性价比高的，市场占有率高，效益就好；反之就差。

拥有几乎同样的设备、技术、产品设计，或者说同样的资源，为什么两家企业的产品性价比差距越来越大？这是因为，资源和性价比之间有个叫做"能力"的东西在起作用。能力是由资源和管理智慧打造出来的核心竞争力。也就是说，这两家企业的设备技术一样，但是管理水平不一样，导致了"能力"的差距。管理就是通过对资源的最优化配置而发挥出资源的最大作用，用管理改善把资源打造成能力。

比如，拥有同样装备的两支军队，由于他们各自的指挥官不同，在管理训练方面有差异，其战斗力必然存在差异。

对于制造业来说，影响产品性价比的六项能力（产品研发能力、质量改善能力、交期保证能力、成本控制能力、客户服务能力和供应链管理能力）之间是相对独立又制约的关系。六项能力必须同步改善，才能不断提升产品性价比，提升企业竞争力。

制造业发展的历史，贯穿着一条永恒的主线，就是追求更高的产品性价比，超越竞争对手，获取更多的利润。追求高性价比的手段，基本上都是通过提升六项能力来实现的。

3．科技进步推动制造业"能力提升"

简单回顾工业革命以来制造业的发展轨迹，我们不难发现，制造业的发展演化紧随着科技进步，或者说是由技术进步引发制造业发展的。

第三章　数字加管理　打造智能力

（1）蒸汽机的应用提升了产能，提高了生产效率，降低了单件产品的成本；

（2）生产线作业的高效生产模式；

（3）电子技术、自动化技术的发展，节省了人力，人类生产的物质财富超过了基本的消费需求，生产模式也从大规模大批量向个性化定制化演变；

（4）计算机和网络技术的发展，为制造业提供了 ERP、MRP、MES 管理工具，不断提升管理效率；

（5）CAD/CAM 等工具的大量应用，极大地缩短了产品研发和制造的周期；

（6）互联网、移动应用技术将产品、供应商和客户更加紧密地联系在一起，带来商业模式和商业生态的变革。

随着计算机、网络技术的发展，信息化数字化的管理工具大量应用于企业管理的方方面面，使制造资源的管理配置更加科学高效，催生了新型的智能化制造能力，暂且称之为"智能力"。

4．智能化时代的"智能力"

近年来，世界工业大国纷纷提出了制造业智能化发展规划和路径，企业面临新一轮以智能化技术应用为特征的发展机遇。

智能制造成了近些年持续时间最长的热门话题。冠名智能制造的解决方案繁花似锦，相关的新概念层出不穷，鼓励支持智能制造的相关政策、专项资金支持力度不减，各地竞相举办智能制造相关的大会、论坛，网络上随处可以看到智能制造专家讲座、视频分享等精彩内容。

企业信息化方案提供商也纷纷转型为智能制造解决方案提供者，打造出了很多智能制造的样板工厂、样板车间。

如图 3-3 所示，智能使能资源加上传统制造资源，能打造出六项智能力，是企业走向智能制造的核心。

智能使能资源包括企业的数字神经网络和运行其中的管理信息系统（ERP/PLM/MES/WMS/SRM/SCADA/CNC/CAD/CAM/BI/OA）、智能装备设备、智能仿真软件、智能终端等。

智能使能资源不能脱离传统制造资源。传统制造资源的"人机料法环测"是本体，智能使能资源的"云（云计算）大（大数据）物（物联网）移（移动应用）智（人工智能）孪（数字孪生）"是打造智能力的使能器。

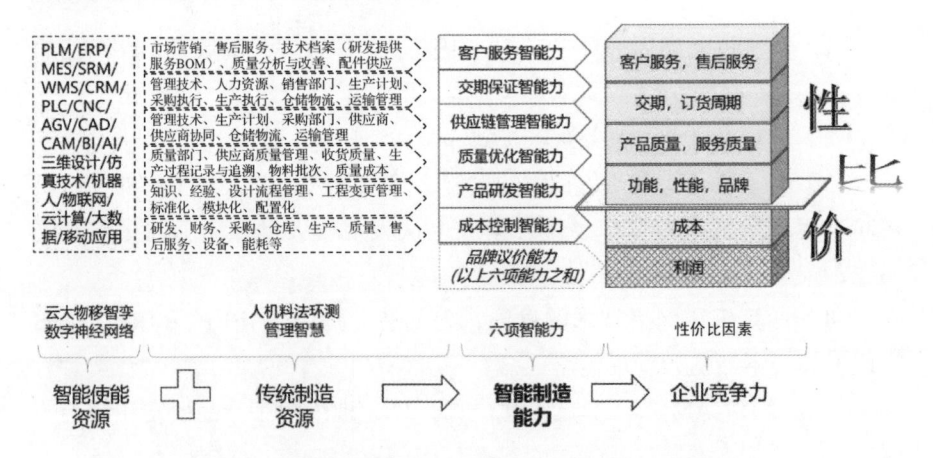

图 3-3　智能制造资源—智能力—竞争力关系模型

二、智能制造的路径——打造智能力

资源可获取，难得是能力；
打造智能力，资源加管理。

1. 传统制造与智能制造哪里不一样

为了方便表述，我们把智能制造之前的制造管理方式称为传统制造。传统制造的发展过程中，涌现出了大量的优秀企业、卓越管理者、科学管理理论和最佳实践，尤其是以丰田生产方式（TPS）为代表的精益管理思想和实践，代表了当今制造管理的最高境界。

我们借用一个非常有名的精益管理工具——价值流图（见图3-4），对比传统制造和智能制造的一些区别。

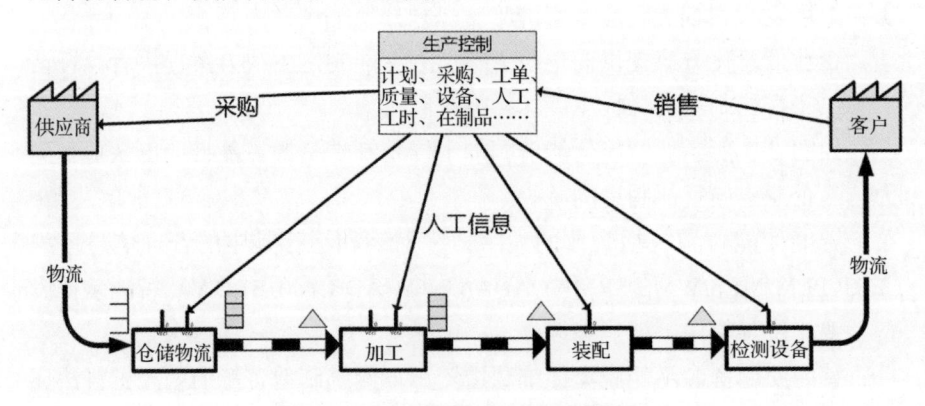

图 3-4　传统制造管理的价值流图

第三章　数字加管理　打造智能力

传统制造进入了智能化时代。以"云大物移智孪"为特征的智能使能资源的发展和应用方案逐渐普及，为传统制造管理的演进带来了新的手段和机会。智能制造的基础是初步实现了信息化、数字化的运作管理，如产品研发采用全数字化三维软件和 PLM 系统化管理、应用仿真技术、CAM 等；计划物流管理实现了 ERP/SRM/WMS 等系统的全覆盖；制造过程采用 MES/APS/DNC/SCADA/AGV 等管理系统、联网技术或智能装备；营销和客户服务采用了系统化的全媒体应用等。

我们仿照精益制造管理的工具"价值流图"，描绘出制造智能化资源应用的场景，如图 3-5 所示。

从这个制造智能化架构示意图中我们看到：从供应商、仓储物流、加工、装配、质检到发运，与传统制造的过程是一样的。区别在于管理运行大量采用软件系统，生产加工采用智能化的装备设备、物流运输采用自动仓库、堆垛机和 AGV；生产过程实时采集的数据经过处理、分析，将结果呈现在管理者、决策者面前。

工厂所有的管理过程在系统中以数字化的形式运行；产品和设备通过物联网、传感器连接在一起，实时接收指令、采集数据，并将相关信息同步显示在管理者的计算机或手机上。数字网络还连接着客户和供应商，形成价值链信息共享。

人类之所以能够进化成为智慧动物，基本条件是大脑和神经网络系统越来越发达，明显超越了其他竞争物种。而智能制造的基本条件就是要用"数字神经网络"把企业里的各种资源（人机料法环测）连接在一起，使整个工厂成为一个有智慧的新物种。智慧（大脑）就是制造业管理的思想、方法和最佳实践，通过数字神经网络传达到每一个决策者、管理者和操作者，以及智能设备、装备等节点。

2. 投资了智能制造资源，为什么效果不明显

几乎所有的制造型企业都不同程度地参与到了智能化的潮流中，有看准方向主动试水的，也有因客户、供应商的要求而被动接受的。

近些年来，很多企业投资了智能制造资源。但是，并没有明显的投资收益。套用"资源—能力—竞争力"模型做简单分析就会发现，很多企业还没有建立起有效地把资源打造成能力的机制。不妨用下面的一些问题进行对照。

图 3-5 制造智能化架构示意图

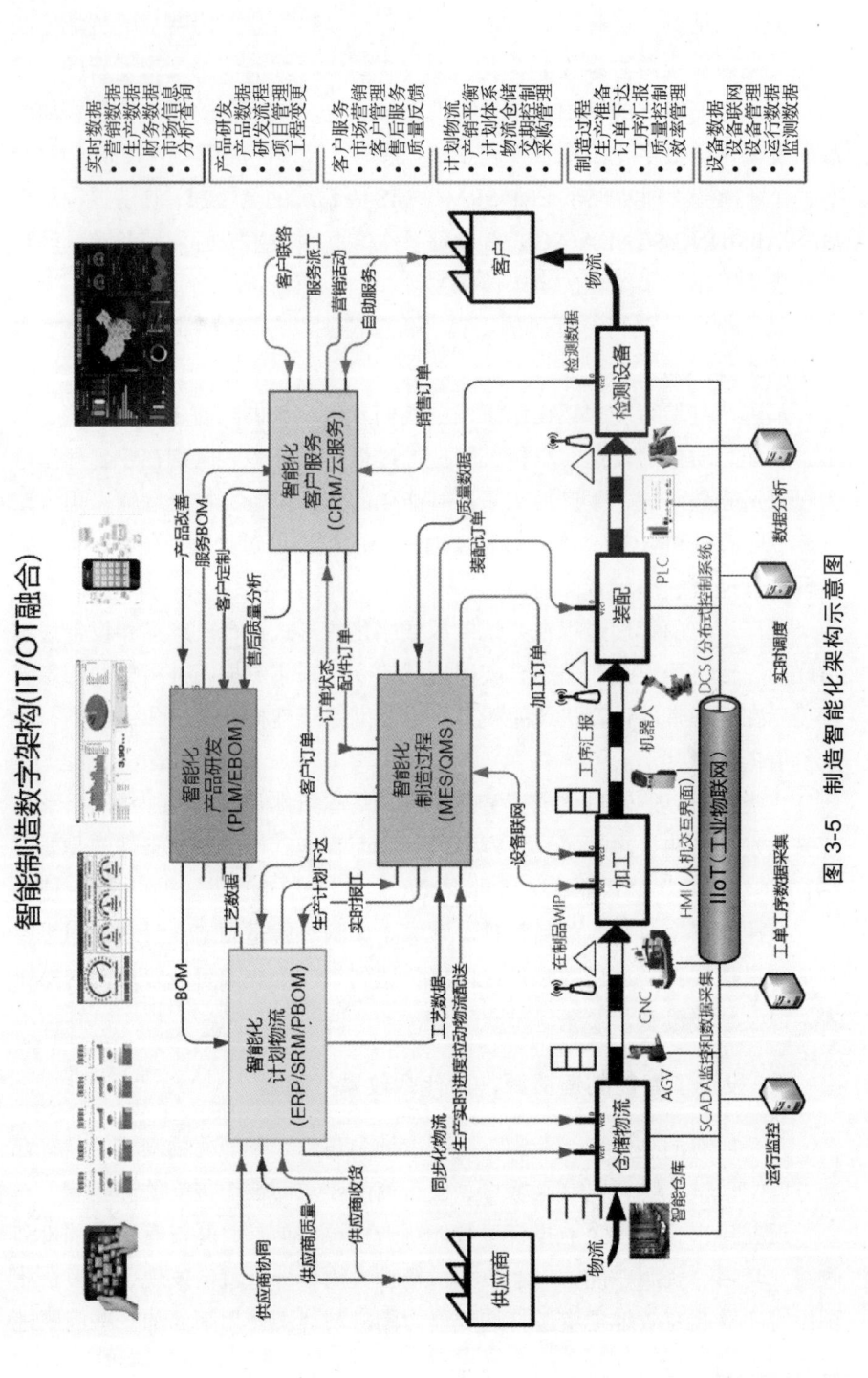

第三章　数字加管理　打造智能力

（1）产品制造的物流（物理）过程没有变，还是采购、仓库、加工、装配、检验、包装、发运、售后服务，当然还有产品研发、物流管理，这些过程一样不少；变化的是人工信息处理变成了软件系统和网络化数据处理；然而，是不是在穿新鞋走老路呢？

（2）企业和业务伙伴之间的"订单—交付"方式没有变，变化的是更多地借助 IT 技术，实现了系统化、网络化甚至智能化的订单协同。计划物流管理工具从手工升级为 ERP/SRM/WMS，工作效率提升了多少呢？库存周转改善了多少呢？

（3）制造的产品没变，制造工艺还是车铣刨磨，智能化设备的能力实现最大化了吗？

（4）产品设计工具从二维到三维，发挥了三维数模的仿真功能了吗？新产品设计周期缩短了多少？

（5）有没有利用数据分析摸索出成本质量交期的最佳匹配参数模型？

（6）有没有建立数字化绩效考核指标体系？有没有明显提升产品竞争力？

（7）采购与供应商之间的协同效率有多少改善？有没有数字化的供应商考核指标体系？

（8）客户服务响应有多少改善？满意度、忠诚度如何评价？服务记录是否完整准确？质量问题有没有及时反馈到相关部门并采取了改善措施？有没有有效的 PDCA？

（9）企业领导是否能够直接获取系统数据？还是看到的是层层汇总后的数据？

（10）企业或多或少投资了智能制造资源。比如，数控设备、机械手、AGV、流水线、ERP、MES、APS、PLM、SCADA 等软硬件资源，但是，很难说清楚这些投资的产出是什么、成本降低了多少、效率提升了多少、产品竞争力提升了多少。

要回答上述问题，就必须把这些资源打造成智能制造能力，而能力是可以进行测量和比较的。比如，采用了更好的计划编制与执行方法，使生产周期缩短了多少天（交期保证能力）；采用数控设备，减少了人工（成本控制能力），提高了质量（质量改善能力）。

智能制造是建立在企业的信息化基础之上的。所以，企业的信息化水平影响着企业的智能化转型。企业中的 IT 部门是与智能制造相关度最大的部门，也是推动企业智能化转型的关键部门。

对于大多数中小型制造业企业来说，原来的信息化基础还没有打牢，甚至还没有设立独立的信息化、流程化管理的岗位和部门。企业的IT负责人被安排在财务部门、人力资源部门、技术部门甚至行政部门中，根本无法进行企业层面的跨部门的IT流程规划管理。处于这种状况的企业，内部缺乏主动推进智能化转型组织基础，即使被动购买了智能制造的相关资源，也难以发挥作用并形成智能化的新型能力。

3. 数字化是智能化的基础

从信息化规划到项目实施上线，是一个"落地"的过程。落地以后，对于企业和对用户来说，这个项目刚刚开始，向系统要效益的过程刚刚开始，"两化融合"的过程刚刚开始。

把项目上线以后的应用阶段进一步细分，可划分为"落地、生根、开花、结果"四个阶段，前三个阶段是"两化融合"，最高阶段是"两化深度融合"。

1）"落地"阶段：项目成功上线

许多项目失败在成功上线以后的三个月内。因用户操作不熟练、系统错误没有及时排除等原因导致业务流程受阻，顶不住业务部门的压力，一步步妥协，系统的数据越来越不准确，最后放弃了系统。

因此，系统刚上线的三个月内是项目的高危期，稍有闪失就会前功尽弃，必须保证刚"落地"的新系统能够"生根"。这个阶段保证成功的关键要素是：

（1）加强管理不能松懈，保证数据准确、及时、完整。

（2）实施团队必须及时解决各种技术问题。

（3）尽可能不留后路，不要将系统与手工操作并行。

2）"生根"阶段：系统成为必不可少的业务工具

项目上线半年或一年以后，用户对系统产生了依赖性，离开系统就难以完成工作，这样的系统算是生根了。大量的"成功项目"源自"生根"阶段。系统虽然成了离不开的业务助手，但是如果长期维持现状，就不能与管理目标进一步融合，沦为一个事后记账的工具，对管理改善几乎没有贡献。

"落地—生根"阶段，系统应用的主体是业务操作人员。这是一个尚未明显产生信息系统价值的过渡阶段。企业管理者要采取一系列措施，推动系统应用进入更高阶段：

（1）基层和中层管理者必须懂得利用系统进行业务改善，若不行，就提拔相关员工到领导岗位。

（2）系统流程中遇到业务不规范的问题时不能退却，也不能绕道，要通过沟通协调进行管理改善。

（3）要鼓励员工利用系统进行业务改善的尝试。

3）"开花"阶段：系统应用带动了局部改善

"开花"阶段的特征是，因为有了系统应用，引起一系列的管理变革，在很多方面改善了管理，提升了业务绩效。很多企业的 IT 项目达到了这个阶段，管理水平有了明显改善。

"开花"阶段的主要参与者是企业的中层管理者。在这个阶段乘胜追击，就能进入更高的"境界"：

（1）在更大的范围内考虑流程优化和多个信息系统之间的集成。

（2）必要时对信息系统进行优化、开发，适应业务改善的需要。

（3）开展跨部门、跨系统的改善探索。

4）"结果"阶段：实现全面、持续的业务改善

这是信息化项目应该达到的高境界。以系统为主要工具和考核依据，实现业务绩效的持续改善，建立以系统驱动的 PDCA 循环。少数企业的信息系统实现了这个功能。

"结果"阶段的主要参与者是决策层。他们已经习惯了使用信息系统作为管理、考核和决策支持的依据。达到这个阶段的主要条件有三个：

（1）实现了业务信息的闭环。

（2）以绩效考核为特征的持续改善驱动源。

（3）崇尚持续改善的企业文化。

4．智能化成本控制能力

成本控制力，全程要严密；

流程浪费多，经常被忽视。

"成本是设计出来的"，也就是说控制成本的关键环节在产品研发阶段。用数据揭示隐藏在各个环节的"隐性成本"，除了控制材料成本、人工成本、制造费用等因素外，最难管理的恐怕是控制零部件数量，用提高零部件通用性、复用性的方法来降低成本。所以，在 PLM 系统落地的时候要特别注意，为研发人员查找借用零部件提供便捷的方法，鼓励使用通用件，减少新零部件。成本链还有个重要环节，就是售后服务成本（保修期

内质量成本），尽量通过生产环节的高质量来降低售后服务成本。成本业务链的信息系统支持主要表现为大量的数据统计分析，包括在企业外部获取的原材料价格信息等。管理的粒度越细，对成本管理的能力提升贡献越大。

5. 智能力是"一把手"掌握的工程

智能力是要由企业"一把手"掌握的工程（见图3-6）。

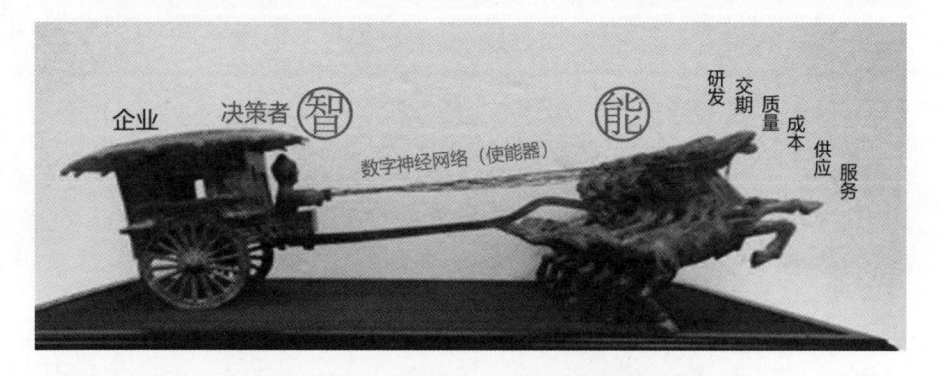

图3-6 智能力是"一把手"掌握的工程

三、数字加管理，打造智能力，提升竞争力

六项智能力，老板要把持；

六力合一力，企业竞争力。

装备制造业主要特点：技术含量高，制造过程复杂，交货周期长（一个月至数个月），个性化需求多，售后服务期限长，销售方式有直销、代理、分期付款、信贷、租赁等。

借用价值流图的方法进行简化分析，企业的核心能力（关键指标）有六个：研发、质量、成本、交期、供应商关系和客户关系。

信息系统（IT）对提升六项能力提供支撑、服务和创新，从而实现企业战略的落地。

因此，企业信息化规划的核心是要实现六大核心能力对应的"六大信息链"，推进六项能力改善，持续提高企业的核心竞争力。如图3-7所示为制造业企业价值流和核心能力。

如图3-8所示，表达了"企业战略—业务指标—IT战略—应用架构—技术架构—治理架构"的关系。其中的"IT战略"包括三个方面，即"支撑、服务、创新"：

第三章　数字加管理　打造智能力

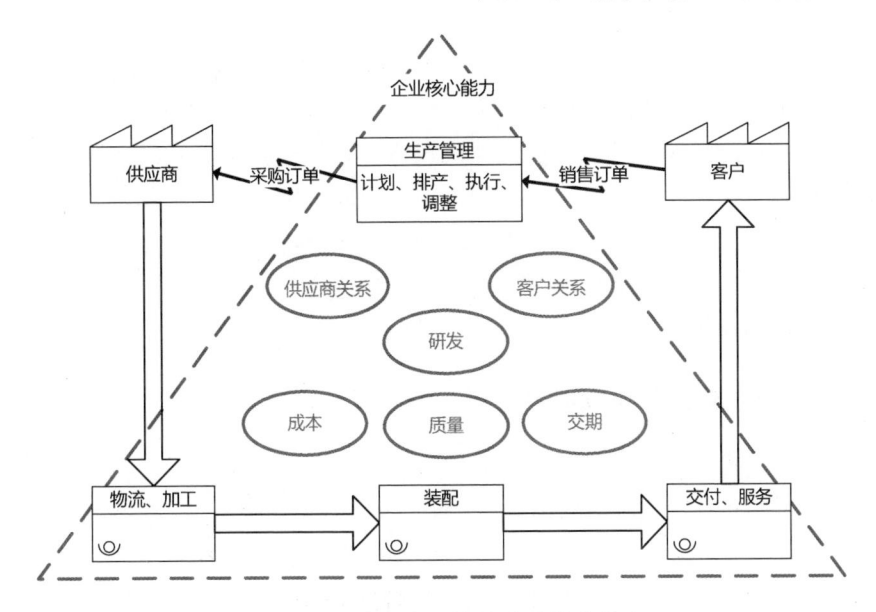

图 3-7　制造业企业价值流和核心能力

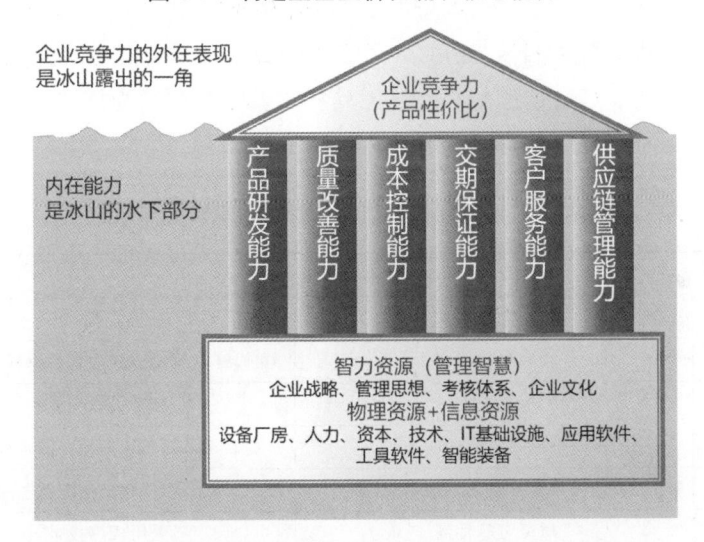

图 3-8　制造业竞争力模型（资源、能力、竞争力模型）

（1）支撑——实现最基本的功能，使业务得以运行（用系统搭建业务平台）。

（2）服务——及时应对业务需求的变化，对信息系统进行优化升级（业务推动信息系统）。

（3）创新——利用信息技术手段对业务进行创新性探索（系统推进业务创新）。

信息系统通过对六项关键业务指标（能力）的"支撑、服务、创新"作用实现企业战略与执行层面的连接。也就是说，IT是企业战略的落地工具。

装备制造业企业的核心能力体现在六个方面：产品研发、质量改善、成本控制、交期保证、客户服务和供应链管理。所以，信息系统的规划要先打破应用软件的限制，从增强企业的核心能力着眼。根据六大核心能力改善的需要，规划六大信息链。而六大信息链的需求，就是各个应用软件需要实现的功能。

1. 智能化产品研发能力

研发智能力，六能排第一；
产品性价比，源头在设计。

对于装备制造业企业来说，产品研发能力是最关键的能力之一。研发涉及的应用，最主要的当然是PLM，然后是PLM与ERP的数据集成，保证"设计BOM"准确、便捷地转为"制造BOM"和"服务BOM"，以及配件图册和电子配件目录"EPC"。竞品数据库和实验数据管理是必不可少的，仿真分析、CAPP也是必备的工具。如表3-1所列为打造智能研发能力的管理目标和重点措施。

表3-1 打造智能研发能力的管理目标和重点措施

打造智能研发能力		
	管理目标	重点措施
1	控制材料成本	在设计阶段考虑降成本的材料、工艺
2	避免浪费	减少设计变更
3	降低库存，降低成本	提高零件通用化，减少新零件品种
4	快速满足客户需求，缩短周期	模块化产品配置
5	质量可靠性高	采用成熟技术
6	提高生产效率	考虑生产便捷
7	提高服务效率，降低服务成本	考虑维修保养方便
8	提高研发效率	流程化管理

2. 智能化质量改善能力

质量改善力，数据要牢记；
过程可追溯，售后资料齐。

"质量是制造出来的",制造过程有记录、可追溯。质量对客户的影响最大,质量问题往往是通过售后服务反馈回来的,而质量改善涉及供应商、产品设计、工艺、制造过程、运输、安装调试及用户的正确使用与保养等环节。所以,对于"质量"业务链,要用多个信息系统把这些业务节点串联起来形成信息闭环。MES 记录制造过程信息,以便追溯质量问题原因;ERP 记录物料和供应商信息,以便查找维修配件和追溯责任;售后服务管理系统负责收集客户的质量反馈,特别重要的是要完整收集设备保养、使用与维修记录,形成完整的设备档案,制定完善的故障编码体系,以便统计分析及发现质量规律;质管部制定质量改善监控指标,验证改善效果。

3. 智能化交期保证能力

交期保障力,产能物料齐;
计划与执行,需要导航仪。

缩短交期不单是制造环节的职责,改善"交期"的关键在于周密的生产计划和执行,以 MES、ERP 为核心搭建精益生产方式的信息化体系。缩短交期的重点是在生产计划编制、优化排程、物料配送、进度反馈、异常处理等环节实现信息大循环,并实现每种物料、工序小循环。通过小循环的持续改善,防止缺料,减少返工,实现大循环的整体改善,缩短交期。提高市场反应速度,提高资金周转率、存货周转率。

4. 智能化客户服务能力

客户服务力,全生命周期;
客户档案全,设备档案齐。

好的产品和服务最终要提供给客户,实现企业价值。用信息系统实现"客户全生命周期管理"和"产品全生命周期管理",客户关怀的目标是产生新的购买;客户设备保养、维护、维修服务记录的完整准确、及时,是产品质量改进的重要输入源,是形成"售后问题汇总—分析—追溯—改善—验证"良性循环的关键。在信息技术层面,要把售后服务管理系统、400 呼叫中心系统、营销部门的 CRM 系统等有机集成,形成多维度服务信息管理体系,实现服务过程透明化、规范化。采用移动互联网技术,实现更加便捷的手机客户端自助式服务,使服务召请、派工、报工、回访等环节做到信息闭环,并进一步提供更多的主动式服务,甚至远程设备联网诊断服务。探索"互联网装备"模式和服务型制造业新路。

5. 智能化供应链管理能力

供应链能力，协作与管理；

优质又稳定，考核看数字。

没有稳定可靠的供应链，企业内部管理水平再高也难以持续不断地提供优质产品。所以，要从质量、成本、交期、财务等方面全面提高供应商管理的能力，用数字化、集成化的方法帮助供应商多方面取得持续改善。比如，准时交货率、一次合格率、VMI 数据准确率、采购提前期、最小订货量、备货库存、根据质量统计调整入厂检验抽样比例等。要获取准确的信息，正确的操作流程是关键。比如，有的收货流程是先检验、合格后收货入库，不合格品直接退给供应商。这样做的缺陷在于无法系统地统计交付合格率，因为没有不合格品的记录。正确的做法是把供应商送货按照采购单数量全部在系统中收货到待检库位，然后由质检人员验收，合格的数量在系统中入库到正常库位；不合格品做系统退货处理，不能在系统外直接找供应商换货。

第四章
智能制造落地实践向导

北京元工国际科技股份有限公司董事长　丁德宇

中国制造业发展面临的国内外环境正在发生深刻变化，新时期的制造业正在向数字化、网络化、智能化、集成化发展。

一、以数字孪生体为核心构建信息物理系统

信息物理系统（CPS）通过集成先进的感知、计算、通信、控制等信息技术和自动控制技术，构建了物理空间与信息空间中的人、机、物、环境、信息等要素相互映射、适时交互、高效协同的复杂系统，实现系统内资源配置和运行的按需响应、快速迭代、动态优化。

数字孪生（Digital Twin）技术作为高速发展的新兴技术在绽放异彩。数字孪生通过在信息世界中刻画物理世界、仿真物理世界、优化物理世界、可视化物理世界的手段，为复杂动态系统的物理信息融合提供了解决思路，逐渐成为智能制造最重要的解决方案之一。

数字孪生是充分利用物理模型、传感器更新、运行历史等数据，集成多学科、多物理量、多尺度、多概率的仿真过程，在虚拟空间中完成映射，以数字孪生体为核心，通过数字孪生技术在生产线仿真、产品设计、生产制造、运行维护阶段的应用，实现虚实映射、虚实融合的 CPS 体系的构建。

1. 建立产品孪生体，实现产品全生命周期管理

产品孪生体，涵盖企业从产品研发设计、生产制造、质量检测到售后管理的产品全生命周期管理，通过数字孪生映射技术实现产品研发和实际生产过程的有机结合，形成 Type DTwin–Order DTwin-Instance DTwin 的闭环赋能回路（见图 4-1），支持产业链上下游资源及信息协同，解决企业实际生产过程中的理想设计信息和真实加工、装配、检测等制造信息脱节的问题，提高产品设计可制造性分析，支持个性化定制，满足用户的个性化

需求，促进制造业生产模式的转变。

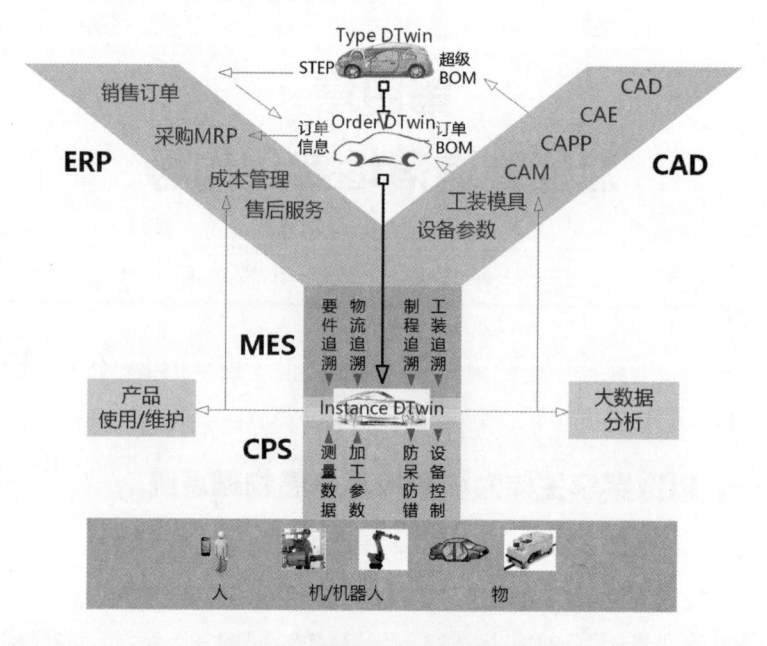

图 4-1 产品孪生体体系结构

在产品研发设计阶段建立 Type DTwin，包括 CAD、CAE、CAPP、CAM 信息和对工装模具、设备参数的要求，形成基于产品（型号）维度、产品 BOM、产品的二维/三维图纸、产品工艺设计、产品加工 NC 代码等有效管理的信息空间的映射。同时，在产品设计过程中，与上游供应商对工艺设计要求进行可制造性分析，确定工艺设计要求是否可以满足，实现与供应商的设计协同。

当客户需求下达时，在标准产品的基础上做个性化选配，这样就形成了 Order DTwin，包括客户的订单信息、个性化选配和订单 BOM。通过采购 MRP 展开得到采购物料需求，传递给上游供应商实现与供应商的采购协同。

在生产制造过程中，通过对生产制造、质量检测等环节的数据采集和追溯，记录要件追溯、物流追溯、制程追溯、工装追溯、测量数据、加工参数的信息，同时形成对设备的控制指令和人工操作的防呆防错提示，同步下发并指示，将这些信息整合起来就形成了单个产品的 Instance DTwin，也就是产品档案。

生产制造过程的大数据分析有助于判断参数设置的合理性以及在不

同生产条件下的适应性，反馈给产品研发设计部门可帮助其优化产品设计参数，改善产品设计和生产效率，实现对产品设计的反馈优化，提高产品质量，缩短交付周期。

结合产品售后的使用记录和维修保养记录、检测数据、性能参数等，反映产品在使用过程中的实时运行数据，快速定位产品可能存在的问题隐患，洞悉客户的真实需求，避免使用错误导致的产品故障，加速新产品的研发设计迭代周期，建立产品全生命周期的闭环管理。

2. 采用七层架构搭建 CPS 完整体系

将 CPS 划分为七层架构，从底层实体层向上，依次为嵌入式孪生体层、物联层、实体孪生体层、系统孪生体层、产品孪生体层和对外交互的接口层，如图 4-2 所示。每层架构间都使用数据总线进行交互，最大限度地减少了各层级间数据交互的难度，使数据流动更加透明并变得主动。

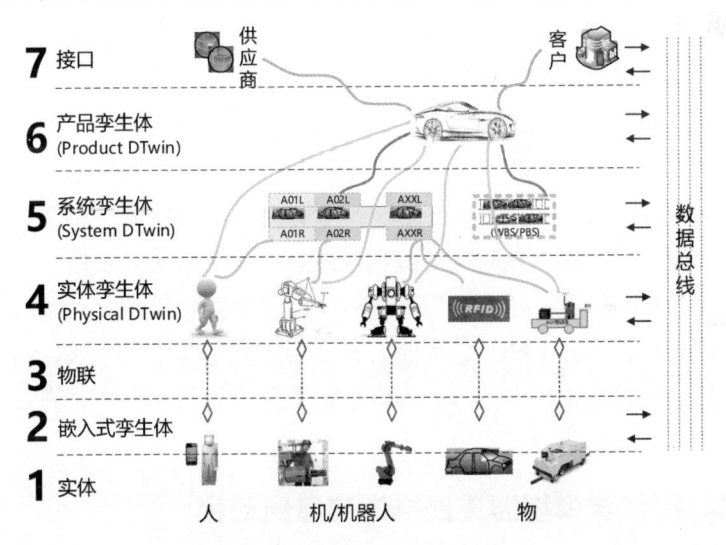

图 4-2 CPS 七层架构

（1）实体：涵盖生产现场的人、机/机器人、物，包括生产现场的操作员、各种生产设备、物流搬运设备、生产物料等，属于物理空间的实体。

（2）嵌入式孪生体：靠近实体侧、与实体紧密结合的孪生体。对外嵌入式孪生体和实体是一个整体，嵌入式孪生体就相当于嵌入到实体中的一个组成部分，实体的数据通过嵌入式孪生体向上反馈，需要传递给实体的数据通过嵌入式孪生体向下发送。

（3）物联：嵌入式孪生体的网络连接，即工业物联网。

（4）实体孪生体：Physical DTwin，是物理空间的实体在虚拟空间的映射。

（5）系统孪生体：涵盖生产制造过程的加工参数、作业实绩等对生产制造、质量检测等环节采集和追溯的数据。

（6）产品孪生体：针对产品的数字孪生体，是生产产品在虚拟空间的映射。

（7）接口：CPS 统一向外提供的接口层。

（8）数据总线：七层架构之间的连接贯通采用统一的数据总线来实现。

在 CPS 七层架构中，自上而下地由产品孪生体指导生产线、物流系统等系统孪生体和实体孪生体，进而通过嵌入式孪生体实现对实体的控制；自下而上是实体通过嵌入式孪生体向上传递数据，数据汇集到实体孪生体和系统孪生体，通过模型判断实现生产过程的精准控制。在这个过程中，产品孪生体是决定产品如何生产的指挥棒；嵌入式孪生体、实体孪生体和系统孪生体三者是完成实体数据的采集和控制的，是产品生产的过程控制。

为了应对纷繁复杂的生产环境，需要建立各种各样的与物理实体对应的数字孪生体，每个数字孪生体都可能会依据自身模型做出基于自身逻辑和约束的科学决策。如果每一个数字孪生体都去定制开发，将会给制造业企业带来漫长的实施周期和高昂的实施成本。为了解决复杂性、多样性给 CPS 实施带来的困扰，建议利用面向对象的信息建模概念，基于数字孪生体配置开发平台实施 CPS，帮助制造业企业以配置开发的方式，实施生产现场 CPS，助力企业转型升级，提高对资源配置利用的效率，满足向柔性化、个性化、定制化方向发展的需求。

二、以数学模型为工具推进信息自动化

制造业企业的数字化转型旨在从接收订单开始，到产品设计、工艺、排程、生产、物流，最后到交付，打通产品交付的核心流程。通过产品全生命周期管理以及信息系统的建设，实现从研发到生产的数字化与协同。通过信息系统的建设实现信息自动化的过程，建议采用数学模型作为工具，通过模型的应用实现信息智能，进一步实现生产过程的精益管理和精益指挥，如图 4-3 所示。

第四章　智能制造落地实践向导

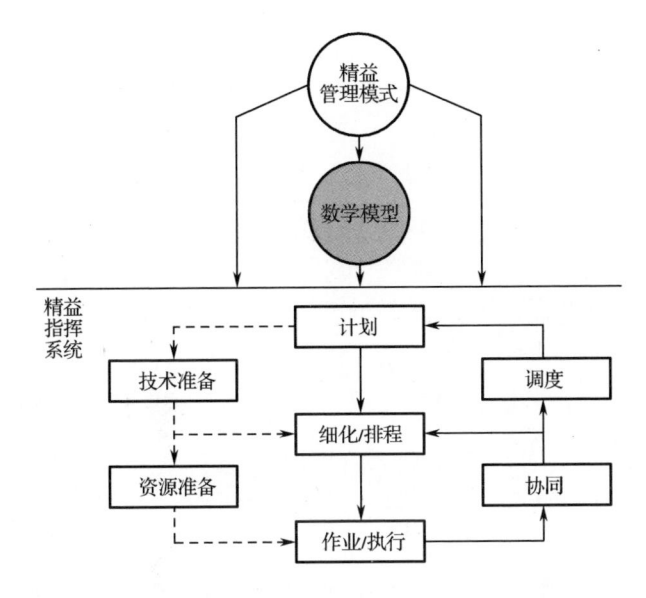

图 4-3　数学模型在制造过程中的应用

从精益管理的角度来看，制造业企业在接到销售订单后，首先要将订单转换为生产计划，自上而下细化或排程后，转入生产执行。在生产计划准备下发的过程中，有相应的技术准备和资源调派；在计划的执行中，设备、物流、质检等的协同和生产调度，形成了自下而上的反馈。这样就建立了一个"计划—执行—反馈"的闭环流程。在这个闭环中，应用数学模型实现辅助计划、自动细化、自动协同、辅助决策。

（1）辅助计划：通过数学模型计算得到影响计划的相关信息，供生产管理人员参考，辅助生产管理人员确定生产计划；

（2）自动细化：将大的生产计划按照规则，自动计算出零部件生产计划、总装生产计划、物流计划等分计划，规则是计划细化的数学模型；

（3）自动协同：在实际生产执行过程中，执行实绩与计划不会完全一致，将生产执行进展情况通过模型计算，自动反馈给设备、物流、质检等，实现生产过程各环节的自动协同；

（4）辅助决策：通过模型计算出与生产作业执行过程的信息，供生产管理人员参考，辅助生产管理人员决策。

以下以实际生产过程的几个示例来说明数学模型的重要性。

1．流水线的同步生产

流水线的同步生产主要是贯彻时间同步和顺序同步（见图 4-4）。

图 4-4 流水线的同步生产示意图

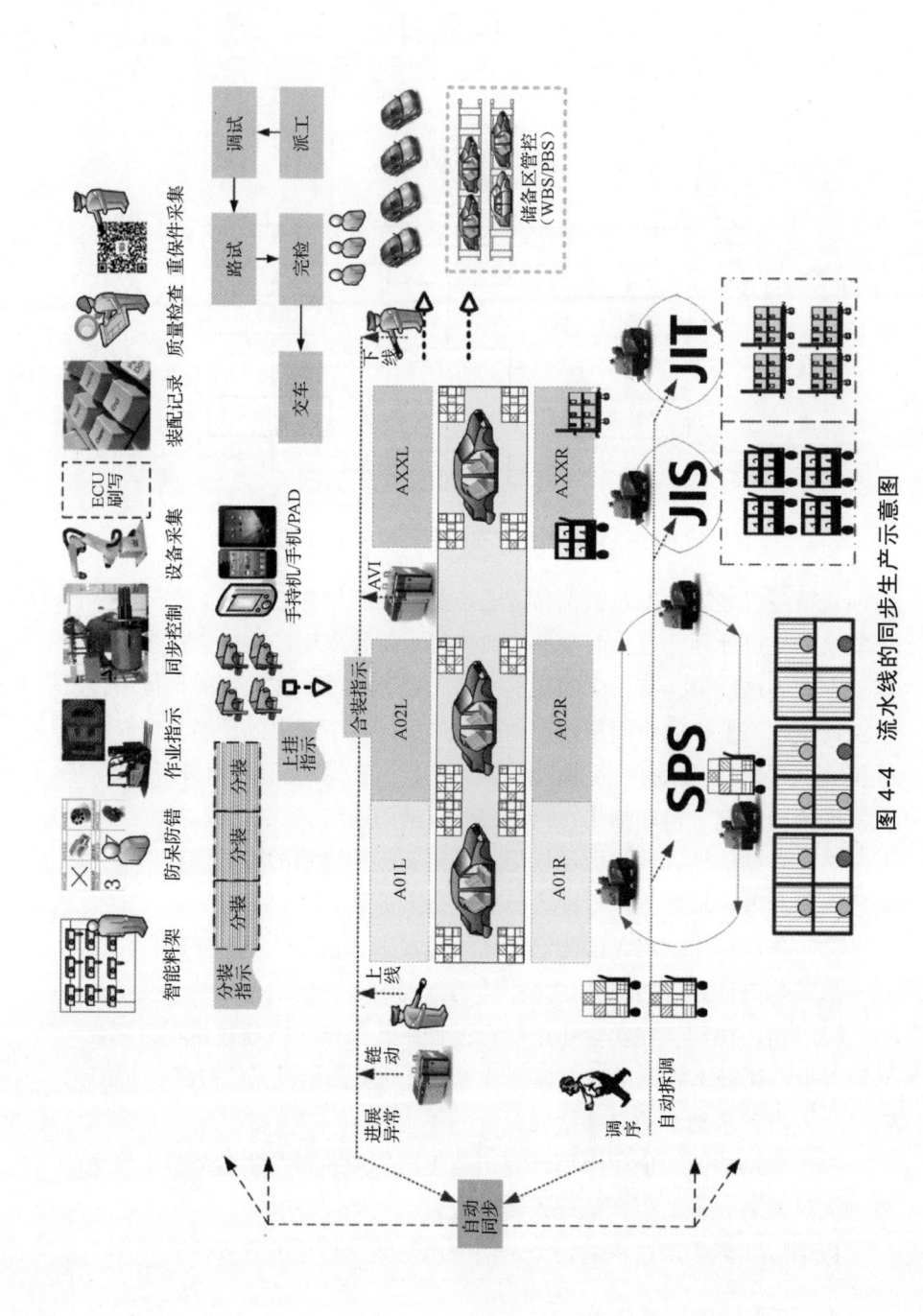

时间同步是根据主线的要求拉动分装、上挂、物流配送等，实现分装、上挂、物流配送等与主线在时间上的同步。以投料来说，根据主线上的生产用料需求，正常需要通过数学模型向前推算投料提前期的时间，准时投料。当主线发生故障或意外停线时，通过设备状态感知采集到停线信息，经过数学模型的实时计算，做出延后投料的决策，并将决策信息下发给 AGV 系统乃至仓库备料人员，将之前计算的投料计划延后，也就是将相对应的投料时间也往后推。

顺序同步是指，如果有调度干预，调整了车辆的生产顺序，无论调序或者挂起，车辆的生产顺序就与计划不一致了，这时模型根据顺序变化自动调整投料指令，并将决策信息下发，相应的分装、上挂和物流配送的顺序和时间都需要做出相应调整。

2. 离散制造的优化协同

离散制造的优化和协同，是在实现从派工到设备的基础上，根据生产的实际进展，动态计算开工条件和紧迫指数，如图 4-5 所示。

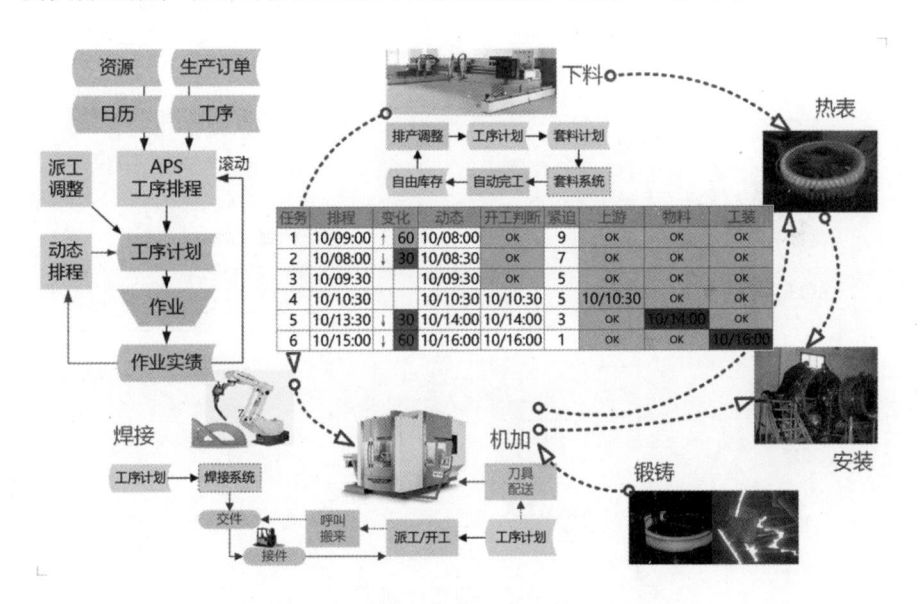

图 4-5　离散制造的优化协同示意图

上游完工后传递至加工，加工完成后传递给下游，都是根据工序节拍预测时间的。这时通过采集机床的加工进展应用数学模型，计算开工条件是以上下游传递为主的，判断机床的开工时间，用于指挥物流配送、转序和刀具配送；计算紧迫指数是判断哪些是下游急需的，这些紧迫度高的予以优先生产。

同时，应用数学模型还可以解决使用AGV转序调度的协同、采集车床的生产完工状态、给AGV下发调度指令，这样就能实现提前完工的先进行调度，延后完工的推迟调度，同时避免了AGV空跑。与AGV类似的，采集各个设备的加工进展情况，包括设备故障信息；与预想的存在出入时，就通过数学模型计算来解决生产协同的问题。

3. 动态计划链

创建动态计划链管控体制，采用动态匹配的方式，实现双向感知：下游需求向上游动态传导，上游进度/异常向下游动态传导，使不匹配的情况一目了然，实现自动告警/预警、制造协同。

将上下游的产品通过系统进行关联，上游异常可以传导到下游，下游异常可以反馈到上游。尤其是当动态链上的计划发生变更时，通过计划动态链，能够快速地计算出对应的上下游计划缺口和满足时间，便于快速进行计划的调整（见图4-6）。

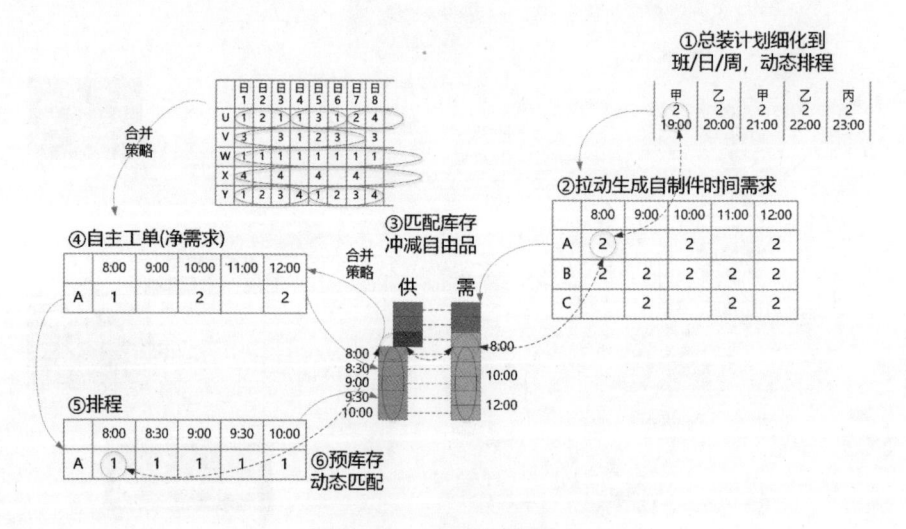

图4-6 动态计划链

（1）根据销售订单，以交货日期为限确定总装计划，细化到周、日、班组，确定总装每个工序的时间。

（2）由总装计划拉动生成自制件的时间需求，即根据总装工序的时间，确定自制件需要完成的时间和数量。

第四章 智能制造落地实践向导

（3）自制件供需对比，匹配自制件库存，包括实库存和预库存，冲减自制件自由库存。

（4）自制件的缺口作为自制件的净需求，形成自制件生产工单。

（5）如果有需要，通过排程实现自制件生产工单排序。

（6）自制件预库存形成供给并补充。

上游拖期或提前，下游能够即时感知到。如图 4-7 所示，自制件生产工单实际完成时间晚于预计完成时间时，供给延迟，供需动态匹配发生变化，由总装计划拉动生成的自制件时间需求无法满足，实时传递给下游总装计划，总装计划做出调整或者接受延期。

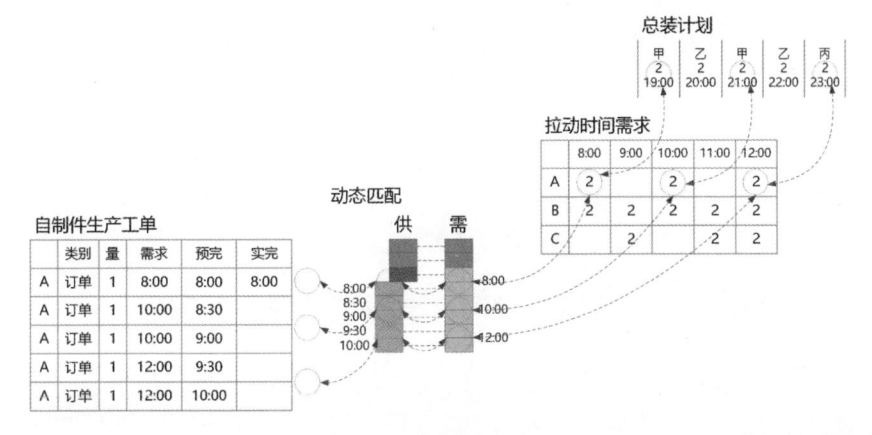

图 4-7 上游传递给下游

如果销售订单取消，总装计划操作撤单，其影响向上游传导，对自制件生产的时间要求、对应类别动态变化，上游如何对应，通过动态计划链可以一目了然。如图 4-8 所示。

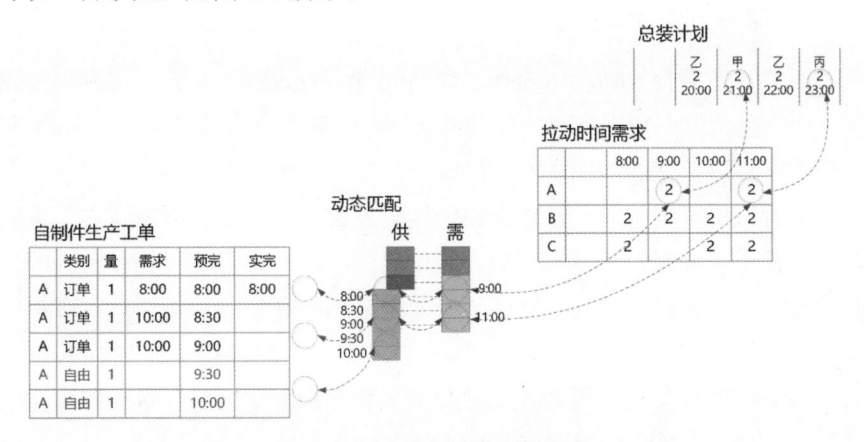

图 4-8 订单取消向上游传导

同理，如果总装插单，其影响向上游传导，对自制件生产的时间要求动态变化、新订单动态生成（见图4-9）。

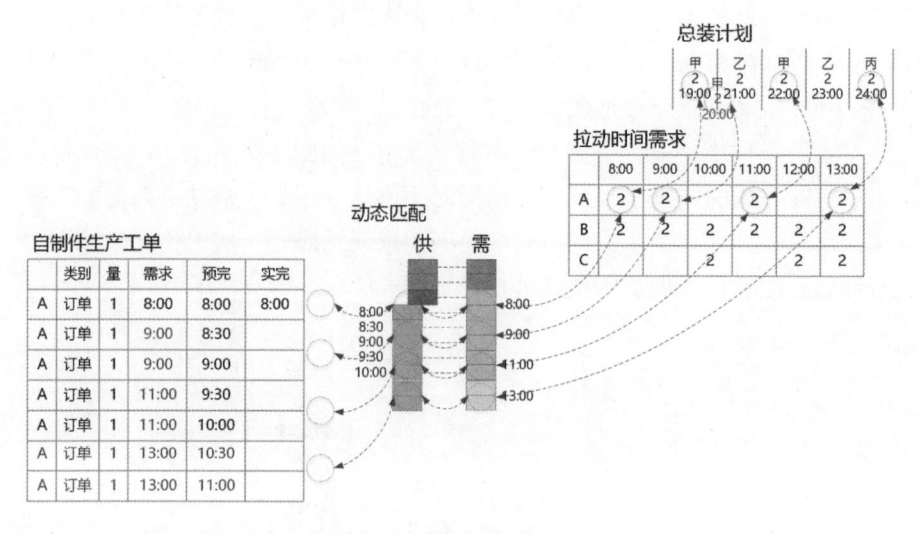

图 4-9 插单向上游传导

三、以平台化应用为导向，适应频繁变化的需求

制造领域是频繁变化的，增加设备、设备升级等，需要信息化系统相应变化调整，这时通过编码方式修改系统就显得有些落后了。北京元工国际科技股份有限公司（以下简称元工国际）凭借在制造业积累的十余年的丰富经验，着力打造了三大平台：配置开发平台、数字孪生平台和信息总线平台。

1. 配置开发平台

配置开发平台SAW（Smart Adaptable Workbench）是元工国际自主研发、具备完全自主知识产权的定制开发平台，软件运行高效稳定。SAW平台的需求与设计理念如图4-10所示。

平台积累了丰富的软件功能模块的开发配置，可以根据项目方的需要选择或者全新定制，具有很高的灵活性。同时，以配置方式代替实际的代码开发可以大大提高定制开发的工作效率，因此在实施应用和运行维护中极具优势。

经十余年开发实施积累，定制开发平台已经趋于完整，包括建模适配MCT、前台开发OBA、后台配置MAP。

（1）建模适配 MCT：界面适配，ER 图、字典、配置表和配置参数、SQL 生成，DB 日志配置，工作流配置，服务和计算配置等。

（2）前台开发 OBA：智能化界面总线驱动，0 界面代码，强大的客户适配能力。同一配置多平台多方式运行：.net thin C/S、JS/Java B/S、Android、iOS 和 Win 本地应用（Native App）。

（3）后台配置 MAP：配置业务逻辑、复杂报表和打印。业务操作分解成元动作，通过元动作组合可灵活实现各种业务功能。

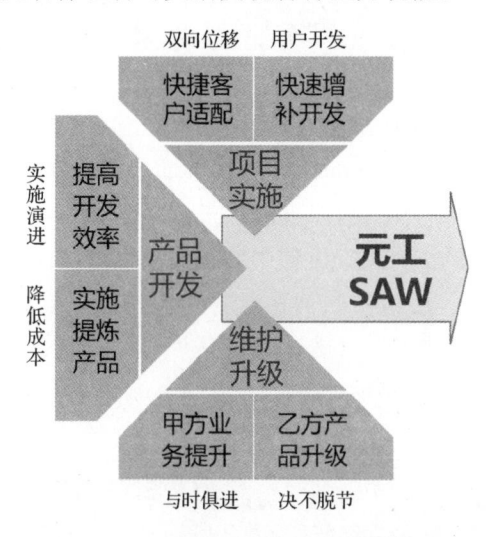

图 4-10　SAW 平台的需求与设计理念

配置开发平台 SAW 从项目实施提炼到产品化软件功能，驱动管理软件的持续升级。平台强调图形化开发环境，实施团队不需要"程序员"。在面临生产现场、车间环境的升级改造时，可以随时响应业务需求的变化，不再需要修改系统代码，直接使用拖拽、配置的方式就可以实现信息化系统的同步更新。平台支持制造业企业终端用户自行开发，是用户企业的 IT 人员甚至业务人员能够轻松掌握的。结合系统规范开发和重用，可以大幅提高软件质量，开发效率提升 10 倍左右。可以说，对于复杂的制造领域信息化系统，SAW 平台是业务适应性强、开发效率高、升级维护便捷的可定制化配置开发平台。

2. 数字孪生平台

在生产现场实现管理信息与制造系统的有效衔接，一方面构建产品研发与生产制造协同的产品孪生平台 PMS，采用数字孪生映射技术实现产品全生命周期管理，并借由研发和实际生产过程的有机结合，形成"产品孪生体—订单孪生体—单件孪生体"的闭环赋能回路，支持产业链上下游资源及信息协同，解决企业实际生产过程中理想的设计信息与真实的加工、装配、检测等制造信息脱节的问题，支持个性化定制，满足用户的个性化需求，促进制造业生产模式的转变。另一方面，搭建数字孪生平台 VPS 以降低数字孪生体在生产现场的实施难度，实现生产制造全过程数字化管理，自动采集工序完工与质量等信息，实现产品关键制造过程质量信息 100%可追溯，创建生产的闭环决策过程，推动制造业向数字化、智能化发展。

1）产品孪生平台 PMS

产品孪生平台 PMS（Product Management System），包括 MBOM 管理、图纸下达与工艺编制、NC 程序管理、工艺反馈跟踪等现场工艺模块，如图 4-11 所示，PMS 结合生产过程中的数据采集信息，涵盖企业从产品研发设计、生产制造、质量检测到售后管理的产品全生命周期管理的协同分析。

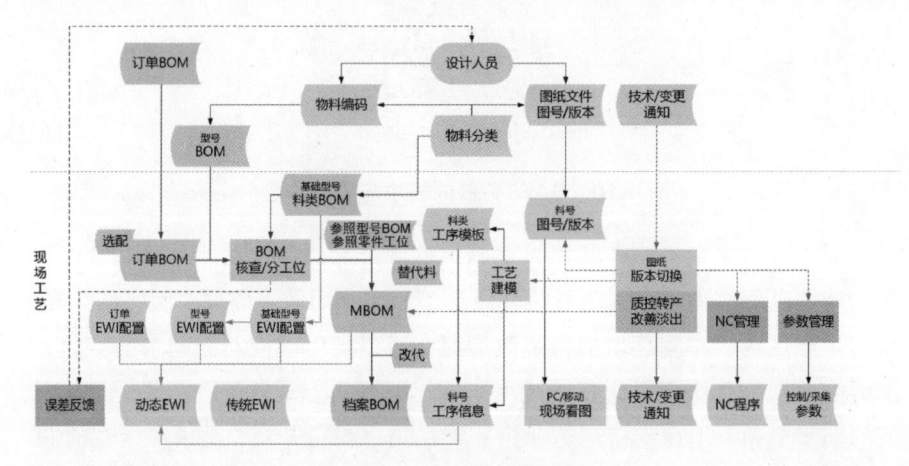

图 4-11　PMS 构建现场工艺

2）数字孪生平台 VPS

为了应对纷繁复杂的生产环境，需要建立各种各样的与物理实体对应的数字孪生体，每个数字孪生体都要依据自身模型做出符合逻辑约束的科学决策。如果每个数字孪生体都去定制开发，将会带来巨大的工作量和系统逻辑的复杂性。为了应对这个难题，搭建一个可配置的数字孪生平台势在必行（见图 4-12）。

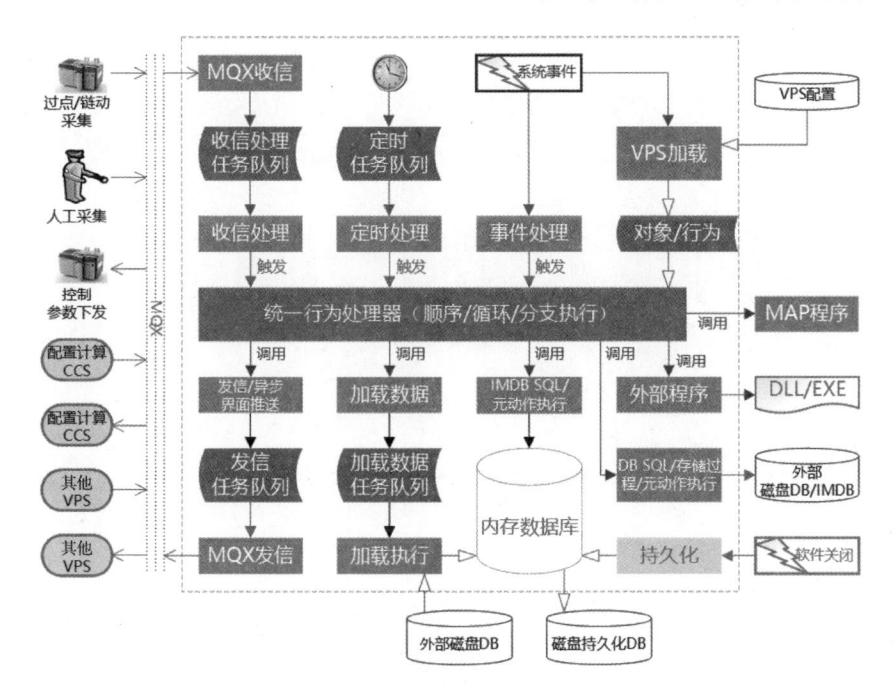

图 4-12 可配置的数字孪生平台 VPS

VPS 支持构成数字孪生体的基础属性、基础逻辑操作的定义，使用基础属性组织定义复杂属性，使用基础逻辑操作组织定义复杂逻辑操作。以配置开发的方式为生产现场的信息化建设提供便利，降低实施难度，提高开发效率。

VPS 可以对生产现场做分装指示、上架指示、上线指示、合装指示、生产线动态同步、设备采集、过点控制、控制参数下发、NC 程序下发、下架指示、搬运指示、投料指示、图纸、指导书等作业指示等，可以方便快捷地将整个生产现场管控起来，实现生产现场的数字孪生管理。

3. 信息总线平台

信息总线平台 MQX（Message Queue eXtended）采用第四代系统接口平台，定位为企业信息总线和物联信息总线。如图 4-13 所示。

MQX 基于三大物联网协议（MQTT/CoAP/XMPP）之首的 MQTT，并根据企业级信息总线的严格要求对 MQTT 进行了扩展改进：

（1）消息持久化。对收发消息进行内存数据库或关系型数据库持久化存储。

（2）文件的订阅/发布。支持对文件的订阅/发布，满足生产现场的特性化需求。

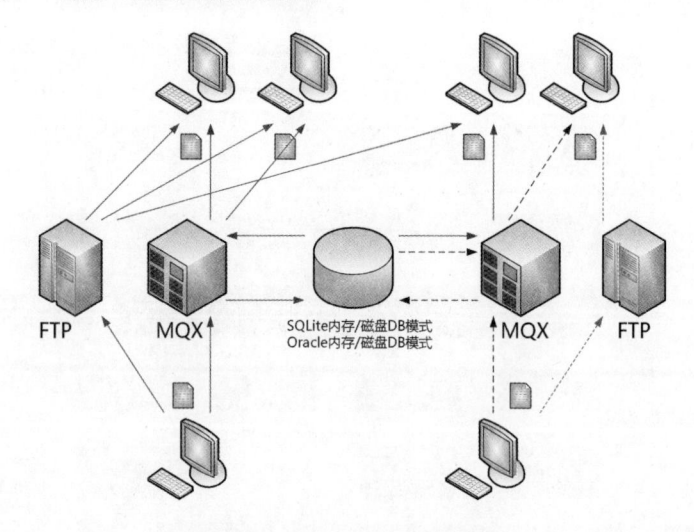

图 4-13　信息总线平台 MQX

（3）集中管控。对节点、主题、相关权限及安全验证等进行服务端集中管控。

（4）无缝衔接内存数据库的事务机制（持久化）和 MQTT 的 QoS2 机制，在发送者、MQX 服务器和接收者的各种宕机和网络故障情况下，保证只有一次必达（Exactly Once Delivery）。

接口处理系统 IPS（Interface Processing System）是用于 MQX 与应用系统及其他总线接口的配置化软件，通过配置处理数据收发、转换等问题，解决总线的"最后一公里"问题，支持采用不同的接口方式进行数据交互，具备灵活的数据处理能力（见图 4-14）。

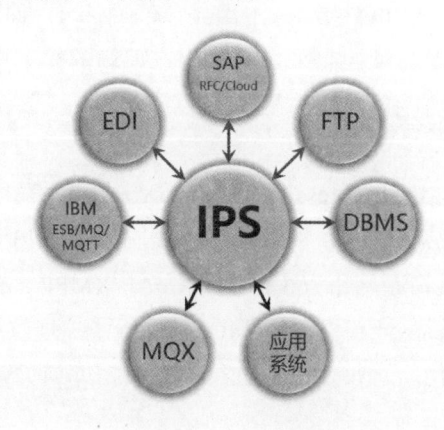

图 4-14　IPS 支持的接口方式

第五章
5G+区块链：为数字经济添加"快速+安全"双动力

中国移动通信联合会区块链专业委员会主任　陈晓华

在 5G 时代，5G 和区块链是相互赋能的关系。如果把信息网络比作交通网络，那么联网设备就是汽车、5G 技术就是高速公路，区块链则是交通规则。5G 能够使联网设备更快速地传输数据，区块链则保证传输过程的高效与安全。

一、区块链技术

从学术角度来说，区块链是点对点传输、共识机制、加密算法等计算机技术的新型应用模式。从本质上说，区块链记录了所有曾经发生并经过一致认可的交易，每一个区块就是一个账本，除了记录交易，还可以通过编程来记录任何有价值的信息，如出生证明、结婚证、所有权契约、财务账户、就诊记录、理赔单、食品来源，以及其他任何能够用代码表示的事物。

（一）区块链的技术特性

区块链由一系列算法、技术、工具集构成的架构组合而成，以不可篡改和可信的方式保证所记录交易的完整性、不可反驳和不可抵赖性。所谓的区块，是一种只能写入和添加的数据集，包含交易及其他记录的确认、合约、存储、复制、安全等信息。

区块链系统中的各参与方按照事先约定的规则共同存储信息并达成共识。为了避免共识信息被篡改，系统以区块为单位存储数据，区块之间按照时间顺序，结合密码学算法构成链式数据结构，通过共识机制选出记录节点，由该节点决定最新区块的数据，其他节点共同参与最新区块数据的验证、存储和维护。数据只要得到确认，就很难被更改和删除，只能进行授权查询操作。

区块链采用哈希算法，它可以将任意原始数据（包括图片、音乐、文字等）对应成特定的数字，形成哈希值。任何一个节点遭到恶意篡改，都会使哈希值产生变化，很容易被识别出来。因此，只要原始数据在验证之后添加到区块链储存，除非可以同时控制系统中多于51%的节点，否则单个节点对数据的篡改是无效的。即使某个节点想要颠覆一个被确认的结果，所需付出的成本也会大大超过其收益，所以区块链的数据稳定性和可靠性非常高。

在区块链系统中，除了交易各方的私有信息被加密，其他区块链的数据是公开的，信息高度透明。区块链的开放性主要体现在以下三个方面。

（1）账目的开放性。与传统数据库不同，区块链的历史记录都是对外公开的，任何人都可以查询和验证相关记录。

（2）组织结构的开放性。根据历史经验来判断，每一次公司制度的变化都对应着公司组织结构的开放，利益相关者人数呈数量级增加。

对于最初的个体户而言，管理权和收益权都集中在一个人身上；后来出现合伙制公司，管理权就变得复杂化，收益权也出现分化，收益由多个合伙人共享；有限责任公司、股份公司出现以后，管理权更加复杂，还出现了权力的代理，即股东把权力委托给管理层，但收益仍然由全体股东共享，这时股东人数甚至达到上百人；公司上市以后，管理层更加复杂，包括CEO、董事会、股东大会等，而股东人数继续增加，甚至达到数万人，这说明越来越多的人可以脱离公司的管理，直接参与公司的收益分配。

在区块链系统中，公司利益相关者的数量会继续上升一个量级，公司整个底层经济逻辑开始具有开放性，有人称之为开源经济。开源不仅指公司代码的开源，也指公司的生产者、消费者、投资者、供应商等利益相关者。

（3）生态的开放性。开放的账目和组织结构是最底层的基础，区块链的最终目标是构建一个开放的生态，使价值传递的成本越来越低、效率越来越高。

未来的区块链会形成一个庞大的价值转移的开源操作系统，每个人都可以贡献力量并无须获得别人的许可，这正是区块链的精髓，即创新无须批准和计划。因为项目的代码是开源的，所以可以独立开发新产品、新功能，由市场做出选择。

第五章　5G+区块链：为数字经济添加"快速+安全"双动力

（二）区块链技术的发展现状

全球主要国家和地区都在努力促进区块链技术的发展，各国（地区）通信运营商也在积极展开布局，力图在新一轮的技术革命浪潮中抓住机遇，掌握区块链技术发展的主动权，创造新的商业模式，提升效率，降低成本，开拓新的收入源。不过，目前通信运营商在区块链技术的应用方面还处于实验阶段。

1．国际通信运营商在区块链技术上的布局

各大国际通信运营商布局区块链技术主要有三种方式，即自主研究、联盟合作和战略投资，如表 5-1 所列。

表 5-1　国际通信运营商在区块链技术上的分布方式

布局方式	参与者	具体做法
自主研究	美国电信巨头 AT&T	申请了一项关于使用区块链技术创建家庭用户服务器的专利
	法国电信 Orange	选择在金融服务领域开展区块链研究，以提高自动化水平，加快结算的速度
	瑞士大型国有电信供应商 Swisscom	成立了 Swisscom Blockchain AG 公司，运用区块链技术研发面向企业的商务应用
	韩国移动运营商 LGU+	推出基于区块链技术的海外支付系统
联盟合作	日本软银、美国 Sprint、美国区块链新兴公司 TBCASoft 等数十家公司	联合成立了运营商区块链研究小组 CBSG，旨在共同构建跨运营商的全球区块链平台和生态，进而为成员及其用户提供跨运营商的各种服务，如通过跨运营商的支付平台系统进行充值、移动钱包漫游、国际汇款和物联网支付等服务
战略投资	Version	投资了物联网新兴企业 Filament，研究物联网设备安全沟通、执行智能合约与发送小额交易
	美国运营商 Sprint	与区块链新兴企业 NXM Labs 合作推出基于区块链技术的 5G 联网汽车平台

2．中国通信运营商在区块链技术上的布局

中国通信运营商在区块链标准、专利、平台及应用方面一直在积极投入，具体体现在以下几个方面：

（1）推动区块链标准的国际化。中国三大通信运营商及设备供应商于 ITU（国际电信联盟）建立了多个区块链国际标准项目。例如，在 ITU-T SG20

建立了"基于物联网区块链的去中心化业务平台框架",在 ITU-T SG13 发起了"NGNe 中区块链场景及能力要求"项目,在 ITU-T SG16 成立了"分布式账本业务需求与能力"项目等。中国移动在 GSMA 的欺诈与安全工作组正在研究区块链应用于运营商 PKI 领域的标准工作。

(2)专利数量位居前列。根据国家知识产权局统计,2019 年第一季度公开的区块链专利数量为 2041 项,中国联通区块链专利数达到 154 项,在国内排名第二位,在央企中排名第一位。

(3)搭建区块链平台。中国通信运营商纷纷搭建区块链平台。例如,中国电信打造出区块链可信基础溯源平台"镜链",该平台能够提供完备的区块链溯源基础能力,其物联网平台整合中国电信政企网关资源构建共享经济平台,最大限度地保证用户的数据安全和设备控制安全;中国移动与火币中国等打造"区块链+物联网"身份认证平台,该平台是基于区块链和物联网技术的身份共享核验平台,在快递、租房和旅游实名制等领域具有广泛的应用价值。

(4)深入挖掘应用场景。国内通信运营商致力于将区块链应用于电子招投标、精准扶贫、农业溯源等多行业应用场景,如表 5-2 所列。

表 5-2 深入挖掘应用场景

应用场景	具体作用
电子招投标	运用区块链技术打造四位一体的可信电子招投标系统,实现招标方、投标方、评标专家和监管审计的协同,具有流程合规、多方协同、成本缩减,可信透明等特性
精准扶贫	实现扶贫数据的不可篡改,做到对扶贫奖金的追本溯源
农业溯源	提供定位、告警、溯源、轨迹回放等一系列服务

(三)区块链的市场前景

作为一种通用技术,区块链将与各个行业创新融合。未来会有更多的传统企业运用区块链技术降低成本、提升协作效率,促进实体经济增长。

据市场调研公司 Tractica 预测,到 2025 年,全球企业区块链市场规模将达到 203 亿美元。

在电信领域,全球市场研究机构 Research and Markets 的数据显示,通信领域中的区块链技术将从 2018 年的 4660 万美元增加到 2023 年的 9.938 亿美元。

第五章　5G+区块链：为数字经济添加"快速+安全"双动力

在中国，很多业内人士认为，目前中国区块链产业从上游的平台服务、安全服务，到下游的产业技术应用服务，再到保障产业发展的行业，如投融资、媒体、人才服务等，各个领域的企业已基本完备，能够共同推动区块链产业不断向前发展。中国很多互联网企业也纷纷参与到区块链技术的应用中。例如，阿里巴巴关注产品溯源、跨境结算等领域；腾讯关注电子发票等金融领域的应用；京东关注透明供应链体系，意在打击假冒伪劣产品。

有专家表示，未来的区块链技术在政务、金融、民生等领域有着广阔的应用前景：通过区块链技术，可以实现政务数据的分布式共享；供应链上的龙头企业也可以通过区块链将自己的信用传导到小微企业，进而部分解决融资难和融资贵的问题。

二、5G 和区块链融合赋能

5G 与区块链拥有各自的优势和劣势，两者相互融合有利于促进社会数字经济的健康发展。5G 作为通信基础设施，为传输海量数据和信息提供了保障，区块链则协助 5G 解决隐私、安全和信任问题。5G 和区块链融合在一起，就能提升网络信息安全、优化业务模式，还能相互促进、协同发展。

（一）5G 对区块链的促进作用

区块链本身是建立在网络系统之上的，与之紧密相关的数字技术发展了数十年，依然停留在探索应用价值的阶段，很大程度上是因为诸如 5G 网络这样的前置技术尚不成熟。

最早的区块容积只有 1MB，最早的"挖矿"是通过计算机 CPU 来实现的。CPU 的算力十分有限，所以交易速度非常缓慢，这也成了阻碍区块链技术发展的关键因素，人们为此提出了很多的解决方案，如扩容、闪电网络等。如果交易速度无法满足大多数人的需求，人们自然不会信赖这项技术，其应用场景更无从谈起。

与 4G 网络相比，5G 网络传输数据的速度更快、延迟更少。延迟是指信号从发出到接收的时间间隔。低延迟对设备而言非常重要，可以确保快速沟通。对于区块链而言，数据同步是极为重要的事情，任何信息都要保存到每一个节点上，其更新也要同步到其他节点上。节点之间的多次通信会产生频繁而巨大的数据流量需求，消耗大量的网络资源。

4G 网络环境无法承载如此庞大的物联网传输需求，而 5G 网络的高传输速率恰好可以满足，其低时延特性会促进区块链的数据同步，提高共识算法的效率。如此一来，基于互联网的数据一致性可以获得改善，区块链网络的可靠性也可以得到提升，网络延迟产生的差错和分叉就会非常少。同时，5G通过增加节点协助区块链获得更短的阻塞时间，也能推动区块链的可扩展性。

总之，5G网络可以大幅度提高区块链网络的性能和稳定性，加快区块链系统中的转账交易速度，提升区块链中各类分散式应用程序的稳定性，区块链的市场前景会更加广阔，可实现跨越式发展，能够开拓更多的蓝海市场。

（二）区块链对5G的促进作用

5G的优势在于信息传输速率高、网络覆盖面广、通信时延低，并且可以接入海量设备。不过，在5G建设和运营时，很多较难解决的问题大量存在，如隐私信息安全、虚拟交易信任缺失、虚拟知识产权保护等，区块链技术恰好可以弥补这些缺陷。

1．区块链为5G应用场景提供数据保护能力

5G时代的网络速度将得到大幅度提升，数据量急速增长，更多的计算和存储要由智能终端和边缘计算节点来承担，这就对数据保护能力提出了更高的要求。区块链具备交易信息隐私保护、历史记录防篡改和可追溯等特性，特别适合对数据保护要求严格的场景。

区块链是应用密码技术的代表，它可以重构网络安全边界、建立设备之间的信任域，使网络设备之间安全、可信、互联。同时，终端去隐私化的关键行为信息上链后，会存储在区块链的各个节点上，数据完整性和可用性能够得到保证，这有利于构建智能协同的安全防护体系，防止出现中心数据库的原始数据被篡改和盗窃，甚至中心数据库管理者"监守自盗"等情况。

2．区块链能够促进5G实现点对点的价值流通

运营商在建设5G网络时，重点布局分布式应用场景，如车联网、智慧城市、远程视频等，而区块链在这种布局架构下，无须中心机构确权，由节点在链上确权和分发就能实现点对点的价值交换，极大地提升了终端的交易效率，减少了交易成本。

3．区块链能够促进5G网络建设

区块链对5G网络建设的促进作用主要体现在四个方面，如图5-1所示。

第五章　5G+区块链：为数字经济添加"快速+安全"双动力

提高频谱资源的利用率

区块链边缘云服务　　接入共享

宏微基站协同组网

图 5-1　区块链对 5G 网络建设的促进作用

（1）提高频谱资源的利用率。频谱资源是通信运营商最重要的资产之一，不断提升频谱资源的利用率是其一以贯之的追求。随着无线宽带业务的快速增长，频谱资源显得更加珍贵，供需矛盾在将来会更加突出。尽管 5G 网络具备低时延和大容量的优势，但对频谱资源的消耗非常大，因此多制式网络频谱融合技术被看做是未来 5G 网络的关键。

为了缓解频谱的供需矛盾，实现精细化管理以及高、中、低频段的频谱资源共享尤为重要。而区块链可以记录频谱信息，并通过共识算法解决信道争用问题。在区块链系统中，各参与方都可以对信息进行监督，使无线频谱资源的共享、价值转移流通过程透明化。

（2）接入共享。智能合约是区块链技术的核心功能之一，用于自动执行接入点之间的规则和协议，使网络资源具备实时可用性。通信运营商可以利用该技术为用户提供方便、快捷的 5G 服务。

在构建新一代分布式无线网络的过程中，运营商可以通过区块链框架允许异构接入节点和设备之间的无缝配置。在区块链环境下，接入节点、网络和用户之间的规定和协议将作为数字智能合约即时协商，且任何设备都可以协商最佳服务。

（3）宏微基站协同组网。随着 5G 网络建设的不断深入，数据流量大幅度增长，传统宏基站和室内分布系统出现了越来越多的局限性。微基站具有小型化、低成本、低功耗、即插即用、回传网络灵活、安装简单和部署容易的特点，可以很好地对传统宏基站和室内分布系统进行补充，共同实现均衡、优质的网络体验。

在这种环境下，用户可以将自己的微基站接入 5G 网络，成为区块链的入口，还可以通过区块链智能合约变现自己的闲置流量，帮助通信运营商建立 5G 相关的基础设施，推动 5G 发展。

（4）区块链边缘云服务。多接入边缘计算（MEC）技术是基于 5G 演进的架构，并将移动接入网与互联网业务深度融合的一种技术。MEC 可以利用无线接入网络就近为电信用户提供服务和云端计算功能，能够创造一个具备高性能、低延迟与大带宽的电信服务环境，加速网络中各项内容、服务及应用的快速下载，让用户享有不间断的高质量网络体验。

一方面，MEC 可以改善用户体验，节省带宽资源；另一方面，通过将计算能力下沉到移动边缘节点，提供第三方应用集成，为移动边缘入口的服务创新提供了无限可能。

MEC 部署方可以利用区块链技术汇聚闲置的各类资源，构建拥有"无限节点"的资源网络，从而聚合成一个强大的资源池，并对分布在各节点的资源进行最优化的实时部署，这样可以有效地节约成本、提高效率。

区块链技术能够提高交易的可追溯和不可篡改等特性，使交易更公平、公正，提高用户参与的积极性，从而激发和促进 MEC 应用场景的大规模部署，其在数据安全、身份认证和隐私保护等方面将有更大的优势。

4．区块链能够促进 5G 通信设备的管理

对于通信运营商来说，管理海量、复杂的通信设备一直是一个巨大的挑战，这具体有两个方面的原因：一是通信网络中存在的大量设备种类多、厂家多、批次多，分属于多个领域，很难形成透明化、穿透式、全生命周期的管理；二是通信设备巡检方式仍在向数字化/智能化转型，巡检数据的自动采集、可信存储、记录溯源、智能分析等全流程技术尚未完备，数据分析较为困难。

针对以上问题，区块链技术可以带来新的解决方案。区块链的底层数据存储，结合 IoT、AI 等技术，能够为运营商提供设备巡检和设备全生命周期的管理服务，提高设备巡检的质量和效率。

从分公司与集团层面上讲，分公司按照要求巡检设备，并把巡检信息记录在区块链上；集团从区块链上获取可信数据，实时检查巡检工作的落实情况；从运营商与设备供应商层面上讲，设备管理平台通过接口与运营商的业务系统进行交互，能够实时同步设备故障信息和风险信息，提前预测故障并及时处理。

5．区块链能够促进 5G 网络管理

由于区块链具有不可篡改和可追溯的特性，所以其能够应用于告警信息管理和操作日志管理等网络管理的场景。

（1）告警信息管理。5G 网络的正常运行和维护离不开告警信息，告警

第五章　5G+区块链：为数字经济添加"快速+安全"双动力

信息可以使用户更清晰地了解设备当前的使用情况。当设备发生故障时，告警信息会非常多，网络管理系统提供了多种告警信息过滤和告警相关性的设置，设置好后可以只显示用户最关心的告警信息。同时，对于那些高级别的告警信息，可以将其上传到区块链系统中，实现关键告警信息的可信存储和不可篡改，以便于对告警信息进行追溯和分析。

（2）操作日志管理。网络管理系统具备日志管理功能，其能够记录网络管理系统的运行和操作动作，包括运行日志和操作日志。运行日志主要记录网络管理的进程运行情况，发现网络管理运行的问题。操作日志主要记录操作员的登录、退出和操作命令等人为使用情况。

操作日志在上链存储后，就具备了高度可靠、不可篡改、安全性高和时序不可逆等特性，日志记录的行为可以随时进行追溯。

6．区块链能够促进 5G 通信应用与业务

区块链对 5G 通信应用与业务的促进作用主要体现在四个方面，如图 5-2 所示。

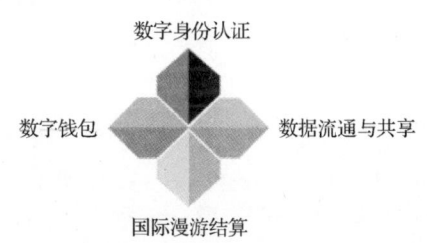

图 5-2　区块链对 5G 通信应用与业务的促进作用

1）数字身份认证

数字身份认证分为面向个人的数字身份认证和面向物联网设备的数字身份认证。

（1）面向个人的数字身份认证。随着技术的发展，在区块链数字认证方案中，私钥拥有者可以借助非对称加密推导出相应的地址，以此作为身份的唯一标识符，然后通过智能合约关联身份属性。

用户可以选择性地公开身份数据，也可以授权给第三方使用。通信服务商之间不必维护用户的身份信息，从区块链公开或授权的信息中获得想要的信息即可。借助区块链技术，个人隐私数据不会被泄露或盗取，通信运营商对用户身份数据的使用有了合法和合规的技术基础，且通信运营商可以基于大量的用户数据为其提供便捷、安全的身份认证服务。

（2）面向物联网设备的数字身份认证。网络架构不断优化，设备连接数和业务规模迅速增长，通信运营商面对更多的产业合作方，这一切都需要建立在安全的互信合作与对海量物联网设备进行安全管理的基础之上；而区块链技术提供的信息安全保护机制恰好可以在这一方面提供助益。

在区块链系统中，每个设备都有自己的区块链地址，并使用加密技术和安全算法保护设备的身份，从而保证该设备不受其他设备的影响。在区块链中可以构建PKI数字证书系统，使设备供应商和运营商之间建立信任关系，将传统的PKI技术集中式的证书申请和状态查询通过分布式来实现。设备可以利用PKI数字证书系统自行生成并提交证书，区块链节点使用智能合约验证和写入证书。要想使用证书，使用方可以通过区块链检查证书是否正确和有效。总之，区块链技术提升了传统PKI技术的易用性，并扩展了其应用场景。

2）数据流通与共享

目前电信数据的流通与共享存在诸多问题：数据交易的规范性和完备性不足，数据确权、数据定价等核心问题还没有得到全面解决；对数据安全和隐私保护有了更高的要求，但缺乏必要的技术手段；数据流通方式尚未在电信业获得足够的公信力。

有了区块链技术后，数据流通体系共享数据元信息、样例数据、数据获取需求、数据交易及权属流转信息；在产生数据资源或流通之前，可以将确权信息与数据资源绑定并登记存储，以利于维护数据主权；智能合约可以实现链上支付、数据访问权限自动获取，使交易自动化水平得到提高。

3）国际漫游结算

电信运营商之间的漫游关系相对来说比较松散，目前在国际漫游结算方面有四个问题需要解决：在解决争端时，协调成本和时间成本较高；传输漫游协议文件时，极易受到人工干预的影响；漫游处理时效较长，容易产生计费、财务、欺诈等运营风险；漫游管理模式不够统一，很容易引发争议。

在区块链环境下，各漫游运营商能够可信、互认地共享漫游协议与财务结算文件；通过智能合约，执行漫游协议与公参，实现漫游资费自动配置与生效的一条龙管理，最终减少各运营商巡检和处理协议文件的人工工作量，以及与海外运营商进行申告处理的时间。如图5-3所示为区块链技术对国际漫游结算的影响。

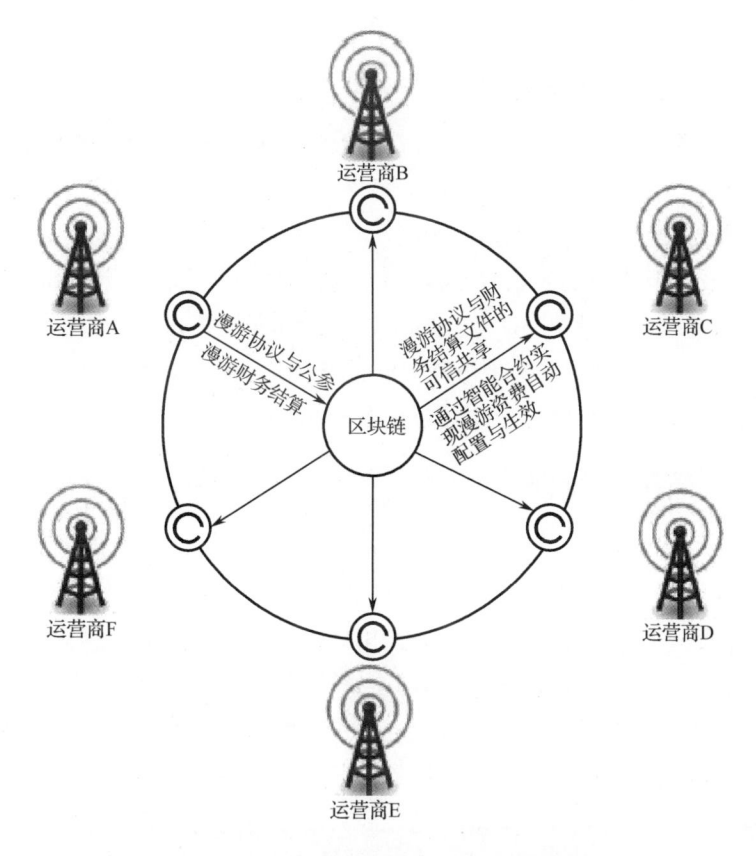

第五章　5G+区块链：为数字经济添加"快速+安全"双动力

图 5-3　区块链技术对国际漫游结算的影响

4）数字钱包

数字钱包相当于银行账户，用户可以通过分散的方式存储、接收和向他人发送数字化资产。在 5G 时代，数字钱包应用会更加丰富，而且会出现全新的商业模式，付费应用将不断出现。

通信运营商可以利用区块链进行小额资金支付，以支持音视频、手机游戏和其他此类服务的小额支付。只要拥有互联网连接的人都可以运用区块链技术创建自己独特的钱包，该钱包在与此类资产的加密网络交互时会自动注册自己的私钥和公钥。私钥是所有者获得访问此类钱包的唯一身份或密码，公钥是所有者用来发送或接收数字资产的地址。

由于每一笔交易都记录在具有加密安全性的分布式账本中，所以网络中的任何人都可以在保留发送方的匿名组件的同时对其进行审计，这为用户提供了更透明、可跟踪和更安全的网络体验。

三、"5G+区块链"融合应用

5G 是移动通信技术的重大变革，它将引领新一轮的颠覆性创新浪潮。作为整个科技行业的基础，5G 将与区块链、人工智能、云计算、大数据等技术一起构建全世界的 IT 基础设施。

5G 及其衍生出的万物智联将有利于提升整个社会的效率，而支持 5G 发展就需要区块链解决 5G 底层通信协议的部分短板，如隐私、安全和信任问题。5G 和区块链技术是相辅相成、密不可分的，两者会协同推动各个领域的发展，拥有广阔的应用场景。

（一）贸易金融领域

目前，全球经济一体化趋势愈演愈烈，各地贸易市场发展迅猛，全球化的大规模交易数不胜数，这对于传统的金融管理机制是一个巨大的挑战。在这样的背景下，传统金融机制已经出现诸多问题，如企业信息分散、企业间缺乏信任、信息获取时间长等。5G 与区块链技术相互融合，可以有效地提高网络和安全能力，解决传统金融机制所面临的困境。

在万物智联时代，之前在供应链中无法解决的问题，如实时监控、实时计算、实时对账就有了落地的可能。只要相关区块链解决方案提供商能够在技术难题上取得突破性进展，融合应用的部署规模就会出现爆发式增长。区块链技术不仅能提供商业模式上的创新，还能减少很多人为的用于增进信任、增加成功概率的风控举措，有利于交易双方减少相关成本、降低摩擦频率。

对于供应链上的每个环节而言，安全的 5G 网络再加上运用完整、真实的区块链日志，首先带来的好处是可以准确记录商品流通数据，其中一项细分技术被称为"溯源"。溯源应用先要解决的问题是贸易流通中各种烦冗的物理性的信用证书，如所有权文件、付款凭证、物流标签等。这些信用证书的价值是相同的，即在出现争议时确定责任归属。因此，风控工具应运而生。例如，每一笔交易对应一份合同，以此来保障双方利益。一旦出现问题，就要引入裁判机制，让法院等具有强制执行能力的行政力量判定责任方，但这种流程非常烦琐和零碎。

基于区块链的智能合约可以大大缩短这一流程，参与供应链的各方可以大幅减少运营成本，也会大大降低争议的发生率和连带的法务和金融费用。例如，在典型的供应链流程中，一般会约定多少天内付款可以享受折

第五章　5G+区块链：为数字经济添加"快速+安全"双动力

扣，这是对快速结算应收账款的激励。智能合约就可以简化该流程，避免在该流程上发生的各种票据和 IT 资源的浪费。

另外，一家企业经常会通过在一定程度上增加运营杠杆和财务杠杆这样的手段来尽力提高净资产回报率。运营杠杆起到的作用是增加固定支出的效能，而财务杠杆起到的作用是增加股东的回报。不过，人们在一般情况下很难计算出所谓"一定程度"的确切数据，有的经营者使劲加杠杆，只要现金流不断，就想方设法支付利息。有的经营者赚得盆满钵满，也有的经营不善。杠杆的运用程度之所以很难科学计算，是因为数据的采集过程存在瑕疵，数据库的真实性是存疑的。也就是说，企业的经营数据是否完全符合现实情况是不能保证的。

如果需要完全保真的数据，在理想情况下数据的上传应在无人环境中。5G 技术在此时就显得极为重要，因为真实数据可以立即上传到区块链，不可篡改。在此前提下，智能合约的运用就有了保障。如果出现争议，各方就可以立即访问对应的区块，判断该合约能否正确地满足各种先决条件，这样就省去了长时间的资金庞大的诉讼。

（二）智慧城市领域

智慧城市有着巨大的产业范畴，包括智慧政务、智慧安防等应用场景。区块链和 5G 融合将为智慧城市的建设带来更好的体验，不断改善我们的生活。

1. 智慧政务

由于区块链具备不可篡改、不可删除、可追溯等特性，这为政府的智慧政务提供了可信的数据互通能力。与 5G 技术融合以后，数据互通互信的效率能得到大幅度提升，而更多的新业务会为政务服务带来更多、更丰富的新体验。例如，智能合约能够支持政务高效远程审批，节省大量的时间和人力；又如，将 5G 和区块链技术应用于电子投票系统，以消除选票欺诈行为，莫斯科已成为第一个在电子投票系统中使用区块链的城市，旨在消除选票欺诈。

税务部门、工商管理部门等都可以运用 5G 和区块链技术快速定位票据、登记信息，避免作假行为发生，不断为公司信用提供保障，为相关的各方提供值得信赖的全方位视角。以前通过各种不必要的行政手段束缚中小企业手脚的做法如今不值得提倡了，基于区块链的城市级贸易物流和财务管理解决方案可以通过消除不必要的验证环节来提高效率及透明度。

未来，视频或 AR/VR 影像会记录更多的政务数据信息，政府服务的类型会变得更加多样化和立体化，包括市民政务服务、应急指挥调度和政府数据展示等。这些场景会大量应用区块链技术，以帮助政府各部门进行身份识别，保证办事过程的信息不可篡改、事后可追溯，这些功能可以为 5G 场景下的智慧政务提供更加可靠、可信的解决方案。

2. 智慧安防

5G 和区块链的融合在智慧安防领域体现为两个方面，如图 5-4 所示。

图 5-4 智慧安防

（1）智慧城市监控。智慧城市监控是区块链在智慧城市中的一个典型应用，也是整个安防领域中最核心的环节，它涵盖了智慧城市建设的主要数据传输环节。

随着 5G 技术融合到安防产业中，安全警报器、传感器和摄像头的部署量会呈大幅度增长的趋势。为了保证这些监控及数据传输的安全，监控设备之间可以成立区块链，以保证所有上传数据的真实性，结合 5G 带来的更高清的画面和更丰富的视频细节来提高视频监控的分析价值。

（2）智慧园区安防。智慧园区是指融合新一代信息与通信技术，具备迅速采集信息、高速传输信息、高度集中技术、智慧实时处理和服务提供能力，实现园区内及时、互动、整合的信息感知、传递和处理，以提高园区产业集聚能力、企业经济竞争力和可持续发展为目标。从狭义上来理解，智慧园区等于智慧社区，但其实上智慧社区只是智慧园区建设的一小部分。除了智慧社区，广义的智慧园区建设还涉及智慧写字楼、智慧工厂、智慧场馆、智慧商圈、特色小镇、智慧产业园（地产）、智慧开发区、产业新城及智慧景区等多个类型。

如今，人们对智慧园区安防的重视程度越来越高。智慧园区安防的重点是监控众多摄像头、压力、温度等传感设备。无线监控设备和有线监控设备都处于运行状态，而无线监控设备具备安装方便、灵活性强、性价比高等优势，逐渐受到越来越多用户的重视。不过，由于带宽资源有限、干扰因素过多、视频信号数据量大，且实时性要求很高，目前无线监控设备的发展已经遇到瓶颈。

随着 5G 网络技术的成熟、设备的大面积铺排和资费下降，这些问题都可能得到有效解决。网络监控无线化是未来的发展方向。同时，在区块链技术的支持下，不同园区或区域的安防数据可以实现共享，并可预防数据造假、推卸安全责任等隐患。

（三）物联网领域

物联网是基于互联网、传统电信网等信息承载体，让所有能行使独立功能的普通物体实现互联互通的网络，是互联网基础上的延伸和扩展，将各种信息传感设备与互联网结合起来形成一个巨大的网络，实现在任何时间、任何地点以及人机物的互联互通。随着 5G 技术的发展，物联网进入全面发展时期，但安全问题（包括数据隐私、数据传输和存储安全等）成为物联网的最大弱点。所谓"万物互联，安全先行"，安全可靠是物联网产业获得发展的先决条件。物联网终端数量巨大，传感器种类繁多，不同设备之间的数据传输极易受到攻击，设备很有可能成为"僵尸"设备，对系统、数据和网络安全构成巨大威胁。

因此，将区块链应用到物联网中显得十分必要，电信运营商如何在区块链领域进行投资和布局将成为物联网创新初期落地的关键。

1. 车联网

车联网是实现智能化交通管理、智能动态信息服务和车辆智能化控制的一体化网络，是物联网技术在交通系统领域的典型应用。

随着 5G 网络的发展，传统汽车行业逐步迈向车联网时代。不过，当前车联网依然存在很多问题，一是将数据通过网络传送到云端中央服务器进行分析运算的工作量非常庞大，出错率较高；二是车联网系统存在安全隐患，存在安全漏洞的设备可能会传送错误的数据，导致数据收集不准确、车辆防盗系统失灵等问题。

当 5G 技术发展成熟后，车联网面临的这些困境就能得到解决。5G 网络的低时延、高可靠、海量连接能力不仅可以帮助联网车辆实时掌握车辆间的位置、速度、行驶方向和行驶意图，还可以利用路边设施辅助联网车辆感知周边环境。

然而，5G技术仍然无法解决系统的安全隐患问题，这就需要运用区块链技术。区块链将车、人、服务商引入链中，可以解决如图5-5所示的四个问题。

解决车辆数据诚信问题	记录车辆完整生命线
由于区块链的不可篡改性，违章、故障、交通事故的现场等信息将会永久记录在区块链里，实现证据固化，解决车辆数据诚信问题	区块链可接入包括汽修汽配、车辆管理、汽车制造商、汽车租赁、保险等信息，而智能合约能够实现交易的自动执行
保障数据信息安全	促进数据产生价值
车辆与车辆之间、车辆与人之间、车辆与服务商之间等，通过分享由区块链保护的数据信息，提高驾驶安全性和服务商管理效率	通过车联网设备采集行车期间的车内外数据，用户可将自己的数据分享给第三方，让自己的诚信数据产生价值，并使自己获利

图5-5　运用区块链技术能够解决车联网问题

2．无人机

无人机作为一种新型的科技产品，已融入人们的生活，而无人机对于移动通信网络的需求也越来越旺盛。无人机以前使用遥控系统进行操控，属于点对点通信，控制范围十分有限。后来，人们设计出了全新的无人机通信方式，即网联无人机，利用基站联网来控制无人机。不过，在4G时代，无人机的空域定位精度约几十米，在一些需要更高定位精度的应用场景，如园区物流配送、复杂地形导航等，需要增加基站提供辅助才能实现精准定位，否则无人机很容易出现失联等状况。

进入5G时代，针对上述应用场景的限制就能减少很多，无人机搭配5G网络可以实现动态、高纬度的超高清广角俯视效果，并且能够吊装360°全景相机进行多维度拍摄。另外，借助于5G网络的超低时延和高速率的特性，无人机可以迅速地响应地面命令，地面人员对无人机的操控也能更加精确。

将无人机引入区块链技术能够拥有以下优势：

一是区块链技术可以解决无人机云系统大数据的信任危机问题，这些

第五章　5G+区块链：为数字经济添加"快速+安全"双动力

信任危机问题主要包括信息被篡改、被转移等。无人机实时数据被上传至分布式系统后会获取一个专属密钥，对应云系统的一个"储存箱"和"箱号"。在云系统中获得"箱号"内容，需与生成方在总账系统中搭建临时通道，通过专属密钥实现数据信息交互，交互过程中会被盖上"时间戳"并记录于全网中。

二是区块链技术可以解决数据存储问题。数据存储问题源于巨大的通信量，为了满足超大容量需求，可以尝试运用区块链技术解决安全方面的隐患，通过无线电频率及区块链管理系统强化商用无人机生态系统。

三是区块链技术可以辅助空中的交通管理。区块链技术融合 5G 技术，能够促使指令有效传递至各个无人机节点，使无人机节点间实现实时通信。

可见，融合 5G 和区块链技术的无人机行业一定会掀起新一轮的技术革命浪潮，提供最佳的路线规划、控制交通拥堵、强大的地理围栏和网络安全方法。

3. 智能家居

智能家居是物联网领域的重要应用。目前市场上有很多智能家居产品，但由于受到各种限制因素的影响，每个智能家居产品成为单一的信息孤岛，无法互联互通，难以形成智能家居体系。

进入 5G 时代，各类智能家居产品运用 5G 网络大带宽和低时延两大特性，通过 5G 网络接入云端，加速家居产品间的互联互通，推动智能家居行业的发展。由于 5G 信号可以与其他无线信号共存，不存在干扰风险，所以 5G 与 4G 相比能同时处理更多的用户需求。5G 能够在三个不同的频段上运行，这就意味着 5G 可以根据连接的设备数量提供需要的速度，为繁忙地区的用户释放了容量，并在高峰时段降低速度放缓的影响。但伴随着智能家居行业的发展，数据存储和隐私安全面临着巨大的考验。

引入区块链技术后，智能家居设备会在一个平台上运行，所有的传输数据都会经过严格的加密处理，从而保障用户数据和隐私安全，弥补 5G 数据传输安全性不足的缺陷。

（四）工业互联网领域

工业互联网是互联网与物联网的一个交叉子集，它相对于两个母集之间需要解决更复杂的数据问题，这主要是因为数据源类型多样，数据混乱，数据关系复杂，大小不同，数量不同，频率也各不相同。由于涉及工业生产线上的每一个环节，工业互联网对可靠性和安全性的要求极高。5G结合区块链能够从网络、平台、安全三个方面全方位推进工业互联网的建设，5G能够在工业互联网中引入区块链提供可靠的网络支持，区块链上的任何一个节点都能建立可靠连接，从而提高工业互联网的安全性。

1. 智能制造

据统计，工业系统通信的时延需要达到毫秒级甚至更低级别，才能保证控制系统实现精确控制，如果在生产过程中通信的延时过长，控制信息在传输过程中就会出现错误，生产过程就很容易中断，使企业遭受巨大的财务损失。

5G可以将生产时延降低到毫秒级别，使闭环控制应用通过无线网络连接成为可能，从而实现工业自动化控制。

在产品质量检验方面，传统的工业生产一般是在产品生产完成后对产品进行数据监测的，但运用5G网络的大带宽、低时延特性，工程师可以对工厂中的车间、机床等运行数据进行实时采集，运用5G边缘计算等技术在终端侧直接进行数据监测。而区块链特有的协作机制可以使智能制造中的各种请求不必从中心系统一层层向外传递，从而提高工作效率。

在安全性方面，区块链技术能够将制造企业中的传感器、控制模块和系统、通信网络、ERP等系统连接起来，并通过统一的账本基础设施，让企业、设备供应商和安全生产监管部门长期、持续地监督生产制造的各个环节，提高生产制造的安全性和可靠性。同时，区块链的可追溯性和不可篡改性也能促进企业审计工作的开展，便于工作人员发现、追踪并解决问题，同时还能优化系统，大幅度提高生产制造过程的智能化管理水平。

2. 智慧物流

物流行业的巨头们基本完成了以无人机配送、无人智能分拣为代表的物流智能化布局，但是5G的出现才真正地促使物流智能化落地，真正实现物流智能化应用的普及。5G低时延和海量连接的特性能够让车、仓、人、货之间互联互通，实现更高效的互动。但是，如何保证车、仓、人、货之间的安全协作依然是亟待解决的问题。通过引入区块链技术，区块链的不可篡改特性可以保证链中数据的安全，促进5G智慧物流的稳定和健康发展。

区块链技术特性可以将客户隐私信息转换成代码，用代码确认客户信息，这样做能够有效减少客户隐私外泄的风险；而货物从一出厂就通过特殊编码形成身份信息，在整个流通过程中的每一个环节都通过区块链技术进行确认，使货物的身份信息、每一个物流环节和流通环节都透明可查、不可更改，让消费者买得放心。

在物流环节，收货人与货物需要进行验证匹配，信息不可更改，这样做可以提高货物的安全性。如今，物流行业逐步增加无人机应用，引入区块链技术可以确保收货人和货物相互匹配，因为录入信息具备唯一性和不可更改性，如果不是收货人本人，就无法确认和接收货品。

区块链技术的可追溯性可以帮助人们查询货物的基础信息，让所有的货物问题都可以得到点对点的快速解决，降低承运和收货双方的信任成本，提高解决问题的效率，保障双方的隐私安全。

（五）新媒体领域

5G 与区块链技术结合，有利于实现传统媒体与新媒体在内容、渠道、平台、经营和管理等方面的深度融合，形成平台化、开放式、高度互联的新兴媒体架构。

在日新月异的媒体行业，虚拟现实（VR）和增强现实（AR）即将成为新的媒体传播方式。不过，VR 和 AR 技术仍然存在很多缺陷。例如，只能观看而无法交互，图像分辨率较低，导致模拟的逼真程度不够且延时过长，使观看者容易头晕。5G 网络的高速率、低时延特性正好解决了 VR 和 AR 技术对网络的速率要求，使虚拟场景和现实场景得到完美的融合。

另外，5G 网络的高传输速率也为高清视频的上传和终端无卡顿收看提供了可能性，这有利于超高清视频直播技术的落地。可以预见的是，在 5G 技术的支持下，全新的媒体业务将迎来爆发式的增长。

在 5G 时代，新媒体行业创造的信息会更加丰富，用户的注意力会更加稀缺。区块链的出现有可能颠覆平台化的垄断收割模式，平台方抽走的利益有望回到内容生产者和用户手里。

区块链技术对新媒体的内容生产、传播、变现、监管和收益分享等方面有着极大的促进作用。"区块链+新媒体"可以帮助创作者和投资人更快、更好地实现价值的生态化创造和价值转化，这也是整个行业的突破点。除此之外，新的媒体模式可以采用通证的方式进行激励，以推动资源和特定价值在生态之中流转，用产业通证打通上下游生态链，改变互联网文化传媒产业的生产关系，实现产业协同。

目前，已经有不少的"区块链+新媒体"项目，致力于使用区块链和其他技术改变现有内容的市场格局，解决优质内容难以识别、传播和变现等问题。

与收集用户数据并卖给广告商的传统社交媒体相比，用户在 Steam 平台上可以利用自己的注意力赞赏别人或者制造财富，除了发表有价值的文章，还可以通过撰写高质量的评论、回复，或者为优质文章点赞来得到收入。可以说，Steam 平台能够使优质内容的创作者和读者都获得合理的报酬。

第六章
数字经济与预期经济分析

山东省大数据研究会副秘书长　俞少平

要想创造历史，就要把历史先写出来——丘吉尔。

数字经济的未来是什么样子？社会各界都有很大的期待，有的专家从数字化技术角度出发进行分析，笔者在此从经济角度出发来分析如何利用数字化技术，用经济基本模型、数字技术和经济关系的方式来理解数字经济，分析数字经济模式发展，以技术、市场、社会动因来分析独特的中国数字经济模式。

一、经济模型

经济的最基本要素是需求和供给，以交易为中心的人类社会活动同样受到人的价值观的潜在影响。形成宏观需求和供给的经济价值观，一端是基于生产力和生产关系水平的需求端——社会经济价值观，另一端是基于生产力和生产关系水平的供给端——供给价值观。两种价值观在需求和供给的驱动下，通过"市场和国家经济体制"平台进行博弈和平衡。

价值观是人的主观因素，而市场和国家经济体制组织的经济模式是社会经济价值观的综合体现，也体现了经济体的发展目标。从人民的需求和保障出发，是我国社会主义经济、社会主义建设和经济建设的目标。我国的经济定义为：以满足"人"（以马斯洛需求层次理论为基础）和人的生活环境（现代人居环境理论为基础）需求为目的，以企业构成的产业结构和社会配套的一个结构性供应，通过市场经济和政府的公益经济形成需求和供应之间的社会化平衡活动。

企业以市场经济、自身的生产力、资源环境的条件为基础，以对社会经济价值观的理解形成供给价值观理解和主张实现供给的生产和服务，进而以供应链形成从微观到宏观的产业结构组织；企业和供应链运营的外部环境是社会的配套。我国政府以对社会经济价值观的理解和主张为引导的市场经济管理和补充的公益经济，我国是市场经济与公益经济结合的经济平台，经济模型如表6-1所列。

表 6-1 经济模型

终端需求	人	人居环境
价值引导	经济价值观	
经济模式	市场经济	政府主导的公益经济
价值引导	微观供给价值	宏观供给价值
结构供给	企业	社会配套

二、数字技术与数字经济的关系

技术与经济的关系，与数字技术推动经济的发展相比，有矛盾的普遍性和特殊性的关系。普遍性关系是技术对生产力的提高，表现在使用价值、效率、质量、成本四个方面的进步，数字技术的应用要具备这四个方面的能力而提高生产力；数字技术的特殊性，与历史上突出的技术进步如能源、材料相比，在于它在社会和经济科学技术中更广泛、更通用，具备二次加工技术特点，简单地可以认为数字技术就是把世界复制成另外一种表现形式和对其进行加工的技术，它具体有两个方面的特点：数字孪生和数字关联加工。

数字孪生说明了事物天生可被数字描述，这是信息化的理论基础。数字关联加工是数字孪生的深度技术开发，它在经济方面的应用，是跨界、系统间融合重构的数字关联，以系统论为指导，也是物联网、新经济的理论基础。数字技术在技术本身发展结构上，需要按照基础科学、技术科学、工程技术三部分进行研究和开发，以提高我国数字技术发展和支撑经济发展全面、完整。数字经济与数字技术的关系结构如表 6-2 所列。

表 6-2 数字经济与数字技术关系结构

	对象	需求层	
数字孪生	生产力	使用价值效率质量成本	
	新经济	系统论	
	技术结构	基础科学技术、科学工程技术	
	产业体系	产业数字化	数字产业化
	技术结构	基础科学技术、科学工程技术	
	新经济	系统论	
	生产力	使用价值效率质量成本	
	对象	供给层	

三、数字经济模式

数字经济的发展与历史的技术相比的具体特殊性，表现在数字孪生的供给价值数字化和数字化消费端的预期，供给价值数字化把价值观的抽象概念和行为方式以具体的数字表现出来，从而对引导我们的数字经济发展和建设高度发达的信用社会具有独特作用；而数字化消费端的预期，提前预测了社会消费端的需求量，对自然资源、社会资源、社会资本的使用和配置更加富有成效，高度的信用与需求预测形成预期经济模式。

1. 供给价值数字化

经济价值观体现了不同社会体系对社会发展的不同理解，而供给价值因素是对社会经济价值观的社会体现，因此设计供给价值指标体系和供给价值指标体系的数字化，将具体体现我国的社会发展诉求。

供给价值体系包括微观的以企业为对象的供给价值指标和宏观的以社会配套为对象的供给价值指标。微观的供给价值指标，是社会经济价值观的体现，不仅表达需求侧的使用价值，还要体现以需求侧和供给侧的"人"为中心的社会化需求，所以包括产品使用价值和企业社会价值两方面的内容，具体由使用场景价值、功能性指标和性能梯度、可信性指标、供给效率指标、企业形象指标、绿色指标六大指标系统构成。宏观供给价值的狭义概念（以物质文明为基础）体现在对微观供给价值产业链的增值上，它包括社会绩效和绿色指标，社会绩效表达宏观经济的社会经济管理运行水平，包括税收、社会物流效率、社会资本效率、就业率、公民收入、社会满意度等指标；绿色指标表达经济与自然的和谐性，包括循环经济、生态环境指标、资源能耗与人口、主要消费品消费周期。

经过物质制造和物质服务的过程数字化，将孪生供给价值指标数字化，进而形成数字化供给价值指标社会评价系统。数字化供给价值指标逐步完善，将对我国的供给侧改革、企业竞争、社会经济提供持续发展的驱动、引导作用，进而发展我国的社会主义经济价值观。

2. 预期经济模式

我国是世界上唯一一个具有 39 个工业门类的经济体，有条件构建基于产业供应链的从供给端到消费端的消费预期数字化。下面以个人的消费数字化生产的信息产品作为一个典型例子，对这个模式进行描述。

根据哈肯信号原理，将人的消费行为分成习惯性消费和变动性消费。通过物联网获得一个人的数字化消费数据，应用大数据智能技术学习这个人的消费行为，就可以发现他的消费规律并预测他的习惯性消费，而时序越长，变动性消费就越低。收集每个人的消费预测，会形成区域的市场消费预测，利用"智能市场自组织"技术，可以将市场消费预期和市场库存综合计算后发布给制造企业，形成企业认领方式的供给计划订单，然后由供应链发起组织生产、物流以满足市场预期需求，形成有针对性的基于市场需求预期的供给经济模式。由于城市中存在人口流动问题，数字化消费可以结合供给层实时供给量进行分析，与流动人口消费数据动态相结合，使技术上有一定的可操作性。在同样的模式下，对于人居环境和制造层（主要是装备、工具等产品）的消费，由于其位置、使用周期、建设计划的固定性，形成建设性消费和产品使用寿命的周期性消费，更容易形成消费预期数字化，总体形成了市场消费预期。

消费预期数字化结合供给价值指标评价带来的社会化高度信用，发展出了新的社会结算方式——社会前置结算，我们可以发展"以海关为界限"的社会结算体系，从而改变传统金融体系中的金融工具。

对于马克思商品价值构成原理的不变资本 c 和补偿购买活劳动的资本 v 及劳动者创造的剩余价值 m 公式，我们转为采购物资价格由材料费 C、材料增值加工费 J、利润 L 三部分构成，由于一切物资来自自然界的物质，工业基本原材料产品是没有材料费的，它只需要材料增值加工费 J、利润 L，即使是种植业、养殖业，从基本原材料追溯来源来看也是如此。顶端消费品的价格 P 可以通过数学演算成供应链上各个企业材料增值加工费 J、利润 L 的和，公式为 $P = \sum_{i=1}^{n}(Ji + Li)$。

以 5 个企业的单向供应链表述价格的演算过程，如表 6-3 所列。

表 6-3　价格演算表

企业	产品	价格	价格替代	劳动价值传递
顶端消费品	产品 1	P5	P5=P4+J5+L5	P5=J（1-5）的和+L（1-5）的和
企业 1	产品 1	P5=C5+J5+L5	P5=P4+J5+L5	P5=J1+L1+J2+L2+J3+L3+J4+L4+J5+L5
企业 2	产品 2	P4=C4+J4+L4	P4=P3+J4+L4	P4=J1+L1+J2+L2+J3+L3+J4+L4
企业 3	产品 3	P3=C3+J3+L3	P3=P2+J3+L3	P3=J1+L1+J2+L2+J3+L3
企业 4	产品 4	P2=C2+J2+L2	P2=P1+J2+L2	P2=J1+L1+J2+L2
企业 5	原材料	P1=J1+L1	P1=J1+L1	P1=J1+L1

第六章　数字经济与预期经济分析

从表 6-3 的劳动价值传递项看，顶端消费品的价格合并了纵向供应链中所有的生产劳动价值，从价格替代项看，上游的劳动价值理论上并不影响自己的劳动价值，企业需要结算的是本企业的劳动价值（J_i+L_i），直接劳动价值是物资交易结算的本质。

如何去掉材料费的资金占用，方法之一是政府可以根据智能市场自组织系统的预期统一采购主要原材料，进行前置支付底层材料费，按照自组织系统的认领订单，分配给供应链底层企业免费使用，制造层企业按照增值税的方式传递原材料费到消费端，由消费端支付原材料费。方法之二是信用货币方式，由顶端消费的供应商提前以信用证类的承兑金融工具前置支付，金融机构以此发行对等的信用货币在供应链上流通，代替法定货币支付材料费，最终以交货实现将企业剩余的信用货币转为法定货币，实现直接劳动价值的结算。对这些模式如何完善现在暂且不讨论，但是它的优势是减少了制造业的材料占用的流动资金，使企业的流动资金大量释放，结合我国完备的供应链体系，我们将对世界工业产生独特的资本优势，进而使我国货币的国际信用提升。

简单地描述预期经济模式：以微观和宏观供给价值评价体系评估数字经济发展质量和引导经济活动持续发展成高度信用经济，由消费端数字化、需求预期、市场自组织分配认领，产生市场预期信息流来驱动制造物流和增值资金流（增值制造费）、供给价值流，以满足消费端使用价值的经济模式。预期经济模式如表 6-4 所列。

表 6-4　预期经济模式

数字经济目标	市场经济	需求层	
	数字经济质量	需求数字化	
经济价值观	↑ 微观供给价值指标体系	需求预期化	预期认领自组织市场
		自组织分布式市场	
		供给价值评价	
	↓ 宏观供给价值指标体系	信用式社会结算	供给价值自竞争
		高度社会信用	
		产业数字化	
数字经济目标	数字经济质量	数字化产业	
	政府管理	供给层	

预期经济的核心理念是以人民生活福祉的社会经济价值观的经济建设为中心，结合大数据时代的技术契机，以经济生态为基础，以社会主义体制的公益经济为依托，发展高度的社会信用，实现资本、资源价值和效率与社会需求的高度统一。

四、当前的现状与历史原因

预期数字经济模式路线怎么走，怎样结合我们的经济和生产力水平现状，怎样建设会更加提振我们建设中国特色社会主义的信心？发展路线图是不能回避的问题。

无论怎样批评我们大部分企业的研发水平和投入问题，以及资金周转率的问题、品牌建设问题等，都要用两个指标比较一下历史：产品性能和资本。

在产品性能好、资本充足的情况下，企业就可以保质保量按期交付产品、按期回款，整体形成高信用市场和计划性强的企业。反之，这两个因素不足的企业就不能建立市场信用和好的计划性，1976年我国农民的年收入为62.8元，工人的年收入为605元，改革开放以来，我们一直在补齐这两项基本经济发展的物质条件，现在局部已经有了明显好转，这是我国人民和政府用土地、税收、人力成本从国外投资中交换来的，是在不对等的生产力水平下以总体公平交易方式发展起来的。尽管如此，与发达国家的经济水平相比，仍还存在一些问题。

五、近期需要解决的几个问题

无论怎样发展数字经济，前面涉及的几个基本因素必须解决——性能、资本、信用、企业的微观计划性，数字经济不解决这些问题，供给侧改革和新旧动能转换就落实不到位，市场经济无法高质量发展。解决了这些问题，我们不仅会高质量发展，而且结合我国的经济结构和体制优势，会实现超越性发展。

与现代市场经济和生产力水平相比，目前的产品性能问题、市场信用问题、资本效率问题、消费端的数字化问题这四个问题是目前我们最需要解决的。从市场竞争阶段看，发达国家已经经历了企业间竞争、供应链竞争，目前处于品牌和标准竞争阶段，我们发展产业集聚是尽快进入产业链合作模式，以此尽快提高产品性能、效率和标准化，为品牌和标准竞争打下基础；消费端的数字化能帮助我们从宏观市场指导企业的计划管理达到有序生产和资本的合理使用。

六、预期经济的发展路线和任务

基于以大数据技术为主导的数字化技术结构、解决的问题和社会生产力的关系，我们以需求和供给两方面说明各个时期的建设方向和逻辑关系。

预期经济发展的道路在不同行业和地域的表现是交叉混杂，从逻辑上区分，可能要走三大步：第一步是建立主题产业群、信用市场，第二步是消费预测和产品寿命同质化，第三步是建立预期经济模式。

1. 建立主题产业群、信用市场

旨在产品性能提升、信用提升和新经济的创新建设，主要任务内容包括供应链建设、数字化信用体系建设、消费的数字化建设和企业供给价值评价体系建设四个方面，技术上以大力发展大数据基础理论和工程科学作为主要技术支撑。第一步的建设综述如表6-5所列。

表6-5　第一步建设综述

生产力目标	建设方法	任务内容	主要支撑技术
成本	以信用降成本；以集聚降成本	数字化信用；企业供给价值评价；供应链产业集群	互联网+、企业制造信息化、大数据、物联网
使用价值	性能方面：以集聚共享知识，以大数据提高工艺、设计、材料技术科学水平	供应链产业集群	材料、工艺、设计、大数据、MES、工程技术、技术科学
	功能方面：消费端跨域数字化创新	消费端数字化	系统科学、物联网、视觉和语言数字化技术、数据交换和交易，电子、机械等传统技术
效率	以资源和市场为中心，产业集群提高物流、信息流、资金流的效率	供应链产业集群制造数字化，产业园区配套数字化	互联网+、企业制造信息化、物联网、数据交换和交易

① 供应链建设。供应链建设是物理上的供应链资源形成的主题产业园区，解决效率、学习和知识共享等产业链竞争问题。由于我国市场将很快进入全面国际竞争，而我们的制造业的产品性能由于设计、工艺、材料的问题普遍落后，主题产业园区以发挥宏观供给价值增值作用为主导，结合驻园企业的微观供给价值，形成区域的产业链竞争力，在产业链的集聚作用下，结合大数据技术的支撑，提高产品性能、供应链产品标准化、效

率，以此弥补我们在品牌竞争中的落后局面。

② 数字化信用体系建设。基于"互联网+"的制造技术，建设供应链上的透明制造（关键技术保密的前提下）和使用过程数字化信用，以实现"看得见的信用"及通过信用减少成本。"看得见的信用"突破传统的"用过了、用惯了"的信用积累方式，迅速建立基于互联网的市场信用，有利于迅速降低社会性的管理成本，数字化信用既面向市场也面向网上供应链，包括制造进度、质量控制、库存互联、信用结算、协同制造、使用过程五个方面的建设。

③ 消费层的数字化。为下游产业的生产计划性提供量化依据。其方法是设计思维的变革，也就是我国提出的产业转型和跨域合作，它不是简单地将原来产品的自动化水平提高，而是从使用场景的系统价值出发，基于系统理论重新设计产品的供给价值，其作用在于提供更加深入的消费端使用价值，同时为大数据学习生产多元数据维度、提高学习效率。

④ 供给价值的评价系统。这是数字化信用的深化和信用的社会化普及，也是以数字经济为特点的市场竞争和社会管理配套的标准。系统由企业自愿加入的客户评价、供给价值指标体系、供给价值数据采集和大数据评价系统四个部分构成。供给价值指标体系是和谐社会价值和生产力水平的体现，在实际建设中，需要根据实际生产力水平和稳健的原则，按照目标、策略、执行、评估、改进的模式循环发展完善。

2. 消费预测和产品寿命同质化

根据消费层数字化的数据积累，在一部分产业中形成从概率统计到大数据的预测，这种预测以社会化公示的方式供给给市场，由市场或者行业协会、产业群自行协调订单，需求端可以以期货模式认领，也可以采购现货。这种方式在生产力上用以提高企业的计划性，解决资源效率和效能问题。

这个阶段的市场会存在两方面的博弈过程，一是市场分配的博弈，二是供给价值社会评价的市场竞争。从根本上和长期的博弈看，产业系统中那些以供给价值指标为核心发展的企业将逐渐胜出，而且产品性能的梯度划分了市场级别，满足了消费层的需求弹性，进而有利于我们在国际市场上对不同消费水平的市场供给和竞争。基于供给价值的博弈，使企业和社会管理按照目标、策略、执行、评估、改进的模式，持续提高供给价值指标，导致基于产品性能梯度要求的工艺、材料等制造技术逐渐接近产品性能的生产技术限值，产品的生命周期趋于同质化。这个阶段的成功将促进高水平可信市场建立，使社会和企业的管理成本大幅降低。这一步的总结是：预测可视化的市场自协调期货模式，产品性能梯度的寿命趋于一致的时间周期，总体达到高信用的国际竞争水平。

3．建立预期经济模式

在第二步的基础上，由于市场竞争，基于产品性能梯度的品牌数量趋于集中，市场预测自组织分配技术可以发挥基于效率、供给价值、防垄断的市场预期分配功能。在这些基础上，政府对部分适合产业组织设计智能市场自组织系统，未来的数字经济逐渐在国内实现预期经济模式。其模式表如表6-6所示。

表6-6　预期经济模式表

数字经济目标	市场经济	需求层	
	数字经济质量	需求数字化	
经济价值观	微观供给价值指标体系 ↑	需求预期化	预期自组织市场
		直销式防垄断供给	
		供给价值评价	
		自组织分布式市场	
	宏观供给价值指标体系 ↓	信用社会结算	供给价值自竞争
		梯度产品分化	
		数据交换市场	
		透明制造可信市场	
数字经济目标	数字经济质量	产业集聚	
	政府管理	供给层	

七、预期经济发展的必要性和意义

在当前的国际经济环境下，我们对经济全球化的自我融入和2019年的中美贸易战，都将迎来无关税或者低关税的国际竞争，这会从市场方面倒逼我国企业的供给侧改革和产业群的发展。而我国的经济生态在全球独一无二的完整性，电力配套、铁路交通物流配套、通信配套等全球一流的社会配套系统，充分保障了我们在国产市场上建设世界领先的预期经济系统，通过消费端预测提高企业的计划性，一改大部分制造业计划性低的弊端，在供给价值指标的竞争环境中，提高基于产能的全球经济环境下的计划性，从而走向和谐循环的信用市场，进而实现资金与社会价值的高度统一。而信用结算系统的实现，将加速促进企业的社会生产力发展，我们的经济生态在数字经济的模式下将为世界经济发展提供榜样。

参考文献

[1] 苏小和. 百年经济史笔记[M]. 北京：东方出版社，2016.

[2] 编写组. 马克思主义基本原理概论[M]. 北京：高等教育出版社，2013.

第七章
龙头企业数字化转型的历史机遇和战略

中关村大数据交易产业联盟副秘书长、北大创新评论顾问专家
张涵诚

当前，企业的数据积累和数据处理体系已基本完成，各行业关注的重点转向多渠道、多种数据形式的融合，从局域数据融合转向全域数据融合。海量的数据将在"云端"汇聚，并将实现多种业务之间的高度融合。需求在线、销售在线、产品设计在线成为信息化建设的新要求，数据实时支撑业务的需求越来越受到企业的重视。数据从内部互联到产业互联的发展势不可挡。

一、龙头企业对产业的驱动变革作用

数据在产业上下游互联之际，产业的龙头企业更希望大数据平台能够汇集产业智慧、群体智慧和专家智慧，利用大量的商业经营被人工智能扁平化的复用技术，借力产业数据链接、产业数据管理、产业数据价值挖掘，驱动产业链上下游的企业从原来的组织规则流程创新驱动向数据算法导向的业务驱动变革。通过数据让企业的内部客户（员工）、外部客户、供应商、合作方、竞争对手，利用互联的信息平台协作，来建立产业互联网，构建产业协同，创造创新的新生态。

而龙头企业自身则继续在大数据和云的时代，成为产业中的BAT。

1. 龙头企业数字化转型的挑战

产业的发展有时代的规律，有不同的维度、不同的业务逻辑，不管是节点还是平台，生态的颠覆都有其各自不同的入口平台、商业模式和最优的进化路径。不同行业和类型的企业也有各自的方法论。基于感性和理性的认知，先是规划发展路径，再是趋势预测，然后是本质分析，最后是不断试错并选择最好的工具去实现。产业的变革，目前更科学地依赖咨询公

司的一套方法论——定战略、研策略、深分析、广纳贤良、借力资本加速发展，让追赶你和模仿你的人很难超越。

但即使是这样，传统产业被新型互联网公司超越的案例比比皆是，大数据成为数字经济时代重要的生产要素。大数据与人工智能、移动互联网、云计算、区块链、物联网等技术协同发展，并深度融合到实体经济中，成为数字经济时代的新引擎。

业内有句名言："缺少数据资源，无以谈产业；缺少数据思维，无以言未来。"数据是驱动产业变革的核心生产力。

2. 龙头企业的天然优势

对龙头企业而言，他们拥有构建数据生态和驱动产业数字化变革的先机。

首先，龙头企业有大量的产业数据，有天然的自我颠覆的优势；其次，龙头企业掌握了大量的产业链人力、物力、财力资源，通过数据化转型向内而生，自我进化；最后，产业龙头企业资金雄厚，通过投资并购外延式发展，形成产业链集群，协同作战，构建新的产业航母。

因此，龙头企业有机会构建产业互联网，可以再次成为龙头，继续领跑，这样既减少了产业资源浪费（主要是无谓的竞争和业务迁移），也有利于加快产业的发展与变革，对于整个产业来说应该是件好事。

所以笔者认为，产业的龙头企业应该承担产业数据生态构建重任，在被颠覆之前实现"自我颠覆"。

3. 龙头企业该怎么做

那么如何建立产业的数据生态，建立产业的数据生态需要做哪些事情呢？如图7-1所示是龙头企业的产业数据生态化研究规划。

龙头企业的产业数据生态化研究主要包括：构建产业数据开放共享平台，进行产业研究成果转化，建立产业大数据产品体系，建立产业数据产品的样板工程，建设产业的数据加工园区、产业数据展示中心以及线上线下平台；需要制定产业数据标准、产业数据应用法律法规，建设数据生态文明，明确产业数据生态伦理及道德标准，防止其他产业以数据为资产入侵，保证产业链上下游的相对安全；促进产业经济智慧发展。数化万物，智在融合，数据融合在云端，价值在云端释放，产业大数据的开放共享是智慧产业的土壤。

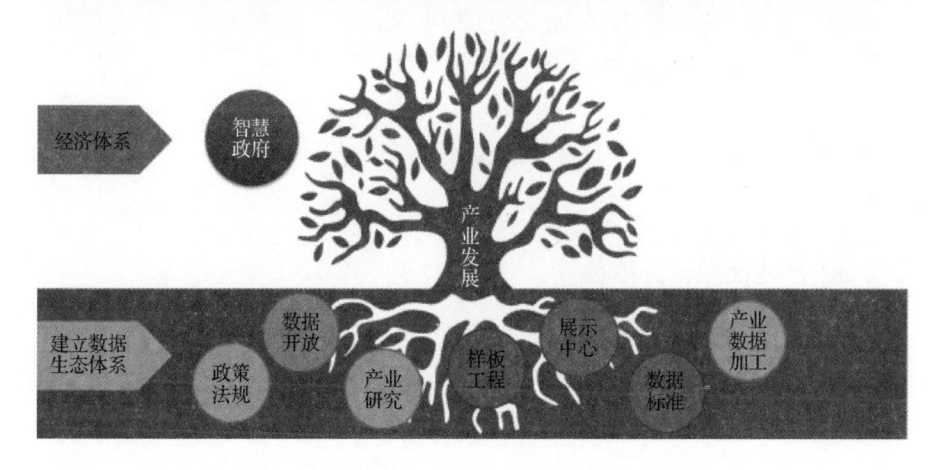

第七章　龙头企业数字化转型的历史机遇和战略

图 7-1　龙头企业的产业数据生态化研究规划

但是构建产业数字化生态纷繁复杂，涉及企业众多，如果用传统的做法，耗时耗力、难以实现。

二、8 种构建产业生态的入口级平台

那么是否有入口级平台，可以加快产业龙头企业以入口为根基构建产业数据生态的方法呢？这些入口是什么，这需要互联网思维、互联网技术、互联网方法。笔者根据大量的工作经验，总结了 8 种构建产业生态的入口级平台。

1. 产业数据共享与分析平台（是平台不是工具）

从价值上描述，打造线上的数据分析云平台，实现产业数据的沉淀、业务理解、核心算法积累，成为产业数据价值驱动产业变革的核心平台，在平台上为企业提供数据技术、数据产品、数据应用，成为有大数据生态的行业业务作战指挥平台。

从功能上描述，以企业的数据分析为诉求，建立产业数据湖，通过"数据采集—数据传输—数据存储—数据处理—数据分析—数据发布、展示和应用—产生新数据"，形成整个数据效能价值的闭环，让数据在产业链上下游自由流动，助力产业转型升级。

2. 产业 SaaS 平台（类似零售的淘宝网）

战略布局产业的业务操作系统及产业 SaaS 平台（但这个平台需要数据互联），将重新定义销售模式、深度参与产业的业务管理，推动数据产业链接、跨域流动，帮助产业核心企业转型升级（包括自身），赋能产业数字化转型升级，最终构建产业数据拥有方、参与方、服务方共同繁荣的产业数据流通生态。

3. 产业视频社交平台

腾讯通过社交连接一切，微信甚至成为人的"器官"；阿里巴巴重构"人货场"，缩短人与人、人和消费场景的距离；百度则抓住了人和人工智能的关系。可以说，即时通信、搜索、电商、开放的人工智能平台这三大入口所进化的核心节点，最终都落在了社交功能的延伸上。那么，在 BAT 之外，凭借自身平台基因打造入口级应用还有没有可能性？

抖音的崛起让我们看到了视频的入口价值，产业视频社交即建立垂直的产业，进行业务视频化：视频购物、视频结算、视频广告、视频商务、视频生产、视频研发……视频是未来重要的互联网入口，它将以更快、更立体、更好的体验让信息在产业企业之间、人财物产供销各个环节中流通，是解决产业互联的绝佳应用入口。

4. 深度产业数据产品

建立数据产品战略，高效安全地释放产业数据价值。数据产品是重要的入口之一。比如，天眼查可能会颠覆 B2B 产业企业级服务的格局；墨迹天气有可能成为气象环保产业生态的入口，美团成为餐饮产业的入口。因为利用的数据产品可以推动产业内部业务数据化、数据业务化，甚至业务智能化，数据产品成为入口的可能，因此很多以数据为核心的 App 产品都有机会成为产业的领导者。

5. 智能设备

心中有数为智慧，物中有数为智能，智能设备会成为入口级平台。手机作为人连接物体的入口，为我们提供了行为线上化的入口平台。那么未来，大数据+手环=智能手环，大数据+眼镜=智能眼镜，大数据+汽车=无人驾驶，大数据+马桶=智能马桶，大数据+笔=智能笔，大数据+家居=智能家居，大数据+服装=智能服装……智能硬件通过数据采集节省资源，提高数据利用率，加快产业数据交换和流动。在用户和数据驱动的时代，终端决定后台，消费者决定市场，这个终端就是各种智能硬件。

6. 产业云机器人

产业云机器人就是云计算与产业机器人的结合。就像其他网络终端一样，云机器人并不是指某一个机器人，也不是某一类机器人，而是指机器人信息存储和获取方式。利用群体智慧帮助个体的一个机器人云平台，能提供各种各样的产业机器人所需的数据算法和智慧。比如，机器人通过摄像头可以获取周围环境的照片，并上传到服务器端，服务器端可以检索出类似的照片，从而计算出机器人的行进路径来避开障碍物，还可以将这些信息储存起来，方便其他机器人进行检索。机器人可以共享数据库，提高产业开发人员的效率。其重要意义在于借助互联网与云计算，帮助机器人相互学习和共享知识，解决单个机器自我学习的局限性。

7. 产业 API 服务平台

产业龙头企业可以利用数据 Web API 技术，将企业能力或竞争力作为 API 服务对外输出，这包括各种数据资产和业务能力，企业的人财物产供销都可以用 API 方式释放出来，以数字化方式搜索发现、管理控制，并进一步形成可以价值交换的流动市场。不同级别的 API 对外输出不同的能力等级，也有不同的价格等级，包括但不限于：

（1）可以被外部软件技术人员理解、使用。

（2）可以被互联网、移动端、浏览器通过软件调用。

（3）企业各种资产、数据、服务、能力都可以开放为 API。

8. 垂直的产业云平台

龙头企业可以建立"一朵云"产业，基于 IaaS、PaaS、SaaS 服务为产业链进行数字化颠覆式赋能。为什么是颠覆式的呢？因为如果没有足够的能力，企业很有可能继续选择阿里巴巴、华为、腾讯等传统运营商提供的云服务，只有专业、颠覆式的云才能生存，并通过"产业云"战略使之立体化，从而形成一个公共资源共享、产业循环完整、相辅相成、互为补充又可部分替代的有机整体共同面对市场，产业云高度耦合。这个云平台应该帮助产业企业在产业链条上通过产业内容和功能上的对接、共生而形成产业集聚。比如，工业互联网云平台、健康云平台、医疗云、旅游云、钢铁云、地产云等。

在这里举个失败的案例——万达的飞凡，曾经以实体商业经营和消费者需求为出发点，融合互联网技术，连通实体零售、商业地产、文化旅游、交通出行、健康医疗等多个业态领域，搭建智慧场景，以用户全生态的智慧生活体验为核心，为实体商业的经营者和消费者搭建一个全方位的"实体+互联网"开放平台。

笔者曾经很关注飞凡，但现在看飞凡，做得太多，没有围绕房地产做事情，涉猎太多行业。假如万达当年通过收购明源云并加以改造，为地产行业提供云服务，是一件可以尝试的事情。

三、总结

以上 8 种战略都是产业龙头企业可以尝试的入口级平台，都是数据采集和价值释放的入口，不同的行业可以有不同的选择，雏形好比产业互联网平台，有产业电商、数据服务、社交平台，也有 API，但是都不够聚焦，难以形成规模，多数不为刚需、高频，更谈不上互联网的思维（快、极致、好玩有趣），所以还没有形成气候。

总之，笔者认为：谁可以通过数据为产业发展提供新的动力，使产业降本增效、实现生态扩展，谁将成为入口级平台。

竞争是要耗能的，是需要付出代价的，站在生态的角度，保持平衡和谐于整个生态有好处，作为龙头企业，应积极探索入口，建设产业数据生态为产业上下游的企业和从业人员提供更好的运作底盘，让天下没有难做的产业，以及协调它们之间、它们与环境之间环环相扣的关系。龙头企业遇到了大的机遇，也遇到了颠覆或者被颠覆的新挑战。

第八章
智能制造应用型人才培养的实践与思考

天津职业技术师范大学机器人及智能装备研究所所长　邓三鹏

新一轮科技革命和产业变革蓬勃兴起，全球范围内创新资源快速流动，产业格局深度调整，世界各国纷纷将发展制造业作为抢占未来竞争制高点的重要战略，把人才作为实施制造业发展战略的重要支撑，加大人力资本投资，改革创新教育与培训体系。我国制造业迎来了"由大变强"的难得机遇，制造业发展面临着资源环境约束不断强化、人口红利逐渐消失等多重因素的影响，人才是第一资源的重要性更加凸显。制造强国战略第一次从国家战略层面描绘建设制造强国的宏伟蓝图，并把人才作为建设制造强国的根本，对人才发展提出了新的更高要求。

一、制造业现状及发展趋势

1. 全球面临制造模式变革

全球制造业面临着劳动力短缺、产能过剩等问题，发达国家都在研究、谋划、部署，对高端制造业布局，以打造国家竞争新优势，抢占新一轮发展制高点（见图8-1）。

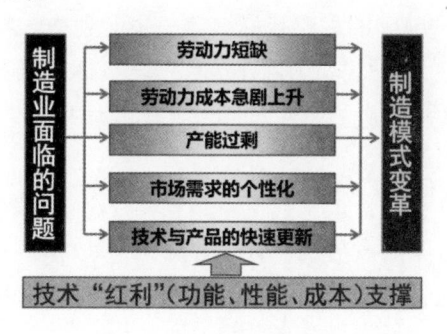

图8-1　全球面临制造模式变革

（1）美国的"制造创新网络"战略。国际金融危机爆发之后，时任美国总统奥巴马呼吁"重新回归制造业",通过快速发展人工智能、机器人和数字制造技术,重构制造业的竞争格局,实现制造模式变革。2012 年,美国启动国家制造创新网络(NNMI)战略计划,并于 2013 年发布机器人发展路线图,机器人被列为美国实现制造业变革、促进经济发展的核心技术。

(2)欧盟的"新工业革命"战略。2012 年,欧盟委员会提出"新工业革命"理念,强调技术创新与结构改革,更有效和可持续地利用资源,同时大力推进新的生产方式,包括机器人、数字技术等新兴产业。2013 年,德国提出"工业 4.0"战略,旨在提升制造业的智能化水平,建立具有适应性、资源效率及人因工程学的智慧工厂,在商业流程及价值流程中整合客户及商业伙伴。

(3)日本的"产业复兴"计划。2013 年,日本在推出的《日本复兴战略》中提出了"日本产业复兴计划""战略市场创造计划""国际拓展战略",强调了制度改革和科学技术创新在日本经济再生中的关键作用,重申强化日本综合科学技术会议作为科技创新总司令部的职能,推出了跨部门的战略性创新项目等重要措施,将机器人产业作为"新产业发展战略"中七大重点扶持的产业之一,把机器人作为经济增长战略的重要支柱。

(4)韩国的"智能机器人基本计划"。2009 年,韩国制定了"智能机器人基本计划",并于 2012 年 10 月发布了"机器人未来战略展望 2022",指明了机器人未来的发展方向。

(5)中国的制造强国战略规划。2015 年 5 月,国务院公布了制造强国战略规划。该规划提出,坚持"创新驱动、质量为先、绿色发展、结构优化、人才为本"的基本方针,坚持"市场主导、政府引导、立足当前、着眼长远、整体推进、重点突破、自主发展、开放合作"的基本原则,通过"三步走"实现制造强国的战略目标:第一步,到 2025 年我国迈入制造强国行列;第二步,到 2035 年中国制造业整体达到世界制造强国阵营中等水平;第三步,到新中国成立一百年时,综合实力进入世界制造强国前列。

2. 世界制造中心的演变

伴随世界制造业的发展,在不同的阶段形成了四大世界级制造中心(见图 8-2)。目前,中国已经成为全球第二大经济体,极可能成为第五个世界制造中心。

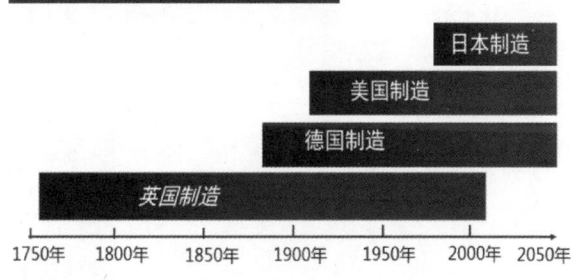

图 8-2　在不同的阶段形成了四大世界级制造中心

3．中国制造模式及其困境

改革开放 40 多年来，科技进步在制造领域发挥了重要作用，显著提高了"中国制造"产品的市场竞争力。

第六次人口普查显示：老龄化人口数量占总人口数量的比重为 8.9%，人口数量在 2015 年处于"刘易斯"拐点，到 2050 年时老龄人口数量将占到总人口数量的 30%（绝对的人工荒）；中国劳动力成本持续增长，已成为亚洲新兴国家中人力成本最高的国家，中国劳动力出现结构性短缺，老龄化少子化问题严重，人海战术难以为继，劳动力每年减少 500 万人左右；"90 后"的劳动观念发生转变，将迫使低端制造业离开中国流向更低劳动力成本国家。如图 8-3 所示为联合国秘书处于 2010 年公布的 1980—2050 年世界总人口和劳动力的情况及预测。

资料来源：联合国秘书处，《世界人口前景：2010 年展望》

图 8-3　1980—2050 年世界总人口和劳动力的情况及预测

中国有很多制造业企业尚处于产业链中低附加值的阶段。如富士康公司给苹果代工生产 iPhone，其所分到的利润不足 2%（见图 8-4）。

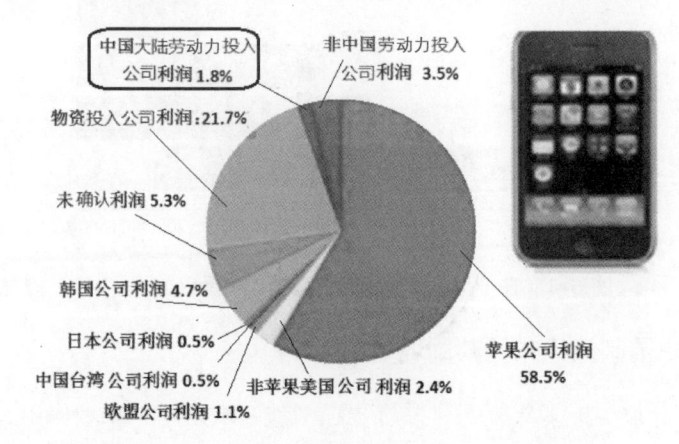

图 8-4　2010 年 iPhone 产品的利润分配格局

中国制造模式面临着三大困境：①劳动力结构性短缺，劳动力效率低，仅为美国的十分之一；②高成本、低附加值；③单位 GDP 耗能高：8 倍于日本、4 倍于美国、2 倍于韩国，资源环境无以为继。中国制造模式急需转型。

4．全球制造业发展趋势

机器人改变了生产方式，带来了制造业模式的变革。新一轮工业革命呼唤着机器人的发展，劳动力成本不断上升加速了机器人需求，新技术进步提升了机器人性能，客户化定制依赖于机器人制造。

全球制造业发展的三项关键技术：

（1）生产方式：数字化制造。

（2）生产决策：人工智能。

（3）生产工具：智能机器人。

二、智能制造相关专业的发展

1．新工科专业建设

为主动应对新一轮科技革命与产业变革，支撑服务创新驱动发展，2017 年 2 月以来，教育部积极推进新工科建设，先后形成了"复旦共识""天大行动""北京指南"，发布了《关于开展新工科研究与实践的通知》《关于推进新工科研究与实践项目的通知》,全力探索形成领跑全球工程教育的中国模式、中国经验,助力高等教育强国建设。与传统的工程教育相比较,新工科建设更加注重与产业对接,更加注重学科交叉,更加注重创新创业育人体系建设,更加注重以学生为中心,更加注重开阔视野。许多本科院校相继开设了机器人工程、智能制造工程、智能科学与技术、物联网工程、智能电网信息工程等智能制造类新工科专业。如图 8-5 所示,以机器人工程专业为例,新工科专业发展迅速,至 2019 年,教育部正式备案的机器人工程本科专业数量为 186 个。

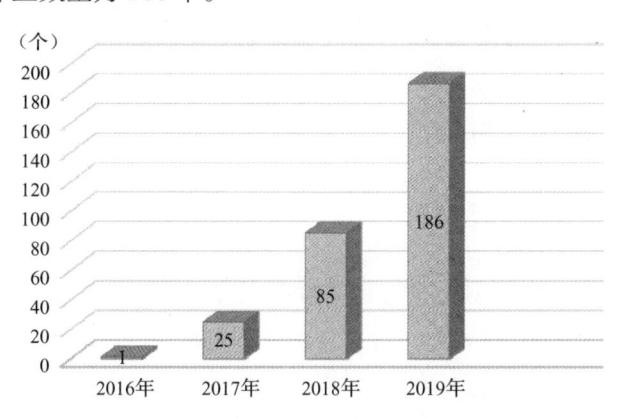

图 8-5 新工科专业机器人工程开设情况

2. 新职教专业建设

工业机器人作为高端制造业中不可替代的重要装备和手段,已成为衡量一个国家制造业水平和科技水平的重要标志。我国正处于加快转型升级的重要时期,以工业机器人为主体的机器人产业正是破解我国产业成本上升、环境制约问题的重要路径选择。中国工业机器人市场近年来持续表现强劲,市场容量不断扩大。产业的发展急需大量的高素质高级技能型专门人才,人才短缺已经成为产业发展的瓶颈。为适应企业对技能型人才的需求,职业本科、高职高专院校开设了工业机器人技术、智能控制技术、工业网络技术等智能制造类新职教专业,中等职业学校开设了"工业机器人技术应用"专业,进行智能制造紧缺人才的培养,如图 8-6 所示为高职高专工业机器人技术专业的开设情况,专业发展迅速。

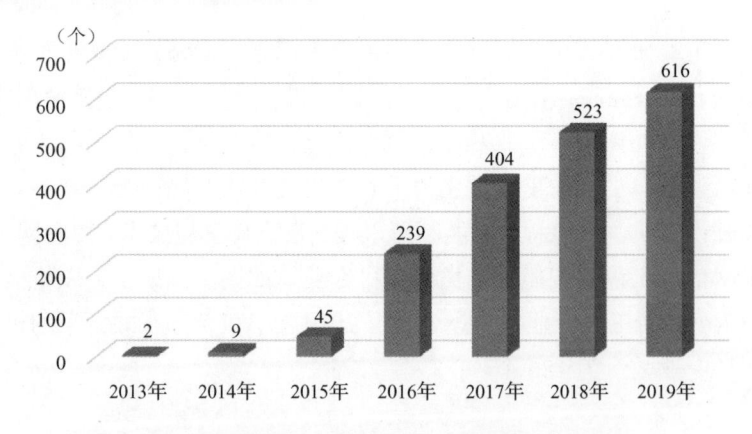

图 8-6　高职高专工业机器人技术专业开设情况

三、智能制造应用型人才培养的实践与思考

2010 年，天津职业技术师范大学机电工程系在机电技术教育专业增设了机器人方向，2018 年获批机器人工程专业，2019 年获批智能制造工程专业，积极进行智能制造紧缺职教师资和高级应用人才的培养。在教学模式、实践教学体系建设、特色教材开发和职教师资培养等方面形成了特色。

1. 产业对人才的需求

1）国家相关政策规划

2016 年 12 月，教育部、人力资源和社会保障部等部门共同编制了《制造业人才发展规划指南》。后续又颁布了一系列国家级相关文件：《增强制造业核心竞争力三年行动计划（2018—2020 年）》《机器人产业发展规划（2016—2020 年）》《国务院办公厅关于深化产教融合的若干意见》《国务院关于印发国家职业教育改革实施方案的通知》《关于实施中国特色高水平高职学校和专业建设计划的意见》等。

2）我国机器人产业对人才的需求状况

受劳动力结构性短缺、劳动力成本迅速上升及全球制造业模式变革的影响，"机器人换人"方案成为各行业的首选，造成整个社会对工业机器人的需求出现井喷现象，无论是在数量上还是在技术结构上，在研发、制造、集成、安装、调试、维修、销售、服务等方面都对人才提出了新的要求。

从机器人制造商需要的研发工程师和技术支持工程师、系统集成商需求的系统集成工程师和售前售后技术支持工程师，到机器人应用需要的运维工程师，都彰显出机器人产业对人才的大量而迫切的需求。

第八章　智能制造应用型人才培养的实践与思考

2. 深化教学模式改革，创新实践教学体系

针对企业的需求，更加注重培养学生创新精神和实践能力为主线，坚持理论、设计、实验、实训"四位一体"教学模式，如图 8-7 所示；充分调研，以产业需求为导向；坚持机电融合。形成理论与实践融合、机与电融合、技能与工程融合、校与企融合的"四融合"教学特色。实施并完善"三层次、五阶段"实践教学体系，在工程实践教学阶段，分基础层、核心层和拓展层实施教学，培养职业能力和工程能力。①通过职业基本技能训练和工业系统认识实习，培养职业基本技能和工程概念认知；②通过高新、复合技能训练，培养相应工种职业技能和职业素质及应用能力和工程意识；③通过创新实践活动，培养解决生产实际问题能力和创新实践能力（见图 8-8）。

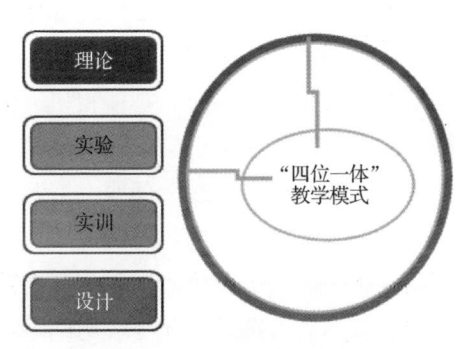

图 8-7　"四位一体"教学模式

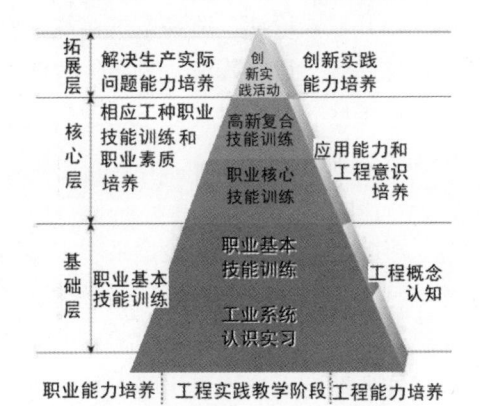

图 8-8　"三层次、五阶段"实践教学体系

基于"三层次、五阶段"的实践教学体系，构建了机器人技术基础、

仿真、应用编程和智能制造四大实验实训室，建设了工业机器人"理虚实"一体化实验实训中心，以学校模拟现场工程环境与企业实际项目相融合的模式，注重专业理论学习与技能训练的结合，将职业技能等级考核与实训教学相结合，开发特色实训教学环节，将实践能力培养贯穿于整个人才的培养过程中。

1) 基础实训

基础实训室能对智能制造领域的学生进行基础性、系统性的基础知识实训。学生通过全开放的教学机器人平台学习工业机器人技术基础知识，掌握机器人典型机械结构、控制架构和软件操作方法，学习工业机器人技术基础核心课程。平台配备了机器人用 RV/谐波减速器拆装实训装置、机械手拆装实训装置、直角坐标机器人综合实训系统、AGV、并联机器人、工业机器人装调与维修实训系统等，其中的 BNRT-BRICS-RBT3 型工业机器人装调维修实训系统由工业机器人本体、开放式工业机器人控制系统、工业机器人故障设定及诊断智能训练系统、智能相机、搬运模块、绘图模块、装配工作台、触摸屏、西门子 PLC、交换机、装调维修试验台和配套工具等组成，融合了机械装调、电气接线、伺服、变频、气压驱动、机器人控制、PLC 控制、人机交互等应用技术，可完成工业机器人本体拆卸与装配、工业机器人控制系统装调、工业机器人零点标定、工业机器人故障诊断与维修、工业机器人搬运、绘图、装配等应用的编程与操作；机器人本体适合多次重复拆装，可拆装到螺钉级，拆装过程锁紧力矩和张紧力能精确测量和控制；电气柜开放式设计，适合电气接线、调试、维修；配备故障设定及诊断智能训练系统，可在线设置故障，智能评分。通过平台还能完成工业机器人的装调维修、操作编程应用，配套教学资源，能够满足实训教学、技能评价和竞赛训练。

2) 仿真实训

配备纯仿真软件、半实物仿真和实物验证系统来学习机器人基础，模拟操作机器人、搭建典型工作站和生产线等，通过仿真学习，降低教学成本，提高安全性，丰富教学内容。针对教学的需要，天津职业技术师范大学机器人及智能装备研究所联合天津博诺机器人技术有限公司进行技术攻关，成功开发了一款功能强大的智能制造生产线仿真软件——IRobotSIM及工业机器人模拟训练机等产品。

（1）IRobotSIM 智能制造生产线仿真软件（见图 8-9）：IRobotSIM 软件，能在虚拟环境中对机器人、制造过程进行仿真，真实地模拟生产线的

第八章　智能制造应用型人才培养的实践与思考

运动和节拍，实现智能制造生产线的分析与规划，具有丰富的 3D 设备库，支持用户模型导入和定制、物理、传感器仿真，机器人离线编程，便捷地拖曳操作，大场景的优秀仿真效果，强大的 API 和数字孪生开发功能等，能够降低安全风险、节约经费、提升效率。

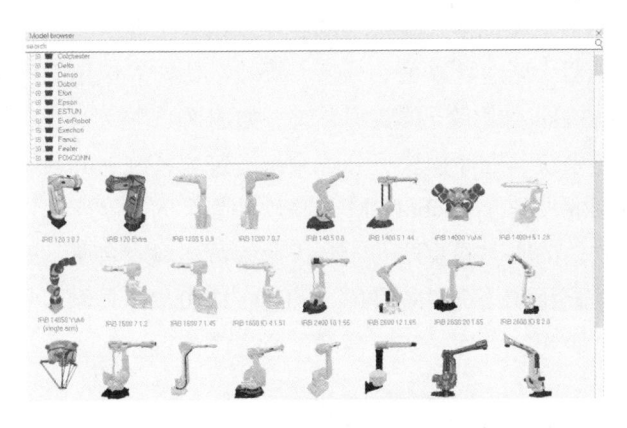

图 8-9　IRobotSIM 软件丰富的 3D 设备库示意图

（2）工业机器人模拟训练机（VRT-X）如图 8-10 所示，采用真实的控制系统和手持示教器控制虚拟的工业机器人，完成现场示教编程教学。通过更换手持示教器和工业机器人模型能够对 ABB、KUKA、FANUC、安川等多种品牌的工业机器人进行真实示教编程训练，提供针对不同行业应用的工艺包，如码垛、搬运、装配、分拣、机床上下料、焊接、打磨、喷涂等。

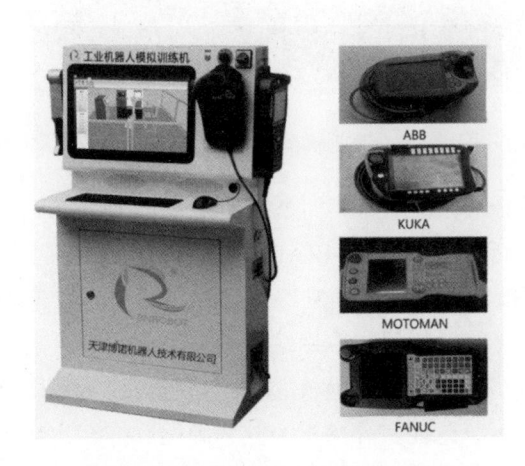

图 8-10　工业机器人模拟训练机

3）应用编程实训

应用编程实训室配备了各种典型的工业机器人工作站和作业工具学习工业机器人系统，熟练掌握工业机器人及工作站的编程操作，主要支撑工业机器人编程操作、工业机器人现场编程、工业机器人技术及应用等核心课程。配备了工业机器人虚实一体实训系统，工业机器人综合应用实训系统，工业机器人搬运、雕刻、分拣、焊接、协作等应用工作站。

（1）工业机器人虚实一体实训系统，如图 8-11 所示，由 PLC 控制器、输送线、供料系统、仓储模块、分拣系统、装配系统、6 轴工业机器人、仿真软件等组成。基于 IRobotSIM 仿真软件强大的数字孪生功能开发，实现了硬件和软件的实时同步联动。分拣系统可实现对金属、颜色等多种物料进行分拣；采用西门子 SIMATIC S7-1200/1500，完成工件的出库、运输、分拣、搬运、装配、入库，实时再现工业生产流程控制。

图 8-11　工业机器人虚实一体实训系统

（2）工业机器人综合应用实训系统如图 8-12 所示，工业机器人应用领域一体化教学创新平台（BNRT-IRAP）是严格按照《工业机器人应用编程》及"1+X"职业技能等级标准开发的集实训、培训和考核于一体的教学创新平台，适用于《工业机器人应用编程》初级、中级、高级的培训考核和竞赛，以工业机器人典型应用为核心，配套丰富的功能模块，可满足工业机器人轨迹、搬运、码垛、分拣、涂胶、焊接、打磨、装配、冲压等典型应用场景的示教和离线编程，以及 RFID、智能相机、行走轴、变位机、虚拟调试和二次开发等工业机器人系统技术的教学。采用模块化设计，可

第八章 智能制造应用型人才培养的实践与思考

按照培训和考核要求灵活配置，集成了工业机器人示教编程、离线编程、虚拟调试、伺服驱动、PLC控制、变频控制、HMI、机器视觉、传感器应用、液压与气动、总线通信、数字孪生和二次开发等技术的应用。

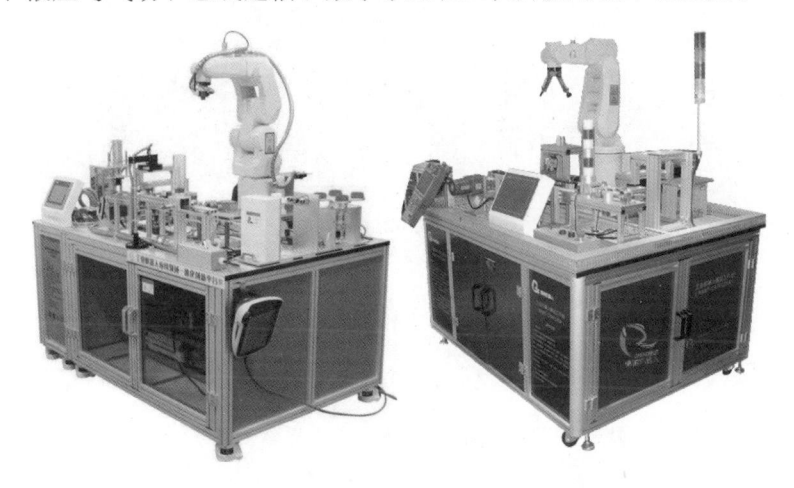

图8-12 工业机器人综合应用实训系统

4）智能制造生产线实训

配置典型的多工业机器人工作站及常用外围设备学习工业机器人系统集成技术、掌握智能生产线管理、PLC主控、总线与网络通信、人机交互（HIMI）、作业流程优化 MES 核心技术（见图8-13），提高大系统掌控能力，主要针对工业机器人系统集成、工业机器人应用综合实训、智能生产线运营与调试等核心课程。

图8-13 智能制造生产线实训系统

图 8-13 智能制造生产线实训系统（续）

3．以"项目驱动、工作过程"为导向开发特色教材

围绕机器人实际应用，以工作任务为依据、以真实的工作任务为载体设计项目模块；以工作过程为导向，出版"十三五"智能制造高级应用型人才培养规划系列教材，做到知识学习与技能训练融合，实现"教学做"一体化。

围绕核心课程和实验实训设备开发了教学资源网站（www.dengsanpeng.com），开放免费使用，可提升学习效果，特别是在疫情期间成为课堂教学的重要补充。

4．职教师资的培养

自 2010 年开始，按照"四模块、六能力"的模式培养机器人职教师资："四模块、六能力"具体为：（1）师范训练模块：培养教师基本技能。（2）实习实训模块：培养初步工程能力、较高的职业技能。（3）实验设计模块：培养设计开发能力、基本实验能力。（4）科技活动模块：培养实践创新能力。2018 年机电技术教育（机器人方向）更名为机器人工程，开始更加深入地探索机器人职教师资的培养：开展了多场智能制造专业建设研讨会和多期智能制造师资研修班，着力提升智能制造职教师资的能力。2018 年，"智能制造领域紧缺职教师资人才培养模式的探索与实践"荣获天津市第八届高等教育天津市级教学成果一等奖。

2019 年，天津职业技术师范大学、天津博诺机器人技术有限公司和埃夫特智能装备股份有限公司联合申请，获批国家级首批"工业机器人应用与维护"专业领域职业教育教师教学创新团队培训基地。

四、总结

新一轮科技革命和产业变革蓬勃兴起，产业格局深度调整，我国制造业迎来"由大变强"的难得机遇，人才紧缺成为产业转型升级的瓶颈，本文首先分析了全球制造业的发展趋势，智能制造相关专业的发展，结合天津职业技术师范大学机器人工程、智能制造工程专业建设的实践，探讨了智能制造应用型人才培养教学理念、实验实训室建设、师资培养等多个方面，智能制造内涵丰富，还需要不断探索、实践，期望能给智能制造应用型人才的培养带来一定的借鉴。

第九章
疫情启示呼吁新智造文化

粤港澳国家应用数学中心战略拓展委员会委员　中国智能制造百人会专家委员　张靖笙

一、疫情是对人类科技的一次大考

突如其来的新冠肺炎疫情让全世界陷入了前所未有的困境，体现人类最高智力水平的科技体系被病毒来了场始料不及的大考。

疫情发生以来，我国广大科研工作者团结战疫、积极抗疫，用医学、生物、化学、数学、统计等科研和专业方法围绕新冠肺炎疫情的研究跟踪、建模分析与数值模拟，做出了许多出色的研究成果。作为科技工作者，面对这场疫情大考，我们能学到些什么，或者从中得到什么启示呢？我们的科技事业还存在怎样的短板和弱项呢？在这种缺乏认知却挑战人类生存的重大灾害面前，科技工作者如何发挥应有的作用呢？

就这个病毒和这场疫情，我们需要搞清楚"为什么"的地方有很多。我们应进行反省，科学技术是不是真如自己认为的那样强大和发达。

二、疫情对制造业企业文化建设的重要启示

当前，全球正处于称为工业 4.0 的产业大变革之中，这场疫情会给工业 4.0 带来什么样的影响？企业该怎么办？就目前的技术条件和市场环境来说，制造企业让员工具备远程工作的条件和能力，不但在技术上是可能的，在生产上也是很有必要的。这不仅是企业应对当下挑战的权宜之计，还是制造业企业向智造企业转型的必然方向。

《智能制造发展规划（2016—2020年）》（工信部联规〔2016〕349号）指出，智能制造是基于新一代信息通信技术与先进制造技术深度融合，贯穿设计、生产、管理、服务等制造活动的各个环节，具有自感知、自学习、自决策、自执行、自适应等功能的新型生产方式。工业互联网发展结合机

第九章　疫情启示呼吁新智造文化

器人、3D打印这类智能装备技术的推广应用，产品的生产过程完全由数据驱动，工业产品的物质属性已经越来越不重要了，只要有充分的信息，所有的工业产品都可以在遥远的地方快速地复制并生产出来。到这个时候，各种工业产品形态可能就变成了不同的数据包，可以通过互联网随意地传递和复制，工业产品的应需设计和灵活生产也可以与各种物理空间场景需求快速融合起来，完成各种类型的任务。

将来的产品物流可能与今天发一封电子邮件一样便利，只要把关于目标物完整信息的数据版本发送过去就完成传送了，以前科幻小说里面描述的跨时空转移的景象很可能用这种方式变成现实。相对于传统的制造业，新工业革命的未来场景是如此的超乎想象、匪夷所思，财富也因此需要被重新定义。

德国提出"工业4.0"一词以来，一直被广泛用于描述制造业的未来。然而，现在即使德国也意识到，仅从技术角度阐释第四次工业革命的相关发展显然是不足的，企业还需要组织和文化层面的改革。德国工程院的《工业4.0成熟度指数》认为，先进技术可以获得更广泛的数据，但对数据的潜在利用能力完全取决于企业的组织结构和文化。正如精益生产不等同于简单的防止浪费，工业4.0也不只是通过网络连接机器和产品。《工业4.0成熟度指数》强调的是需要进行范式的转变。

即使大规模应用各种自动化数字技术取代机械性的人工劳动，每一个企业的成功还是高度依赖于员工的心智和行为，20世纪90年代至21世纪，世界上众多企业成功转型的经验告诉我们，成功实现整个企业转型的关键是改变企业文化，也就是改变员工心态，这一点同样适用于制造业企业的数字化转型，如果企业只是简单地引进数字或者人工智能技术，而未能进行企业组织文化的相应改变，则无法实现期望的工业4.0智能制造目标。因此，企业必须先确定未来的方向及其员工所需的技能，只有这样，企业才能够识别和引进支持企业预期工作方式所需的技术。数字化和人工智能技术在企业中真正开始发挥作用、增加价值之前，企业必须具备一种文化，即员工信任数字化和人工智能系统，并且准备好接受数字化和人工智能系统的行动建议和行为指引，甚至接受由机器"指挥"人。

企业组织的文化转型需要帮助员工解决两个关键性的问题。第一，员工在多大程度上愿意不断审视自我行为并使行为适应变化的环境？第二，员工在多大程度上认为其行动应该融入基于数据和事实认知的引导下的社会协作？

为了更好地培养数字化组织的文化，必须让员工清醒地认识到，工业互联网环境是企业在一个开放型动态网络环境的有机组织中开展工作，每个人的工作效率和成果质量随着网络的影响面将大大超越传统企业组织的边界，而员工不再如过往那样被动地听从上级的命令，自己将对工作拥有更大的决策权力和责任；同时，任何生产活动安排都完全依托于流转在工业互联网之上的工业大数据，广泛社会协作存在于员工之间、员工与客户以及与合作伙伴之间，对系统和流程中的数据的信任才可以保证协作的高稳定性。在协作过程中，人们必须愿意将所获得的认识加以记录并与他人分享。另外，为了减少社会协作之中的矛盾和摩擦，员工需要具备对不同观点的包容性和做出改变的意愿，他们通过采集工作中的各种数据进行系统性学习，随时调整自己的认知结构及接受创新方法，并且参与塑造改变的过程，在这个过程中，员工能够深刻意识到不断提升自我技能和认知能力的重要性，虽然不可避免地要去试错，但员工能够通过发挥主观能动性的创新认识到自我价值，这才是持续驱动自我成长的潜力。

因此，在工业 4.0 中，广大制造业企业能否成功地完成数字化转型，其关键一步还是要从组织结构和文化转型方面着手，更大地发挥人性而不是技术在创新与变革中的作用。而新冠疫情对于制造业企业的复工复产，恰恰是一次针对企业统筹内外部各方资源实现远程协同和广泛协作机制和能力的大考，所暴露出来的短板和弱项必然存在于组织文化之中而非技术装备之上。

三、企业转型要先消除组织学习障碍

当前，商业环境的改变是巨大的，而中国企业最大的挑战还是来自内部变革。管理大师德鲁克曾经说过："我们生活在一个意义深远的转型期，变革空前而彻底，现在的管理学思想仍然沿用 20 世纪的那些基本假设，很少有人去注意它们是不是事实。""心智模式"是根深蒂固于心中的，影响我们如何了解实际，以及如何采取行动的许多假设、成见甚至高度信仰的所谓真理或者事实。今天企业面对的最大危机，恰恰就是如德鲁克所揭示的，传统"心智模式"的很多成见和假设阻碍了对变革的认知，组织的惰性削弱了组织的变革能力，很多中国企业很可能由于其变革速度跟不上时代发展的节奏而逐步被市场和消费者抛弃，最终走向消亡。

在企业管理专家的系统研究中，他们发现导致许多企业失败的原因，常常是对于缓缓而来的威胁习惯了熟视无睹。就像"温水煮青蛙"的寓言

第九章　疫情启示呼吁新智造文化

可以说明这种情况,很多企业的情况与温水中的青蛙是一样的,对于外界凶猛扑来的危险,这些企业能快速做出反应,而对于那些组织内细微、渐进的危险则听之任之、熟视无睹。大部分失败的企业,事先都有许多征兆显示它们已经出了问题,然而即使有少数管理者已经有了危机感,但也没有加以重视和采取措施。对企业整体而言,组织往往无法对即将迫近的危机和后果建立全员共识,就更无法提出正确的对策及开展相应的行动,因此,很多企业就是被这样一些起于毫末的危机和漏洞逐渐侵蚀,最后轰然倒塌。

彼得·圣吉在其《第五项修炼》一书中全面解释了造成这种组织难以适应变化的根源——组织的学习障碍,就像学习障碍对于孩童来说是个悲剧,对于组织来说,学习障碍则是致命的,就像温水中的青蛙,学习障碍导致其失去对逐渐迫近的危机的认知能力,从而束手无策地走向死亡。分析组织的学习障碍的种种表现,都是源于局部性的思考和僵化的思想的相互作用。具体表现为:组织把自己的功能分割成多个部分去克服管理上的复杂性难题,让领导者更容易掌握权力,但是,这种金字塔层级结构加深加大以后,将成为各部门之间无法跨越的鸿沟,如何消除各组织功能之间的鸿沟,让各部门齐心协力、步调一致,把分散到各部门的能力和资源拧成一股绳、力往一处使,这是当前面临变革挑战的每个企业最迫切,也是最困难的工作。员工在各部门分工明确的简化环境中,都习惯了"不在其位不谋其政"的局限思考,当跨部门的工作协同和衔接出现问题,都习惯性地把责任归罪于其他部门的配合不力。所以,我们可以看到传统金字塔层级的组织结构带来了普遍性的思维僵化,大多数人的头脑认识都固化在本部门和本职工作的"一亩三分地",努力做好本职工作。但是很多人可能意识不到,他们这种习惯性的努力很可能是与企业的战略方向背道而驰的,甚至可能形成对变革的巨大的无形阻力。如何改变组织内顽固而割裂的心智模式,需要自上而下地建立起组织内每一分子对变革战略的共识,让他们明白自己的思想和行为对群体的前途命运也有至关重要的作用,克服组织的学习障碍离不开每个人对自己头脑中传统固有想法的重新审视和反省学习,让员工成为终身学习者和创新参与者是企业向学习型创新型组织迈进的基础,今天已经进入高铁时代,火车跑得快不能仅靠火车头的牵引了,每个车组都需要有动力才能实现高速前进,今天的企业也是一样,变革需要自上而下的带动,也需要自下而上的推动,两边都努力才能成为变革的动力。

面对变化，学习和成长对于组织和个人都是重要的，有效的学习和知识传递也在决定企业的生产力和执行力。

企业今天的变革方向有一个鲜明的时代特征，就是向互联网经济全面转型，企业文化也需要与开放、共享、共建的互联网精神高度契合。互联网已经让许多企业成为开放的思想、知识、资本、技术、人力等各项资源要素聚合的多方合作平台，明天的学习型企业组织更像一个"课堂+实验室+工作坊"，而且随着（生）产消（费）一体化的生产关系和生产模式日益普及，企业新车间和家庭工作室都朝着协同智造的协同创客空间方向发展，企业员工和消费者成为创客团队的队友通过互联网随时随地一起探讨产品在概念、设计、生产和服务环节的种种构思和安排将成为常态化的场景，企业员工和消费者角色界线越来越模糊，意味着企业的组织形态也越来越虚拟化，企业品牌越来越成为一种价值观精神追求的标签而存在，不管是生产者还是消费者，在新时代都要成为学习者和新知识的建构者，如果说商业模式的战略性思考要解决的是企业变成怎么样的目标蓝图问题，而组织变革如何实现便是一个建构性的问题。变革是一个破旧立新的过程，也是一个新知识不断建构和应用的过程，建构既不是无中生有的虚构，亦不是唯一的定案，九层之台起于累土，因此用来描述企业长期的变革也比较贴切。在互联网、大数据和知识主导经济发展潮流的时代，让组织里每个人的才智汇聚成企业的整体智慧，才是解决企业的学习障碍，进而推动组织有效变革的唯一出路。

四、智能制造需要数字孪生的工匠精神

数字孪生（Digital Twin）作为践行工业4.0智能制造先进理念的使能技术与手段，近年来备受关注。对于数据孪生，当前学术界和企业界的普遍观点是，数字孪生以数字化的方式建立物理实体（Physical Entity）的多维、多时空尺度、多学科、多物理量的动态虚拟实体（Virtual Entity）模型，来仿真和刻画物理实体在真实环境中的属性、行为、规则等状态，与传统数字化技术相比，数据孪生更加强调信息物理数据的融合来实现信息空间与物理空间的实时交互、一致性和同步性，从而提供更加实时、有效、精准、智能的数字化应用服务，以更好地支撑对物理实体的各种操作和活动。

业界普遍认为数字孪生是解决智能制造中信息物理融合难题和践行智能制造理念与目标的关键使能技术，是一种具有非常高战略意义的科技

第九章　疫情启示呼吁新智造文化

手段或者方法论，而笔者认为，为了更有效地推动广大中国政府机构和企业组织的数字化转型工作，除了要加快数字孪生技术在各领域和各行业的进一步落地应用，更有必要把数字孪生上升到数字时代认识论的角度加以研究和推广，这样能从思想认识上加快数字化转型工作。

数字孪生概念发明人——美国 Michael Grieves 教授指出，物理对象具有信息的等效性，所有的物理对象都包含用于描述自身的信息，如几何性质、材料特性、功能用途等，人类智慧使我们有能力从物理对象中找到和提取信息，以满足我们的特定需求，正是由于产品信息等效性的价值，产品信息可以作为避免生产过程中浪费的物理资源的替代品，如时间、能源和材料，正是由于产品在本质上具有双重性——它们既是物理的、也是信息的，所以在工业制造过程中创建物理产品的同时，可以通过有效的信息采集而同时创建与之如影随形的虚拟产品，长期来说使用虚拟产品的信息成本肯定是会大大低于物理资源的浪费的。

在工业文化之中，工匠精神受到了广泛推崇，所谓工匠精神就是对产品高品质的持续追求，工匠精神的基本内涵包括敬业、精益、专注、创新等方面的内容。德国工业给我们带来的启迪，远不止其发达的生产管理和制造技术，如何保证企业的可持续性发展才是最大的挑战，成就世界顶级产品质量，是需要几代人在产品品质上孜孜不倦的追求和坚持。而对于一个组织来说，一个持续性的压力来自如何用最少的资源做更多的事情，理论上每种产品的生产可以找出完成物理任务的最小资源数，而在实际执行任务过程中，在这个基础上还会消化更多的其他物理资源，精益的理念是希望用信息资源替代掉这些其他物理资源的消耗，从而让生产"刚刚好"，没有浪费。而实际上，寻找和确定最小资源消耗量是个反复探索和实践的过程，大自然中要找到完成任务最有效的做法是在实践中尝试任务的所有可能的组合，这个过程必然需要有更多的物质资源耗费来配合。所以，过去在没有有效信息技术配合之前，生产活动中的物理资源的信息存储于个人的头脑之中，丰富经验的熟练技术工人是实现精益理念的核心，如何通过组织管理和职业培训来实现工人满足精益生产的要求是关键。

如果已经生产很长时间的产品很少或者没有变化，可能几乎不需要通过信息的手段来同时创建虚拟产品，实际上，这种情况下所依赖的信息都是过去事件的历史，如果假定现在、将来跟过去一样，那么确实不需要任何额外的信息了，因为我们知道怎么设计、怎么生产、供应商如何执行，因为我们有生产历史，有和供应商长时间的合作记录，所需要的信息都包含在历史记录之中,当然我们也非常清楚用最小资源数完成生产任务的方法。

而在互联网时代,新的需求、新的机会层出不穷,这带来的问题是,用户可能更喜欢竞争对手的新产品带来的新体验,满足21世纪需求的商业模式,我们也可以称之为"工业互联网",越来越多的工业生产能力和资源通过互联网与客户、供应商和合作伙伴结合成协同创新和生产的紧密联系,这种情况下,产品仅有精益对用户来说不再有任何作用,产品必须是创新的,而创新意味着变化,原来生产中所掌握的信息和经验很可能过时了,因为创新要进入一个未知的领域,因此肯定会有资源的浪费,信息可以用来减轻风险和减少不确定性,在原先耗用物理资源的地方,只要有可能,都应该尽量使用信息,例如:

在产品设计阶段,我们需要对产品设计的所有方面有更高的预见性,需要执行更多的产品性能分析和仿真,还需要提前进行产品的集成和概念验证工作;

在产品制造阶段,我们需要更多的仿真与产品设计相结合的过程,为了尽可能早地捕获潜在的制造过程问题和产品质量缺陷,我们也需要知道供应商制造过程状态的持续信息;

在产品售后服务阶段,我们需要了解更多的产品在实际使用中的各项状态信息,越早发现关于质量问题的信息,就越能采用更低成本的方式来补救和解决。

通过信息资源来降低物理资源的消耗让创新和精益从财务的角度找到相互兼容的目标,只追求创新而不追求精益的企业,存在消耗了大量的资源反而得不偿失的巨大风险;追求精益而不追求创新的企业,虽然能维持短期的盈利水平,但最终肯定会被追求创新的竞争对手所超越。所以在这个剧烈变化的世界,工匠精神所追求的产品生产过程不但是精益求精的,还必须是不断创新的,我们不仅需要关注在当前产品制造中如何减少资源的浪费,同时也要不断创建新的信息和知识,用这些新的信息和知识支持我们对产品的持续创新,包括新的设计、新的工艺、新的生产方式和新的商业模式等,产品的信息属性在新工业时代中越来越重要的情况下,工匠精神的基本内涵还必须加上"信息意识"这样一条素养。

如何通过信息来实现工业生产中的创新与精益的要求,成为新工业时代发扬工匠精神的一个新命题和新要求,数字孪生概念是一种很好地解决智能制造生产过程中的多种要素、能力、资源的融合以及协同制造的机制,它有三个方面的特点：

第一个特点是数字孪生所提出的信息空间里面的虚拟对象，如虚拟产品、虚拟设备，甚至虚拟的人、虚拟场所，它们都是对应物理空间里面物理对象的忠实映射，而因为物理空间里面各种类型的对象很多，所以在信息空间里面对物理对象的各项状态的数据进行有效的集成，才能是物理对象的忠实映射；

第二个特点是在信息空间里存在的虚拟对象的生命周期与物理空间的物理对象的生命周期是重合的，换句话说，信息空间里的虚拟对象和物理空间里的物理对象的变化是同步的，是共同进化的，并且能够不断地通过这样的手段来积累相关的知识和信息；

第三个特点是我们在信息空间里的虚拟对象不仅能够对物理对象进行忠实映射、描述，它更大的作用在于我们可以在信息空间里面基于对模型的优化来优化物理空间里面的物理对象，来实现更加合理的生产计划和活动控制。

驱动我们越来越多地使用信息空间中的虚拟产品和实施产品全生命周期管理还有另外一个重要原因：我们将持续改进对物理世界的理解以及模拟物理对象的能力。随着关于产品全生命周期的工业大数据积累，我们对产品在物理世界中运动变化的理解每天都在增长，而且能够持续地建构不断增长的关于物理世界如何有效运转的知识和信息，与此同时，随着可以运用的计算能力继续呈指数级增长，这意味着不仅能增加仿真的粒度和精确性，让我们寻找更精益的生产方案，并且用新增长的知识和信息尝试设计更多新的产品。

因此，智能制造的实现需要制造业企业的每一位员工在数字孪生的生产实践活动中融合人工智能技术不断深度学习，在工业大数据中寻找减少浪费、提升品质的新工艺和新方法，基于工业大数据的深度学习中追求精益求精和持续创新，是智能制造新时代工匠精神的表现。

五、智能制造需要"智造+"新思维

互联网时代需要互联网思维，很多人对互联网思维还没有"吃透"，忽然之间，5G已经来了。

第四次工业革命愈演愈烈，机器设备、人和产品等制造元素不再是独立的个体，它们通过工业物联网紧密联系在一起，实现一个更协调和高效的社会化制造系统。在智能制造生产场景中，需要机器人有自组织和协同的能力来满足柔性生产要求，智能制造需要设备通过网络连接到云端，基于超高计算能力的平台，并通过大数据和人工智能对生产制造过程进行实时运算控制，通过企业将大量运算功能和数据存储功能移到云端，这将大大降低设备的硬件成本和功耗。

在制造业数字化转型过程中，各种生产要素都要通过数字化的刻画和表达，生产要素之间的数据要实现互联互通才能实现高效协同的制造活动，因此机器和人员之间需要进行越来越多的通信，而传统有线技术限制了这种相互通信的方式，同时也影响了现有工业技术实现持续改进所需的灵活性，并且为了满足柔性制造的需求，工业机器人需要满足可自由移动的要求。因此显而易见，在智能制造生产过程中，需要无线通信网络具备极低时延和高可靠的特征，智能制造过程中工业互联网云平台和工厂生产设施的实时通信，以及海量传感器和人工智能平台的信息交互，与人机界面的高效交互，对通信网络有多样化的需求以及极为苛刻的性能要求，并且需要引入高可靠的无线通信技术。

高可靠无线通信技术在工厂的应用，一方面，生产制造设备无线化通信使工厂模块化生产和柔性制造成为可能；另一方面，因为无线网络可以使工厂和生产线的建设、改造施工更加便捷，并且通过无线化可减少大量的维护工作。

在智能制造自动化控制系统中，通信低时延的应用尤为广泛，需要网络具有极高可靠性，来确保生产过程的安全高效。对于制造业而言，建立物联网的一个挑战将是在室内环境中建立可靠的无线电网络，这些环境可能会受到无线电干扰。另一个挑战是频谱的可用性，在相同频谱中操作的公共网络可以为制造过程所依赖的无线信号提供甚至更多的干扰。许多工业物联网系统被设想为私有网络，采用专用光谱和更小的组合可以避免干扰，一些国家可能会将某些频段用于工业物联网使用。

然而，智能制造所强调的社会化协同生产方式，却让当今制造活动的协同范围突破传统车间的室内环境，未来数字化工厂中的自动化控制系统和传感系统的工作范围可以是几百平方千米至几万平方千米，甚至可能是跨多个企业的分布式部署，根据生产场景的不同，制造工厂的生产区域内可能有数以万计传感器和执行器，需要通信网络的海量连接能力作为支撑。

随着智能制造场景的引入，制造对无线通信网络的需求已经显现，作为新一代移动通信技术，5G技术切合了传统制造企业智能制造转型对无线网络的应用需求，能满足工业环境下设备互联和远程交互需要，5G网络可

第九章 疫情启示呼吁新智造文化

为高度模块化和柔性的生产系统提供多样化、高质量的通信保障。

目前，5G 技术已趋于成熟，5G 网络示范区、试点应用逐步落地，5G 应用案例消息频出，5G 智能手机已经面世，5G 的应用场景正在遍地开花。所以，很有必要在"5G+"时代的起点重新审视互联网思维，并且与时俱进地提出适合"5G+"时代如何大力推动和发展智能制造的新思维。

笔者根据工业 4.0 智能制造的发展要求，结合制造企业数字化转型的需要，在总结互联网思维成功推广经验的基础上，结合 5G 最新发展成果，提出的"5G+"时代的"智造+"思维，有四个核心观点——共生至上、智能为王、共享的生产关系、产消融合创新，下面进行逐一解释。

共生至上：用户至上源于互联网时代实现的人人互联，体现了大众通过人人互联实现的买方商业话语权，而 5G 实现万物互联，大家都是数据用户，也是数据生产者，所形成的是数字经济中共生的社会关系，所以共生至上比较吻合"5G+"时代的要求。

智能为王：第四次工业革命是全人类共识的时代发展潮流，5G 的发展也没有离开这个时代背景，我们可以把"5G+"看成真正迈入第四次工业革命的智能化时代的大门，在"5G+"时代提出"智能为王"代替互联网思维的"体验为王"是与时俱进的，一方面，现在用户体验要求越来越指向智能化，另一方面，没有智能也不会有持续的用户体验改进。

共享的生产关系：不管社会发展到什么程度，我也不相信"无限免费"可以作为商业的逻辑或者模式，这违反最基本的商业常识，而这几年涌现的共享经济的观点逐步成为互联网商业模式的主流认识，5G 的到来让可以共享的资源更加广泛，共享方式更加便利，共享的手段更加多样，共享的回报更加明显，所以"5G+"时代应该是一个更加共享的营商环境，折射出的也是消费者高度参与生产的新生产关系的产业革命要求。

产消融合创新：创新是不能停步的，但是一直以颠覆的方式来创新恐怕不可持续，那么 5G 会不会带来一些颠覆式的创新呢？我想当然还是会有的，在历史上，一项技术带动整个社会变革的事情通常遵循一个模式，是"新技术+原有产业=新产业"，如果说之前的"互联网+"需要颠覆式创新是由于买卖双方的商业主导权的易位，而"5G+"既然是一个共生至上的时代，"5G+"时代的创新也是各种生产力要素和生产关系多方融合的，从生产关系变革的角度，产消融合必然是"智能制造"的创新主流。

在这四个核心观点的基础上，我们也需要重新梳理当前流行的互联网思维，互联网思维是从用户思维出发的，基本上是一个以互联网用户体验为中心引导商业变革的思维体系，用来指导广大传统企业的数字化变革难以生搬硬套。为了适应工业 4.0 时代的发展潮流，应该从兼顾广大传统企业数字化变革的角度提出"智造+"新思维体系，笔者在这里整理和提出了下面几个思维。

（1）产消融合思维：工业 4.0 时代的数字化生产过程会有消费者（用户）的大量参与和贡献，而且将来产品在用户使用过程中也会激发用户更多的创新热情，在用户的引导下融入更多升级和更新而不断成为新的产品方案（包括数据），而这些创造性活动的成果也将扩大产品的受益群体和商业价值，从而成为数字经济增值的一种常见的形式。

（2）共享经济思维：在产消融合的基础上，工业 4.0 时代生产的商业动机越来越基于共享经济的需求，并且更加开放和要求广泛协同，所以参与商业活动不再只是为了交易买卖，而是为了协作生产，共同增值。

（3）服务增值思维：共享经济中资源的所有权已经逐渐失去意义，从共享单车到共享房屋，我们无需拥有这些单车或者房屋的产权也可以使用实物，"5G+"时代的万物互联让可以共享的资源更广泛，在此基础上，一次性产品交易的买卖回报将被持续的服务增值收益所替代，很可能将来在火车站卖茶叶蛋也需要回头客了。

（4）持续升级思维：在服务增值的基础上，未来的产品没有所谓彻底完工的状态，所有的产品在使用的过程都是一个不断升级、持续加工的过程，由于用户将持续创造性地使用产品，产品的使用过程会成为产品融合创新活动不可缺少的一部分。

（5）万物联网思维：工业 4.0 时代联网功能对于所有产品都是标配，将来所有的产品都是联网的，通过联网来实现服务的交付和持续的升级，对于产品成为智能产品是基础要求。

（6）万物智能思维：因为万物联网，将来所有的产品都可以随时根据需要调用网络上丰富的知识和信息资源，所以产品都将融入一定的认知和智能能力，也就是具备认知环境状态和做出恰当反应的能力。

（7）共产主义思维：随着网络实现所有生产资源的连接和共享使用，生产要素私有制的经济基础将消失，共产主义生产关系将逐渐成为人类社会化大生产的主流。在数字技术的帮助下，共产主义运动将在实现智能制造过程中以更加符合人类命运共同体和平发展要求的形式进行。

看一个产业有没有潜力要看它离互联网有多远，5G 很快会让互联网像空气一样全面包裹所有的产业和市场主体，所以我们与互联网的距离已经不再是问题，问题是当"5G+工业互联网"已经吹响彻底的智能制造集结号的今天，我们每一个制造业企业真的为这场新工业革命准备好了吗？这是我们每一个制造业企业都要运用以上的"智造+"思维来加以自我审视和给出回答的问题。

六、中华文化推动世界智造

文化对于人类社会的影响是无所不在的，任何一个人造物本质上都是文化的产品，科学技术没有国界，但是运用科学技术制造出各种产品的人还是受国家及其文化影响的。

回顾历史，中国涌现过非常多的伟大发明，物质文明和精神文明在几千年时间里都是占据世界领先地位的，中国制造曾经伴随陆上和海上两条丝绸之路广泛影响世界一两千年，虽然近两三百年，我们曾经在科学技术、工业发展上明显落后了，但中华文化的发展并没有停顿，更没有没落，而是在近百年众多志士仁人的上下求索之中找到了一条吸收西方先进科学技术成果特别是马列主义思想的民族伟大复兴之路。

今天，我们要让中国从制造业大国发展为制造业强国，把中国制造转换成中国创造，提升为中国智造，就不能不在我们的产品和生产过程中增加更多的中国元素，融入中华文化。在数字经济全球化、世界工业一体化的今天，伴随着中国智造发展的过程，也必然是一个中华文化全球化的过程，所以我们再从世界发展的角度来理解中华文化，就不能再仅仅狭义地框定在我们中国人和中华民族范围之内，而要认识到中华文化伟大复兴也是人类命运共同体的发展要求。

如果从文化的角度来思考工业革命的走向，我们可以对任何一个产品及其生产过程提出一个核心问题——"我们为什么要创造这个物件"，难道我们就是为了造物而造物吗？这明显也是仅仅用产品的科学知识和工艺技术无法回答的问题。

在中华文化中，良知是一个非常重要的概念，里面包含了博大精深的中国传统智慧，而当今发展智能制造，大数据和人工智能等新兴技术在制造业中的应用风起云涌，我们要实现智能制造，同样要回答"我们为什么要创造这个物件"这个问题，我认为还是要采用"致良知"的原则来回答。

人工智能赋能的智能制造生产力可以很强大，对于人类的认识影响也会越来越大，甚至可以改变人们的认知方式和思维模式，但人工智能归根到底还是一个没有人性的工具，既有可能帮助人们"致良知"，也有可能把人们的思想引向邪路歪路，在举国发展智能制造的当下，我们必须清醒地不断扪心自问，"到底什么是良知？怎样才算'致良知'？科技和良知有什么关系？如何用科技'致良知'？"这四个问题人工智能无法回答，还必须由我们人类来思考与回答。

"致良知"虽然是明代圣人阳明先生王守仁心学中的核心思想，不过良知这个概念在中国已经有了很久远的历史，有史可查可以追溯到尧舜，是古来无数中国知识分子所推崇备至和孜孜以求的，到底什么是良知？很多学者解读为人与生俱来的能分辨是非善恶的道德感，而笔者推敲这个定义的逻辑缺陷在于，既然是与生俱来而非后天习得的，教育就显得毫无必要而且很可能会弄巧成拙，而偏偏儒学圣典《大学》开宗明义，"格物致知，物格而知至"，这个"知"当然就是良知了，致是追求获得的意思，既然物格而后知至，获得良知并非听天由命，而是需要认真细心地观察外界的事物，从而才能获得正确的认识和判断。所以，良知首先是人对外部客观世界恰如其分的思维反映，离开了客观世界，知就没有了对象，而人对客观对象的认知是多种多样的，并非所有认知都是良知。什么才算良知，恐怕就不是人的主观思想所能判定的了，必须回到客观世界才能得到检验，而这种检验离不开人的行为。从这个角度，我们可以给良知两条必要的特征定义，第一是人对客观世界的恰当的思维反映，第二是在客观世界中能经过人的实践所检验。

受限于人类生命个体有限的认知和理解能力，人类的认知只能部分地揭示任何一个思维对象与宇宙背景无限变化的本质联系，人类通过有限的思维活动也试图在共同建构的信息空间中逐步靠拢宇宙无限运动变化背后的本质，由于宇宙无限运动变化的万事万物存在本质上的普遍联系，因此所有运动和变化都不是孤立、离散和随机的，而是存在相互依存和因果牵连的确定关系，所有事物不确定的运动状态和存在方式都是绑在这张确定的因果网络上的一个个环节，有限的信息的不确定性总算在对宇宙万事万物相依缘起的无限运动变化背景下获得可以恒常理解的方向。

这种无常变化背后的恒常道路却是有限的语言无法准确表述的，老子"强字之曰道，强为之名曰大"，"道可道，非常道"，但我们不可以否认道是万事万物无常变化背后客观存在的真实法则和必然规律，而且道的作用并不为人的主观意志所左右。而正因为道的作用是宇宙无所不在的普遍联系，万事万物的运动变化和存在方式才有明确的轨迹可循，才能形成众生可以理解的各种短瞬间的信息呈现，对人类来说，更要认识到不同信息片

第九章 疫情启示呼吁新智造文化

段（现象）之间的因缘牵连关系才能形成信念，每个人都是依据信念才会采取行动的。通过这种独特的信息处理方式，人类才有能力摆脱大自然把自己仅仅作为一个"物件"的他律地位，从而具有了超越于一切自然存在物之上、不受自然限制拥有自我创造性的自由和尊严——可以选择自己的存在方式。

进一步来说，人类所追求的创造的自由也不能脱离万事万物相依缘起的因果铁律，如果人类的行为脱离自然法则就必然会给自己带来很多负面的恶果。因此，道这个概念隐喻了人类必须信仰万事万物运动变化和存在方式的背后的相依缘起，人类的创造性正是通过一段段相依缘起的信息反复验证之下形成信条和信念，指导行动改造自然建构成为今天的世界——一个能影响宇宙自然演进过程的有精神意志力的人造世界，人的能力既然是从道中来的，则必然不能打破道的约束而独立于宇宙演变规律而存在。联系到智能制造背后所依赖的工业大数据和人工智能，智能制造本质上是工业大数据驱动的人工智能所形成的新生产方式和生产关系，人类发明的工业大数据既然归根到底是服务于人类思想认知体系的，人类思想认知体系归根到底也还是由自然规律所支配的，所以大数据和人工智能作为人类社会一种新的认知方式，在自然规律面前与"致良知"存在本质上的高度统一才是符合历史发展潮流需要的产物。

随着人类认知能力提高，人类社会产生的数据总量也会越来越多。

基于大数据的人工智能已经实现了智能和意识的分离，无意识的智能机器将可以替代有意识的人类越来越多的工作职位，在智能上，人类已经逐渐被各种人工智能装备打败，但抽离了生命体验的人工智能装备再怎么发达，也并不能形成人性和意识，因此不可能具有自然生命中的认知主体性，离开了人类的生命体验，大数据驱动的智能装备自身并不能"致良知"。

所以，大数据本质上是人类"致良知"的一种手段和方法，智能制造也是人类"致良知"、知行合一的创造性社会活动，用工业大数据来实现工业生产行为致良知，工业才能创造出真正造福于人类的产品，这不仅仅是技术的问题，更应该是关乎人类文明演进的文化命题，这个命题恰恰落到关于人性的理解上，整个人类确实是由自然规律和社会历史发展规律所支配的命运共同体。"道常无为而无不为，侯王若能守之，万物将自化"。自然界本不需要人有什么独特的创造，但宇宙既然产生了有思想的人类，那么人类思想的最大意义也恰恰应该是对宇宙意志这本天书的表达和演绎，"人者，天地之心也；天地万物，本吾一体"，唯有"致良知"的人类才有资格成为真正的万物之灵，也唯有遵从"致良知"文化的智能制造才是真正造福于人类的智慧创造。

从良知的角度，第四次工业革命的智能制造在全世界取得最终的成功离不开中华文化的弘扬和发展。

七、新工业革命与创客文化

第一次工业革命以来，人是生产力中最活跃的因素，人决定了上层建筑的制度及体制机制，而我们分析互联网时代之前的生产力和生产关系中所强调的人，都是属于生产者范畴的，消费者并不会被认为是生产力和生产关系中的组成部分。而二十世纪八十年代以来，信息技术在企业中的广泛应用就已经逐渐让信息资源取代人成为生产力中最革命、最活跃的因素。今天互联网上流转的大量数据，正是广大消费者贡献出来的。这种从B2C到C2B的经济话语权逆转，让更多的消费者能够并且热衷于参与所需要产品的生产活动，成为生产力和生产关系中不能不考虑的因素，而这种因素恰恰只能通过在互联网中所流转的信息资源——大数据表现出来。

今天，旧工业时代相对稳定的市场和平稳的技术环境已经一去不复返，在网络所催生的新兴信息经济中，各种社会化大生产的资源紧密联系的天性使得它就像是一个生态系统，网络形成的新工业组织最明显的特征是它既没有明显的中心，也没有明显的边界，网络之中，人人平等，完全随着生产任务动态组织。对于企业来说，区分组织内部人（我们）和外部人（他们）的标准正在发生根本性的改变——在工业时代内部人表现为对于组织的绝对忠诚，而在网络经济中却变得不那么重要，现在的第四次工业革命，对于商品的生产和形成过程来说，生产者和消费者的角色正在互相融合，进而得到一个托夫勒在《第三次浪潮》中所提出的"产消者（Prosumer）"的概念。以生产者为中心的创新模式正在向以消费者用户创意为中心的创新模式转变。

随着用户的话语权充分渗透到生产的概念、设计、原料、制造、交付和售后服务的各个环节，未来的制造业企业会越来越支持用户的直接决策，从这个层面来说，未来的消费者也将越来越多地承担今天制造企业组织内部的工作职能，用户会越来越习惯于用自己的创意来驱动各项生产要素的组合和各项能力与资源的配置，来控制产品的生产过程，而且这种新型的生产关系由于完全融合了需求和供给，因此也有比传统企业更优的资源配置效率，必然会越来越能在市场上赢得主导地位，越来越多的用户参与创

第九章 疫情启示呼吁新智造文化

客运动是一个日益蓬勃、不容忽视的时尚潮流。

"创客"一词来源于英文单词"Maker"或"Hacker",狭义上的创客是指那些酷爱科技、热衷实践、乐于分享,努力把各种创意转变为现实的人。广义上的创客是指有创意,并且能够付诸实践进行创新的人,在今天凡是参与"大众创业,万众创新"的人都是创客。创客的共同特质是创新、实践与分享。所以,从这个层面可以看到,其实今天的消费者都普遍地具备了创客的一些特质,就是喜欢创新、喜欢实践和喜欢分享。

如果我们从人的内在品格成长的角度来理解创客行为的本质,则能对创客运动的文化内涵的理解更加完整和合理。

首先,创客完全是一种内在兴趣与爱好的选择,没有自己内心的意愿,别人怎么也强迫不了。所以,创客如果是在没有兴趣的情况下完成其创意作品的,其行为不是发自内心,则这样的行为也必然是牵强和虚伪的。

其次,最为关键的是,创客活动的过程不能仅仅被看成是一个造物的过程,而忽视了这种行为过程对于人的内心的意义建构过程。没有意义,何为创意?内心建构的意义通过人与人之间的交往、沟通协商、分享和传递,从而形成人类所特有的存在历史文化传统的社会关系,符合马克思关于人的本质上是所有社会关系的总和的观点。

最后,我们把创客看成一种人的品格,也就是从内在人格的角度来理解创客行为的存在本质,而非把创客看成一种功利的噱头和身份标签。因为"兴趣与爱好,努力把各种创意转变为现实"是每个人与生俱来的能力和权力,所以我们每个人都可以做创客,而且我们每个人也都应该做创客。

如今,我们已经进入了一个被互联网大数据急速放大的人工智能全面应用的时代,数以万亿计的智能设备将通过物联网和工业互联网构成了一个"数字心智社会"或"数字意识世界",这个"数字心智社会"也将挑战我们每个人对生命意义的观念。当人工智能成为社会关系一部分的时候,人必须学会和这种无处不在的"数字心智"相处。过去生产关系中存在的阶级矛盾、组织内部矛盾,很有可能让位给人和"数字心智"之间的矛盾,这将从根本上挑战人类社会的传统伦理和价值观。

当我们对创客的认识从外在物质创造的行为提升到内在的心灵和人格的建构,那么我们投身到创客活动之中,就不仅仅是一个能把创意转化成实体作品(物质产品)的创造者,同时也是一个能够把创新的思想、理论、方法转化为精神产品的创造者。

人类历史涉及的是人类自我创造的过程。文明社会确实是由人创造出来的，社会的各项原则都可以在人类自身心灵中发现，人类通过传承历史创造社会，塑造自己，每一种文化都关系着人类的创造。本质上人是所有社会关系的总和，如果失去了创造力，我们将失去做人所拥有的一切。创客活动本质上也是人在新工业革命的历史条件下，建构和完善自我人格的过程。

八、帮助消费者成为创客是新智造文化的必然趋势

在智能制造这样一个社会化生产的大潮流里，我们可以得出一个很明确的判断，那就是帮助消费者成为创客是新工业革命时代的智能工厂的必然发展趋势。

首先，互联网已经奠定了知识和信息的广泛传播的群众基础，知识和信息的传播频密、通畅；新工业革命形成了产销共享、融合智造的新生产模式，其中智造的"智"不但是工厂持续实现精益与创新的智能的"智"，也是大大释放消费者智慧的"智"。

其次，工厂如何主动通过变革来让消费者参与到产品的创造过程中，是体现智能制造的生产价值必不可少的要素。因为一旦用户参与产品的创新，他们就成了创客。需要强调的是，这里说的创客都是指消费者所参与的生产创造的过程中所扮演的角色，他们成为生产关系的一部分。如果你的工厂缺少创客的参与，那么你的生产价值就会明显比其他人低。因此，消费者对于生产的参与会成为生产价值必不可少的一个保障。所以对这种能满足消费者当创客愿望的工厂的需求会非常大。

最后，创客文化现在已经席卷全球，这背后所代表的是各国政府都在开展的产业变革中的一个共同举措，就是主动引领大众参与产业创新的浪潮，这种用户创意成为生产力要素所代表的是一种新的价值取向，现在可以看到，在国际市场上包括金融市场和贸易市场，各国政府都在不断鼓励和推动创客现象的出现。

所以，我们可以得出一个结论：把参与产品智造创新看成一种用户需求是有广阔的市场前景的。加上互联网巨大的群众基础，智能制造企业帮助消费者成为创客，将成为新工业革命里面新工业智造文化的必然趋势。从文化的角度，智能制造只是让工厂回归其制造本质，工厂不再也不应该还是传统大工业时代脱离消费者而大批量生产标准化产品的固定组织和场所，而应彻底通过工业互联网回归到根据用户对产品的创新创造需求供给制造能力和资源的服务。

参考文献

[1] 张靖笙. 大数据革命[M]. 北京：中国友谊出版社，2019.

[2] 张靖笙，刘小文. 智造——用大数据思维实现智能企业[M]. 北京：电子工业出版社，2019.

[3] 何克抗. 论创客教育与创新教育[J]. 教育研究. 2016，4：12-24.

[4] 高文，徐斌艳，吴刚主编. 建构主义教育研究[M]. 北京：教育科学出版社，2008.

[5] 吴国盛. 什么是科学[M]. 广州：广东人民出版社，2016.

[6] 陶飞，张萌，程江峰，等. 数字孪生车间——一种未来车间运行新模式[J]. 计算机集成制造系统. 2017，23（1）：1-9.

[7]（美）Peter M.Sage 著. 第五项修炼——学习型组织的艺术与实务[M].郭进隆译. 上海：三联书店，1998.

[8]（美）Michael Grieves 著. 智能制造之虚拟完美模型——驱动创新与精益产品[M]. 方志刚，张振宇译. 北京：机械工业出版社，2017.

下篇 企业应用案例

第十章
工业大数据在物流装备领域应用的探索

卫华集团有限公司总裁　俞有飞

一、项目实施背景与状况

随着国际社会在工业现代化、工业 4.0 等方面的不断演进，大数据技术在工业及制造业中进行了深度的技术融合和应用融合。从国际发展形势看，无论是德国的"工业 4.0"、美国的"工业互联网"，还是我国的"制造强国战略"，各国制造业创新战略的实施都基于工业大数据的采集和分析，并以此为制造系统搭建应用环境。

从中国物流装备企业的发展来看，普遍存在创新能力不足、高端和高价值产品欠缺的问题，在国际产业分工中处于中低端状态。物流装备制造企业整体的规模化、标准化、自动化和信息化发展水平参差不齐，急需转型和升级。

卫华集团有限公司（以下简称卫华集团）经过 30 多年的发展，已完成由粗放式生产向精益生产、自动化生产转型，随着工业大数据在中国的发展和广泛应用，伴随着新一代信息通信技术和制造业的融合发展，产业生态的竞争正在从 ICT 领域向制造领域拓展，以大数据中心为核心的生态建设已成为卫华集团战略布局的重要方向。

随着卫华集团全球化业务的发展和产品市场占有率的提高，起重机在不同行业、不同领域的应用越来越多，随之带来的变化是客户对起重机的个性化定制需求越来越广泛，零部件种类和供应渠道越来越多样，物流模式越来越复杂。建设大数据中心，进行跨业务模块的流程优化、多信息化平台的高效集成应用，实现"人机料"管理流程、管理系统的广泛互联，提高流程效率，降低运营成本，使公司与客户、代理商、供应商、第三方物流公司之间的横向端对端集成需求越来越迫切。

二、项目主要实施内容和措施

卫华集团实施"面向物流装备行业的大数据管理系统研发与产业化"项目,瞄准起重装备制造业数字化、网络化、智能化需求,率先将工业互联网、云计算、大数据等技术应用于起重机行业,研发智能产品、建设"起重装备行业大数据中心"(见图10-1),实现了起重设备产品数据整体统计、产品工况实时监控、历史数据查询、产品故障快速维修、设备预测性维护、备件快速送达、研发和产品质量优化、行业企业管理、政府单位监管、移动终端管理十大功能。此项目的实施不仅提高了设备运维效率和产品服务质量,还实现了对起重机重大安全事故的预防,为产品终端用户、起重机制造厂家、配套件供应商、政府监管部门提供数据增值服务。

图10-1 卫华集团工业大数据中心

卫华集团工业大数据中心建设了移动协同业务系统、共享服务平台、数据分析系统,通过IT平台强化内部控制、降低风险、提高效率,实现"协同业务、集中管控"。通过数据挖掘技术,提高研发、制造、服务水平,同时为企业科学决策提供数据支撑。具体实施内容如下。

1. 基础设施建设

卫华集团基于物联网技术,采用"公有云+专属云"的混合云架构,兼顾应用便利和数据安全,购置软硬件设备、工业控制系统和租用IDC数据中心和云计算服务,建设集数据采集、存储、计算、分析、展现能力于一体的工业大数据中心。

第十章 工业大数据在物流装备领域应用的探索

工业互联网平台物联模块包括数据采集模块、网络传输模块、数据传输模块、数据持久化模块、数据可视化模块。

（1）数据采集模块和网络传输模块嵌入硬件模块中，支持 Ethernet、802.3、802.11 等网络协议，支持边缘计算，可以满足敏捷连接、实时业务、数据优化、应用智能、安全与隐私保护等方面的需求。

（2）数据传输模块由终端客户端、远端服务器、远端客户端组成，支持 OPC、OPC-UA、ProfiNet 等协议。

（3）数据持久化模块由数据库系统、数据存储模块组成。

（4）数据可视化模块由远端 Web 服务器、报表引擎、数据展示模块组成。

2. 研发和制造过程智能化改造

建立车间制造执行系统（MES）、数据采集与监视控制（SCADA）系统、计算机辅助设计（CAX）系统、企业资源管理（ERP）系统、产品全生命周期管理（PLM）系统、三维建模及数据分析系统等于一体的深度融合、高效运行的智能协同大系统，提升了产品设计、工艺、制造、检测、物流等环节的智能化和数字化水平，完成物流和信息流的全面集成，实现起重物流装备关键结构件智能化、柔性化和数字化制造。

卫华集团结合离散型制造行业特征及企业业务细节，量身打造一套 MES，建立产品追溯体系，实现产品唯一/批次码与各个工序上的装配人员、装配物料、设备参数、时间等相关生产信息的互相追溯；建立过程防错机制，如目视化看板、线边电子看板、打印跟随产品单据；建立质量管理体系，实现产品生产过程中异常信息、返修结果、异常类型、解决方案等信息的收集与统计，产品生产过程中质量、工艺、设备参数的收集与统计；实现设备联网管理，能够实时对设备状态进行监控，获取设备关键信息，形成产品设备信息档案，实现设备的关键绩效统计等。

（1）智能生产执行层技术路线（见图 10-2）。

在生产执行层中，主要有起重机器人 MES、起重机器人生产过程智能优化调度系统、起重机器人生产物流智能调度系统和起重机器人制造能源管理系统。

起重机器人 MES，主要包括生产计划、工艺管理、生产实绩、物流管理、仓库管理、设备管理、能源管理、质量管理、成本核算与生产综合统计分析等功能。该系统覆盖从原料进厂到成品产出的整个生产作业过程，并通过企业服务总线,与 CAPP、ERP、PDM、PLM 等信息化系统进行数据交互,保证数据的实时性和完整性。通过实时反映现场的生产作业情况,加强企业管理各个部门间的信息联通与共享,为企业管理人员和领导层决策提供及时可靠的数据基础。

图 10-2 智能生产执行层技术路线

(2)车间级排产系统(见图 10-3)。

根据物料约束、生产资源有限能力约束等条件,实现系统自动排产,形成生产作业计划,有效提高资源利用率,实现快速插单,减少计划排产工作量,实现生产计划可视化和跟踪调度管理。

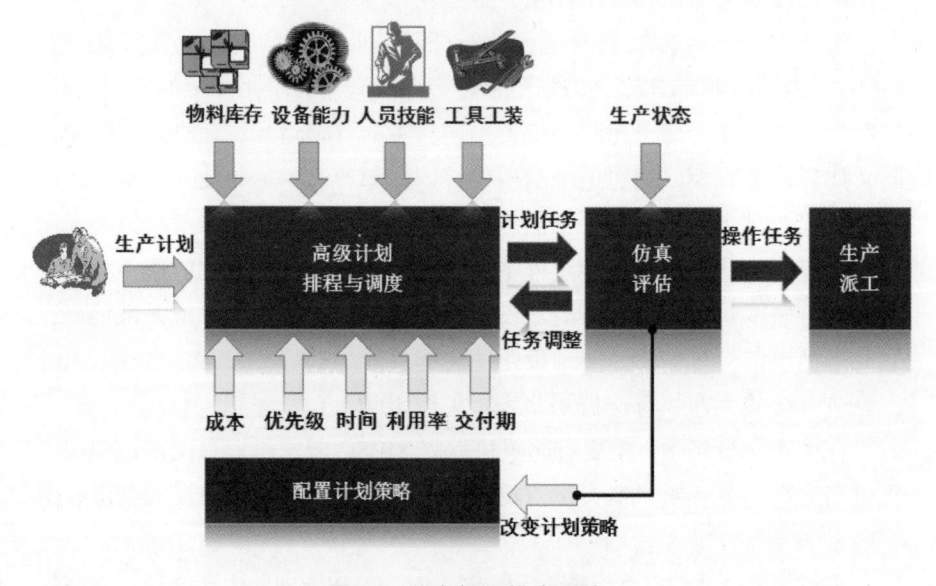

图 10-3 车间级排产系统

根据排产工单和工艺路线生成相应的调拨单,并能够自动规划 RGV

第十章 工业大数据在物流装备领域应用的探索

小车的调度,从而实现在生产过程中 RGV 小车自动进行工件转运。

(3) 物料跟踪管理。

覆盖企业进厂物流、中间库、备料及成品库的全流程物资位置、状态信息管理,包括物资入库、投入、产出、装配、检验、出库、移库、厂内调拨、发货出厂、售后服务等全流程物料跟踪等功能,为计划、生产、质检、销售、采购、储运部门、物资管理部门提供精确的物资跟踪管理信息。

以合同、物料、批次追溯的方式,关联查询与批次相关的各个工序原料、半成品、成品的生产实绩、质量、过程参数等信息,使用户可以轻易地对物料进行质量、生产管理。

产品全过程跟踪管理:生产跟踪涉及从原料投料到成品产出的整个生产过程,以生产批次为主线,按产品路线对整个生产过程加以记录,最终形成生产电子记录信息及物料谱系。生产跟踪管理模块包括正向跟踪及反向追溯的功能:正向跟踪提供以原料投料单据或批次号为条件,跟踪特定批次从原料到成品过程的跟踪信息及物料谱系;反向跟踪提供以日期、产品规格为条件,反向追溯多个批次(可根据时间点选定一至两个批次)的信息及物料谱系。批次追溯管理:将生产全过程物料流转过程中涉及的计划、加工设备、人员、质量等信息关联起来。

(4) 设备状态监控。

通过生产工厂现场搭建的 DNC 系统,将生产作业指令 NC 下达至数控设备的 DCS,再将设备的生产过程信息(状态、参数、动作、实绩信息)上传至 DNC 系统,形成一个完整的闭环。

系统收集现场主要设备运行状况的信息,在作业计划及生产调度界面执行显示和监控功能,在现场作业计划调整或修改时,为生产调度和管理人员提供参考信息。其主要数据包括:设备运行状态数据、主要工艺参数、启停时间、运行时间、加工零部件信息、加工人员信息、上次检修时间、下次检修时间、主要备件下次更换时间信息等。数控设备 NC 程序的下载、记录和反馈,提供相关设备关键运行参数超出阈值的报警信息。

(5) 制造成本管理。

根据各工厂物资、原料等使用量、能源使用量及实际产出量,计算出直接生产成本,并对该生产成本进行具体分析,包括纵向、横向等分析、对比,从而查找不足,总结经验,优化资源分配,降低生产成本。

制造成本管理主要完成厂内各工序的生产成本统计核算管理,工序成本主要包括原辅料成本、能源成本、工资、财务费用等。其主要内容包括:

事前按成本标准数据，对各种资源消耗和各项费用开支规定数量界限，限制各种消耗和费用的发生；事中按成本标准控制支出，实时显示是节约还是浪费，及时发现超出成本标准的消耗，有利于企业迅速制定改进措施、纠正偏差，以达到降低成本的目的；事后通过实际成本与标准成本相比较，企业可以按考核标准进行定期的分析和考核，及时总结经验，找出未来降低成本的方法和途径。

根据各工序标准成本与实际成本数据的收集和比对，对差异进行统计和分析，为成本管理人员进行日成本考核提供帮助。

（6）生产综合统计。

生产综合统计的主要功能如下：①生产统计：以班为单位，统计各个生产工厂的原辅料消耗实绩，可以日、月或一段时间为单位出具报表，为生产考核奠定数据支撑。②生产报表：收集用户现有的所有报表格式，对报表体系进行优化、整合。做出切实符合用户需求的各种报表，减少用户自行组织数据的工作量，尽量做到用户只需查看一张或少数几张报表，就可以得到自己关心的所有信息，减轻用户工作负担，提高系统的使用率。

（7）工位看板。

通过工业以太网，将设备与 WFMS、MES 相关联，实时显示当前工位加工的工单作业、产品等信息，如停机、运行状态、电流、电压、频率等，以及设备保养倒计时提醒、设备运行分析等。如图10-4所示为设备运行状况统计示意图，如图10-5所示为总看板实时查看生产状况示意图。

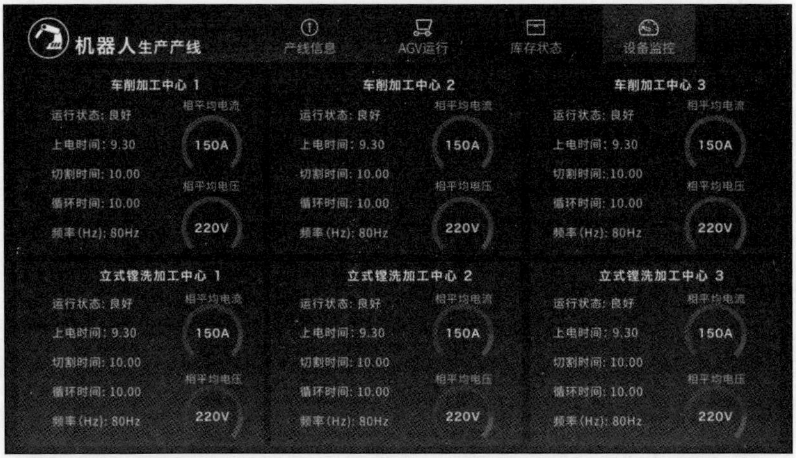

图10-4 设备运行状况统计示意图

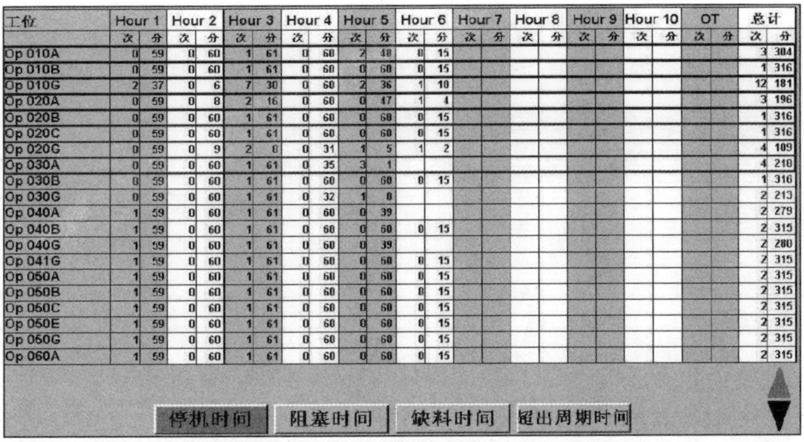

第十章 工业大数据在物流装备领域应用的探索

工位	Hour 1 次 分	Hour 2 次 分	Hour 3 次 分	Hour 4 次 分	Hour 5 次 分	Hour 6 次 分	Hour 7 次 分	Hour 8 次 分	Hour 9 次 分	Hour 10 次 分	OT 次 分	总计 次 分
Op 010A	0 59	0 60	1 61	0 60	7 48	0 15						3 304
Op 010B	0 59	0 60	1 61	0 60	0 60	0 15						1 316
Op 010G	2 37	0 6	7 30	0 60	2 36	1 10						12 181
Op 020A	0 59	0 60	2 16	0 60	0 47	1 4						3 196
Op 020B	0 59	0 60	1 61	0 60	0 60	0 15						1 316
Op 020C	0 59	0 60	1 61	0 60	0 60	0 15						1 316
Op 020G	0 59	0 9	0 31	1 5	1 2							4 109
Op 030A	0 59	0 60	1 61	0 35	3 1							4 216
Op 030B	0 59	0 60	1 61	0 60	0 60	0 15						1 316
Op 030G	0 59	0 60	1 61	0 32	1 8							2 213
Op 040A	1 59	0 60	1 61	0 60	0 39							2 279
Op 040B	1 59	0 60	1 61	0 60	0 60	0 15						2 315
Op 040G	1 59	0 60	1 61	0 60	0 39							2 280
Op 041G	1 59	0 60	1 61	0 60	0 60	0 15						2 315
Op 050A	1 59	0 60	1 61	0 60	0 60	0 15						2 315
Op 050B	1 59	0 60	1 61	0 60	0 60	0 15						2 315
Op 050C	1 59	0 60	1 61	0 60	0 60	0 15						2 315
Op 060E	1 59	0 60	1 61	0 60	0 60	0 15						2 315
Op 060G	1 59	0 60	1 61	0 60	0 60	0 15						2 315
Op 060A	1 59	0 60	1 61	0 60	0 60	0 15						2 315

停机时间　　阻塞时间　　缺料时间　　超出周期时间

图 10-5　总看板实时查看生产状况示意图

总看板可实时查看所有生产订单的生产状况（如完成量、未完成量、统计分析等），以及生产线上每个工位的实时加工信息。可在总看板上通过点击不同的标签进行切换查看。

（8）能源管理。

通过对所采集的数据进行归纳、分析和整理，结合 MES/WFMS 显示的生产实际情况和设备运行情况，实现用能分析、能源成本分析、能源质量分析和设备能效分析。

（9）焊接机器人离线编程与智能示教。

现场实机编辑的程序可以读入离线软件，作为基础程序数据样本在软件内部进行复制平移等操作的程序编辑。此外，在本离线编程软件内编制的程序可以直接存储为机器人系统上的专用程序，机器人系统可以直接进行调用修改再生动作；也可以对存储器上的程序或者离线软件做出的程序进行程序管理、程序变换（平移）等合并、复制、平移、删除操作。

通过离线示教完成的数据只需简单修改甚至不需要修改即可读入机器人系统并使用，提高机器人系统适用率。

3．工业环境和设备改造

项目为经过智能化、网络化改造的设备安装物联模块，采集数据并传输至大数据中心，数据采集支持断点续传和边缘计算。如图 10-6 所示为卫华集团大数据中心数据管控示意图。

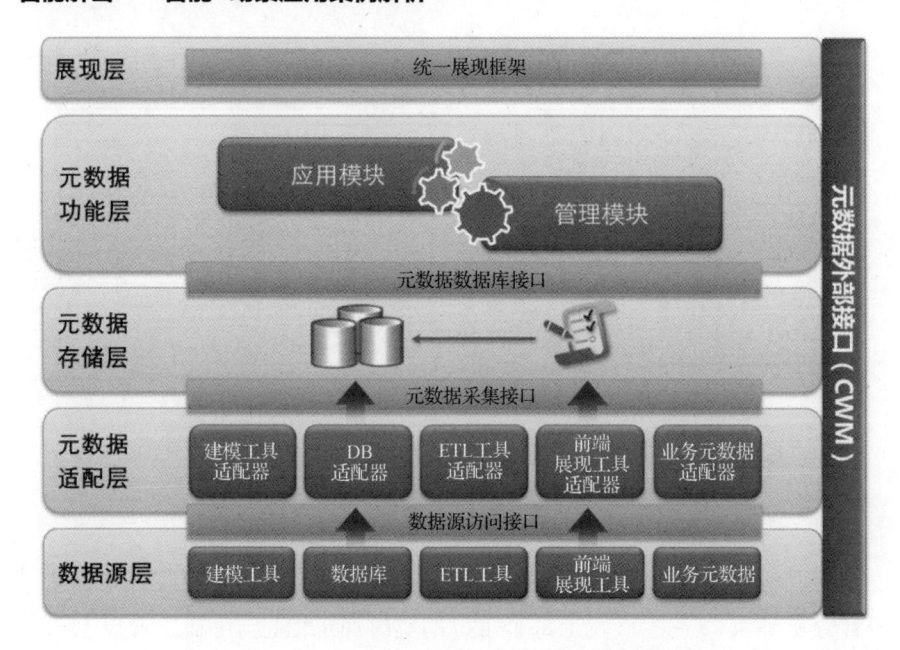

图 10-6　卫华集团大数据中心数据管控示意图

卫华集团的工业物联网框架采用两层体系，分别为内部构架和外部构架。

工业物联网内部构架是在工厂内部用于生产要素与 IT 系统互联的网络，包括两层、三级的结构，即 IT、OT 两层网络，现场级、车间级、工厂级/企业级三个工厂管理层级。卫华集团采用的内部构架共分为五个主要环节：

（1）工厂 IT 网络：基于 IPv4/IPv6 双栈网络，接入针对企业管理系统、数字化产品设计信息以及大量的生产、监控终端。

（2）工厂 OT 网络：采用工业以太网，在以太网向下延伸的基础上实现智能机器、传感器、执行器等的 IP 化。

（3）数据采集网络：直接实现智能机器和在制品的连接，实现智能企业、传感器、在制品等生产现场设备、物品与 IT 网络的直接连接，从而实现生产现场的实时数据采集等功能，以实现企业管理的实时化管控。

（4）基于 NB-IoT 的无线连接：生产现场的智能机器、在制品、传感器、物流搬运设备等通过 NB-IoT 实现连接。

（5）基于 SDN 的 IT/OT 组网方案：IT 网络和 OT 网络采用 SDN 技术，实现控制平面与转发平面的分离，通过 SDN 控制器与制造执行系统协同进行网络资源调度，支撑柔性制造和生产自组织。

第十章　工业大数据在物流装备领域应用的探索

卫华集团的产业链长，工厂外部网络以支撑卫华集团制造全生命周期各项活动为目的，用于连接企业上下游、企业与智能产品、企业与用户之间的网络。卫华集团工业互联网的外部构架主要用于产品销售、供应链管理和产品的运维，在产品全生命周期中的资源优化配置非常重要。

1）工业互联网

卫华集团采用的工业互联网外部构架共分为四个主要环节：

（1）基于 IPv6 的外部构架：卫华集团采用外部现有的高速互联资源。

（2）基于 SDN 的工业互联网专网和 VPN 的专网互联：卫华集团采用专用网络来连接不同区域的分工厂和核心配套商，实现协同设计、关键业务整合和协调、远程运维和诊断，利用 SDN、NFV 等技术实现业务、流量的隔离。

（3）泛在无线接入：利用华为 NB-IoT 和 eLTE 等先进技术，实现各类智能产品的无线接入。

（4）支持工业云平台的接入和数据采集：针对大量正在运行的客户产品，支持智能产品向工业云平台的数据传送和服务质量保证。

卫华集团建设的基于工业互联网的智能工厂，其工业互联网应用支撑体系包括三大部分：实现工业互联网应用、系统与设备之间的数据集成的应用使能技术，工业互联网应用服务平台，服务化封装和集成。

2）工厂云平台

在企业内部建设专有云平台，实现工厂内的 IT 系统集中化管理建设，并通过标准化数据集成，对内展开数据分析和运营优化。

（1）公共工业云服务平台。面向卫华集团制造产品全生命周期，不同的工厂、配套商、客户应用设计协同、供应链协同、制造协同、服务协同的新型工业互联网应用模式。

（2）面向起重机器人制造专用云服务平台。

（3）工厂内各生产设备、控制系统和 IT 系统间的数据集成协议、传送协议。

4．开发物联网云平台

物联网云平台建设采用自购软硬件与租赁互联网服务商云资源相结合的方式开展设计和建设，利用云计算的相关技术，构造一个功能齐全、设备先进、运行高效、使用灵活、维护方便、易于扩展、安全可靠的全局性的基于云平台的数据资源中心。

智能解密——智能+场景应用案例解析

卫华集团大数据平台面向起重物流装备制造业数字化、网络化、智能化需求，构建基于海量数据采集、汇聚、分析的服务体系，支撑制造资源泛在连接、弹性供给、高效配置的载体。工业互联网网络实现人、机器、车间、企业等主体以及设计、研发、生产、管理、服务等产业链各环节全要素的泛在互联。

整体架构包括边缘层、平台层、应用层三大核心层级。工业互联网平台是工业云平台的延伸发展，其本质是在传统云平台的基础上叠加物联网、大数据、人工智能等新兴技术，构建更精准、实时、高效的数据采集体系，建设包括存储、集成、访问、分析、管理功能的使能平台，实现工业技术、经验、知识的模型化、软件化、复用化，以工业 App 的形式为制造业企业创新应用，最终形成资源富集、多方参与、合作共赢、协同演进的制造业生态。如图 10-7 所示为卫华集团工业互联网平台架构。

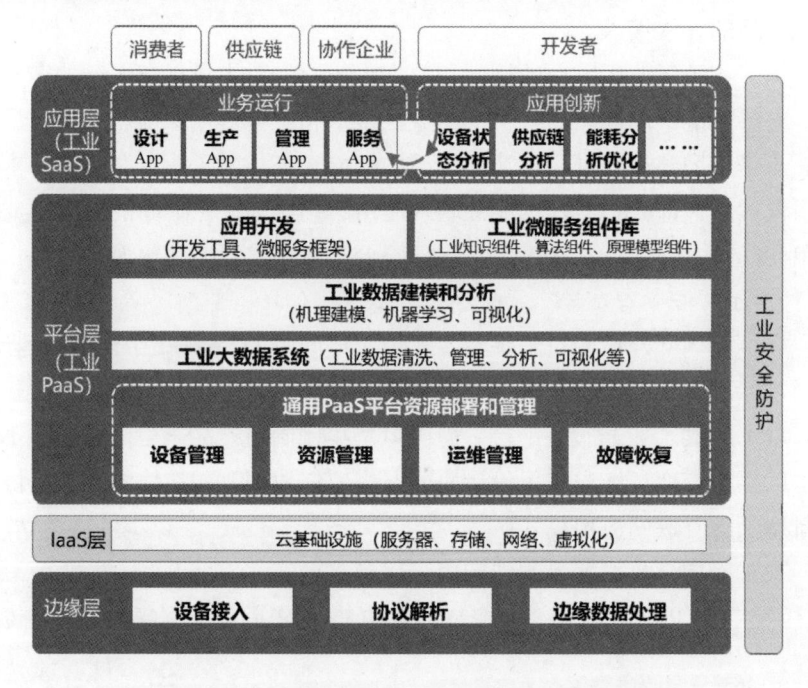

图 10-7 卫华集团工业互联网平台架构示意图

卫华集团的物联网大数据主要有生产、质量、管理运营、车辆运行等数据，主要存储在 ERP、PDM 系统中，具有规模庞大、流转快速、类型多样和价值密度不高四大特征，并且存储方式离散，多为信息孤岛，数据共享程度低。同时，数据安全性无法得到保障，当前系统没有可靠的容灾能力。由于生产信息量大，传统的技术手段已难以满足该数量级下的数据计算实时性要求。智能工业云分析平台主要以数据挖掘、云存储、云计算等技术手段，对河南卫华公司的生产、质量、管理运营、车辆运行等数据进行分析处理，同时对设备状态、人员效率、车间能耗、营销走势进行分析和预测，为高效管理工作提供数据支撑。

建立云存储系统，配合工业网关、条码读取等设备采集现场生产、质检、人员、设备等实时数据，并在云存储系统进行持久存储，同时确保数据安全性。

建立智能工业云分析平台，通过对设备、产能、人员、质量、能耗等信息进行数据挖掘，找出生产过程中的合理区间，指导生产在规范区间内运行，并通过对历史数据的分析，对未来阶段的状态进行预测、指导生产。如图10-8所示为卫华集团智能工业云分析平台。

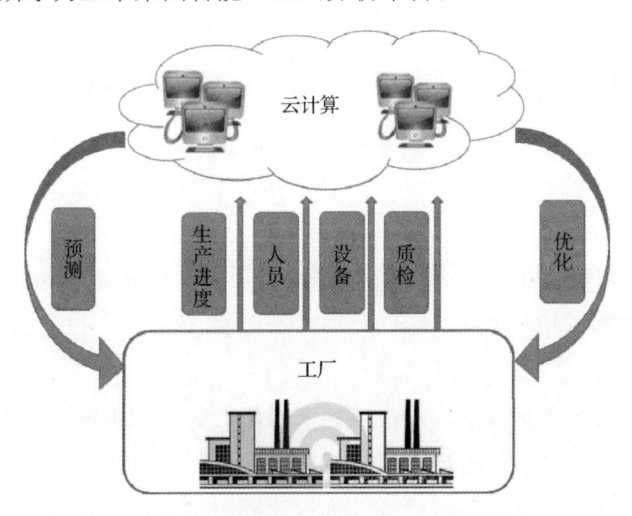

图 10-8　卫华集团智能工业云分析平台

5. 建设行业数据分析平台

卫华集团开发利用工业大数据，整合上下游产业数据资源，依托工业互联网平台，实现产品远程诊断、设备预测性维护、产品全生命周期管理的服务新模式。将云计算、大数据等技术与工业生产实际经验相结合，形成海量工业数据基础分析能力，建设行业数据分析平台，利用"数据+模型"为行业企业提供创新价值服务。如图10-9所示为卫华集团大数据中心连入的起重机运行参数示意图。

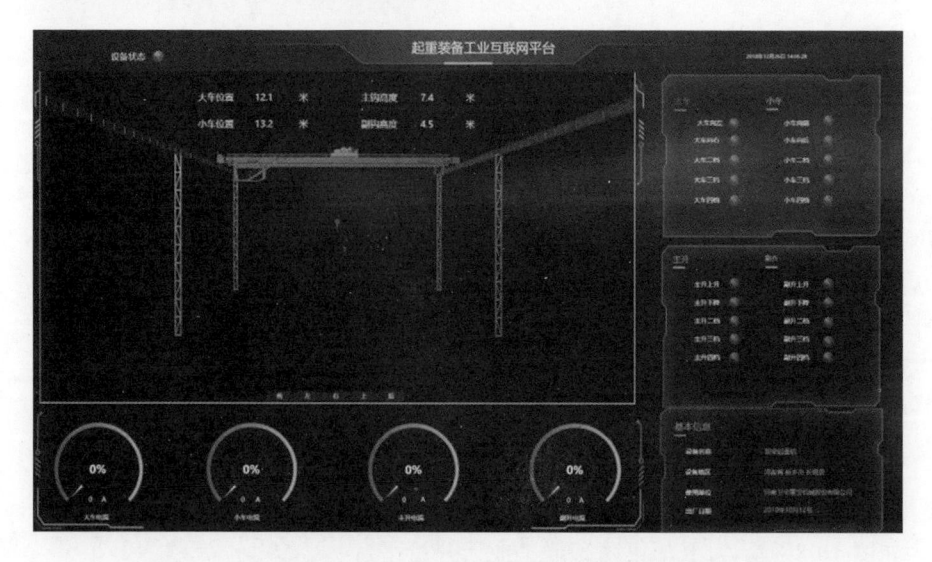

图 10-9　卫华集团大数据中心连入的起重机运行参数示意图

6. 基于工业互联网平台的起重装备远程运维系统

起重装备行业工业互联网平台的建设瞄准起重装备领域的薄弱环节，围绕产品远程监控、故障诊断、预测性维护等远程运维服务，着力攻克制约行业发展的共性关键技术，提升设备运维效率和产品服务价值；主要按照建设基础设施、开发平台、设备物联接入、开发机理模型和微服务组件、转化研发成果、开发工业 App、整合行业资源、建设人才队伍的路径进行集成部署。

本项目研制出远程运维和故障诊断系统，该系统由五大组件组成：

（1）轮询模块：实现 PLC 的实时数据采集，监测实时的电压电流等信号；当需要远程升级设备程序或者远程诊断时网关进入编程模式。

（2）订阅模块：以 Client 端设定的订阅周期实时上抛数据到 VPN Server。

（3）A&E 模式：当发生报警或者系统异常事件时自动上抛数据到 VPN Server。

（4）安全通道：安全认证防止其他系统的攻击，保障系统的运行安全。

工业物联网网关与设备通信的安全机制，当远端的设备发起控制请求时，从本地客户端向服务端请求安全认证操作，服务端发送一组安全认证种子，本地客户端根据输入的种子信息，通过安全访问算法函数映射得出对应的密钥并返至服务端，服务端检查密钥的准确性；当密钥正确时通过

第十章 工业大数据在物流装备领域应用的探索

安全访问并给予远程控制权限，当密钥错误时拒绝控制请求（见图10-10）。

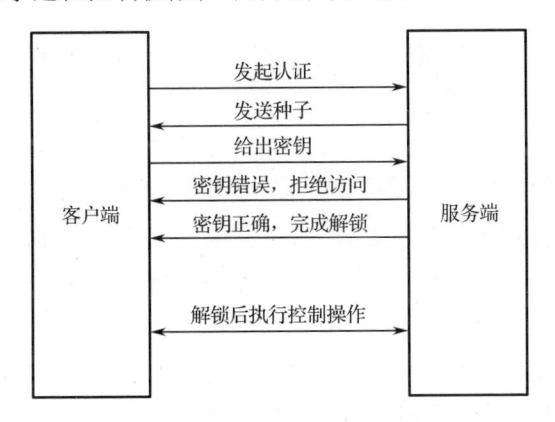

图 10-10　工业物联网网关与设备通信的安全机制

（5）配置模块：配置需要采集的信号，并且设置任意一个信号的采集频率。

三、项目实施成效

卫华集团基于互联网、移动终端、云计算、物联网等新兴技术，构建起重机开放式众创设计平台、体验式虚拟设计中心、生产过程的智能管控体系、起重机远程服务平台，形成基于物联网起重机的大数据管理创新模式，实现起重机行业新形势下的自主创新，助力卫华集团从生产型制造向服务型制造经营模式转型，构建"物联网+设计、制造、服务"的核心竞争力，进而实现技术、模式、服务的创新应用优势。

1. 技术创新

卫华集团依托大数据中心，形成开放式众创设计及体验式虚拟设计研发创新平台。通过起重机产品、技术众创设计理论与模式的研究，建立了基于云存储的起重机产品数据和设计知识共享网络，实现了开放式起重机众创设计平台及基于云计算的体验式虚拟设计中心。

借助云存储技术实现国内外起重机零部件供应商产品数据（如部件的生产厂商、型号、规格、参数、价格等数据）的网络化，企业可以根据不同的客户需求，快速生成设计方案，提高企业应对客户需求的市场反应能力，攻克制约行业发展的共性关键技术，为整个行业的起重机技术研发和产品设计提供技术支撑。

2. 模式创新

卫华集团依托大数据中心，以制造为核心，形成面向智能制造的起重机生产车间可视化管理创新。基于企业物联网技术、物料识别技术、电子看板技术、终端设备及接口技术的研究，依据现场的工作环境状况，提出了工位终端信息跟踪的电子看板技术、三维数字模型的工艺模型建模方法、可视化的加工过程高效监控方法，搭建起可靠、稳定、可扩展的车间管控网络软硬件体系；将生产资源、工位终端、关键工序的互联互通和物流电子标签等综合起来，形成了以设计 BOM 信息为基础、数字化车间为承接、生产制造信息化系统为核心的起重机零部件及总装智能生产流程的集成系统，实现了智能调度、智能故障诊断、质量在线检测、智能物流、工艺质量、工人的生产能力等制造过程中的智能化、柔性化和数字化。

（1）智能制造执行系统。

卫华集团利用"物联网+信息化技术"，构建"安全、质量、经济"的三维智能制造系统，形成"一致性、准确性、时效性"的生产数据模式，确保生产车间全流程互联互通。推进实施生产执行系统，实现生产过程柔性化、生产监控实时化、物料追溯准确化、异常信息可控化、技术资料可视化、生产过程协同化、统计分析及时化。在制造过程中，通过对人员信息、物料信息、设备状态信息、产品设计与工艺信息、制造数据、库存信息、物流信息等数据进行采集、分析与处理，将数据上传至 MES，为生产系统提供制造数据管理、计划排程管理、生产调度管理、库存管理、质量管理、设备管理、采购管理、成本管理、能源管理、项目看板管理、生产过程控制、底层数据集成分析、上层数据集成分解等管理模块，打造一个扎实、可靠、全面、可行的制造协同管理平台。

（2）以集中管控和数字化管理为特征的焊接机器人系统应用。

卫华集团开发应用了主梁、端梁、台车焊接机器人装备。采用焊接位置识别与导引技术、焊缝曲线识别计算与跟踪技术、熔池图像处理与特征提取的焊接动态过程建模技术，实现起重机钢结构的自动焊接及智能焊接工艺控制，对机器人焊接过程进行焊接参数优化调整，大大提高了焊接质量和效率；建立焊接熔池动态过程模型，实现焊接质量在线检测与焊接机器人智能故障诊断，适时将检测数据反馈到 MES 中，达到焊接过程的信息化、可视化、规范化管理和质量管控。

3. 服务创新

卫华集团依托大数据中心，以服务为支撑，形成面向云平台服务的起重机远程服务创新。根据起重机现场监测数据，结合起重机关键零部件故障机理的研究，以设备的故障诊断和远程维护为应用目标，研发了数据采集、各阶段内部数据管理、远程信息传输、分阶段数据集成、数据的应用与决策等技术的集成应用；满足产品从现场级到企业级集中管理的要求，依托"互联网+物联网"，实现起重机实时监控、工况信息查询等功能，并可通过远程监控指令对各类起重机进行远程遥控，使产品服务创新模式得以充分应用与推广。

（1）创建电子商务平台，实现营销服务精准化。

卫华集团立足于起重行业，自主研发并实施了大型起重行业在线销售和服务的系统平台，提供以客户为中心的营销服务新模式。采用 B2B 与 O2O 相互协同，开创新的商业时代，创造更大的价值链；用户和企业通过线上 3D 和 VR 技术浏览、体验产品，在线下进行技术考察、商务谈判、购买产品，将线下商务的机会与互联网结合在一起，让互联网成为线下交易的前台，快速实现互联网落地；利用媒体平台实施产品推广和品牌推广。每年有近万名销售经理在此平台上进行起重机整机产品及相关配套件交易业务。

（2）基于物联网搭建远程服务平台，实现维保服务全球化集中、动态实时管理。

卫华集团大数据中心利用"物联网+信息化技术"，实现对所有产品的集中管理，将各个地区的起重机联合在一起，组成一张全国乃至全球的一体化系统网络，开展远程运维、远程监控、远程故障诊断等服务，基于工业大数据实现故障预警，提高了产品附加值，实现了从以制造产品为主向以提供工程承包和远程运维服务的转变。

（3）监控海量数据，面向上下游产业、物流装备行业提供价值服务。

对企业的价值：通过在线检测掌握起重机的实时信息；在用户的许可下进行远程调试、更新程序，提高服务效率、降低服务成本；通过细分行业起重机数据统计，了解各行业起重机的使用工况，优化起重机研发设计依据，提供更加适应行业需求的产品。

对产品终端用户的价值：用户的设备管理部门实时掌握本单位的起重机状态及使用状态，便于现场管理；实现产品预防性维护，对起重机的维护和保养更加及时有效，并可以避免故障的扩大化，如根据各传动零部件

(电机、轴承、制动器、减速机、联轴器、车轮组等)的工作状况,提出维修或更换建议,生成采购清单,提醒用户采购并更换;实时在线检测,故障预警,降低设备停机率,提高设备安全性。

对配套件供应商的价值:平台可以存储配套件运行的完整数据,记录配件的使用寿命、故障数据,这些数据一方面能够帮助配套件供应商分析配件运行状态、故障发生原因,从而优化配套件质量;另一方面,可以根据配套件质量,择优选择供应商。

对行业的价值:持续跟踪收集设备全生命周期的使用状况,从数据研究分析和明确各行业起重机的现行标准,为企业产品设计优化提供有力的数据支撑。

对政府监管的价值:对事故起重机的历史数据和视频画面实时存储、同步回放,为事故的界定提供直接的数据依据,便于主管部门进行查证;提供起重机指数,进行行业开工、运行情况的宏观统计,为政策制定提供依据。

卫华集团是中国通用桥门式起重机产销量最大的企业、桥式起重机单项制造业冠军企业,通过"面向物流装备行业的大数据管理系统研发与产业化"项目的实施,平台现已覆盖全国 29 个省市自治区、100 多家企业单位,卫华集团大数据中心建设提高了设备运维效率和产品服务质量,还实现了对质量安全事故的提前预防,为终端用户、起重机制造商、配套件供应商、政府监管部门提供数据增值服务,为起重机行业和机械制造业探索出了一条新的发展方向。

此项目的实施,助推卫华集团获评国家首批两化融合管理体系贯标试点企业、国家制造业与互联网融合发展试点示范企业。基于项目搭建的起重装备行业工业互联网平台,成为 2018 年河南省四大工业互联网平台之一,荣获工业和信息化部工业互联网试点示范、物联网集成创新与融合应用项目、全国智慧企业建设创新实践案例,并于 2020 年 3 月 16 日入选工业和信息化部 2020 年大数据产业发展试点示范项目。

面对行业整体经济形势遭受重大冲击的现实,物流装备制造行业必将迎来新的竞争形势,对线上信息捕捉、业务流程优化、客户业务处理提出了更高、更多样的要求。卫华集团将继续推进工业大数据三期工程,基于工业互联网平台的起重机智能化升级,助力卫华产品从自动化向智能化的转型,在起重机行业新形势下,形成"智能起重机+工业互联网平台+实时动态管控+大数据挖掘分析"的自主创新模式,强力推进企业高质量发展。

第十一章
基于互联网架构的订单交付流程应用

河北雷萨重型工程机械有限责任公司　杨国涛、王培友

一、项目实施背景与状况

（一）公司背景

河北雷萨重型工程机械有限责任公司（以下简称雷萨重机）是福田汽车全资控股子公司，于2004年从混凝土机械行业跨入工程机械行业，2011年以"雷萨"品牌独立运营，2018年成立独立法人公司——河北雷萨重型工程机械有限责任公司，多年来在工程机械行业打下了坚实的基础。其战略中心、营销中心位于北京，2个研发中心分别位于北京怀柔、湖南长沙，运营管理和智能制造中心位于河北宣化，形成了既响应国家"京津冀协同"战略，又充分利用属地资源优势的合理化产业布局。

雷萨重机拥有从泵送、液压、电气、结构各系统到整车研发、验证及工艺工程等强大的专家团队，已取得相关专利500多项，先进的"模拟仿真+实物验证"能力确保产品品质达到设计要求。

雷萨重机现有工厂人员776人，具备年产1500台汽车起重机、10000台搅拌车、1200台泵车和车载泵的生产能力，在全国拥有近150家代理商，拥有专业化销售顾问352人，已建立起遍布全国的1000多家底盘服务网络和400多家一体化服务网络、400人专业工程师团队、4个区域配件中心库，可实现全年365天、7×24小时服务保障。

雷萨重机产品覆盖泵车、搅拌车、汽车起重机等。

（1）泵车产品涵盖30/38/40/47/50/52/56/58/61米，全系列产品均通过最高级别的德国莱茵认证，具有高舒适度、高安全性、高效率、高节能、维护方便、结构稳健等特点，在智能多节臂、新材料应用等方面达到行业领先水平。

（2）搅拌车产品均通过最高级别的德国莱茵认证，具有高舒适度、高

安全性、高效率、高节能、智能化、轻量化、大容积、低残余、高匀质等特点及快装卸行业领先技术。

（3）汽车起重机产品涵盖 20Q4/25Q5/25X5/55Q5/55X5/85X6，全系列产品均通过最高级别的德国莱茵认证，具有超能力、超可靠、超高效、超节能、超安全等特点。

（二）项目实施背景

1. 业务存在的问题点

1）产品

（1）产品 BOM 为一车一 BOM，不支持前端选单功能。

（2）产品资源没有在系统内管理，与产品 BOM 不共享。

2）销售

（1）不支持订单选配提报。

（2）订单评审过程全为线下操作，与工厂订单排产没有达成规则统一。

（3）过程状态不可见，如订单下发、上线、下线、入库、发车、收车、实销等。

（4）各类报告不支持线上操作，与合作方在政策、财务信息方面不共享。

（5）计划与实际订单不能做匹配，统计为手工报表，信息不及时。

3）制造

（1）订单排产为手工操作，不能实现系统自动排产。

（2）采购订单为手工制单，不支持多种模式的系统自动分单。

（3）采购订单为邮件发送到供应商，不支持线上下发。

（4）收货为手工录入，信息不及时，库存不准确。

（5）库存资金占用高，不能及时进行预警及处理。

（6）不支持多种模式的物料配送，如拉动、排序上线等。

2. 信息化系统背景

1）现有信息化系统需更新

现有的信息化系统主要为 2006 年开发使用的 PLM 系统、2015 年年底上线使用的 CAPP、SAP（PP/MM/FICO/SD）、SRM 系统及 2018 年 4 月上线运行的 CRM 与 DMS 系统。

第十一章 基于互联网架构的订单交付流程应用

2）存在问题

（1）系统间没有集成，比较独立，数据及信息不共享。

（2）系统多为内部使用，并没有推广至相应的经销商、供应商、客户等。

（3）系统内的规则较少，对业务支持程度不够。

（4）系统架构比较传统，并没有基于互联网进行设计，无手机端操作。

（三）项目实施的主要思路和目标

本次基于互联网架构的订单交付流程试点项目，开展的思路立足于对现有订单交付流程进行优化改善，找到现有流程中各环节的矛盾点和效率不高的问题，通过流程优化改善及基于互联网架构的 IT 系统的应用研究，提高订单运行效率，实现流程、制度及模板的标准化、自动化、可视化，从而全面提升雷萨重机的商品制造运营能力，加强销售过程中的风险把控能力，提高金融还款率等。

（1）建立研发、营销、制造于一体的"G+X"订单管理模式。

（2）建立满足客户个性化需求的制造体系。

（3）规范整车物流交付及监控流程，强化运力计划管理，提高物流保障能力。

（4）优化零部件计划与生产计划的关联机制，提升供应商响应的能力，降低零部件库存资金占用。

（5）构建制造计划的自动排序功能，提升排产效率，提高产能均衡性。

（6）建立订单零部件的预测采购，缩短供货周期。

（7）建立准确的可视化经营绩效评价体系，为管理决策提供数据支持。

（8）建立基于互联网架构的 IT 系统，实现手机端操作，实现与经销商、供应商、客户及其他合作伙伴的互联互通、信息共享等。

二、项目主要实施内容和措施

（一）项目实施的主要内容

1. BOM 管理方式

为适应行业未来变化趋势，减少专车（搅拌车、泵车、车载泵、起重机）产品资源和特殊订单，改变现有单车 BOM 模式，调整为"G+X"模式，通过选择不同的选加件，适应用户的不同需求。

"G+X"模式的 BOM 产品明细表由基本车型的整车明细表及选加装件明细表构成。设计部门应在一个公告型号下的整车多种技术状态中，选取其中的一种技术状态作为基本车型，编制其相应的整车明细表，将其他技术状态中有差异的零部件作为选加装件列入选加装件明细表。对于技术状态差异较大的产品，应确定不同的基本车型，分别编制其整车明细表和选加装件明细表，然后通过基本车型整车明细表与相应的选加装件明细表叠加，形成所需的多个技术状态固化的产品，满足市场需求。

2. 计划管理

1）年度预测计划

（1）年度销售预测计划：在 CRM 系统内，每年 11 月 5 日前，由经销商计划员提报次年年度的"G+X（X 可以不选）"需求预测，经过系统内相关人员评审后，完成年度预测计划提报。

（2）年度生产计划：每年 12 月 25 日前，将下发的年度销售需求计划在 SAP 系统内转化成工厂年度生产计划（系统须支持计划的版本管理），以便指导工厂安排产能，以及组织生产方式、人力、零部件年度资金、年度采购计划、长周期供应商零部件物资备货。

（3）年度采购计划：SAP 系统根据年度生产计划及年度制定的供应商体系（系数、价格）生成年度采购计划，经 SAP 系统下发至 SRM 系统；供应商通过 SRM 系统反馈年度生产能力情况、年度零部件配送能力，确认资金占用情况并回复到 SRM 系统，工厂可以实时查看回复情况（由订单与物流部采购计划员在 SRM 系统中进行代确认）；

SAP 系统根据工厂年度生产计划与采购计划，完成对采购原材料所需资金的预算；

依据年度采购计划，将采购周期超过 6 个月以上的零部件转化成年度采购订单，并下发至 SRM 系统执行。

（4）年度物流计划：每年 12 月 25 日前，接收下发的年度销售需求计划，在 TMS 内转化完成物流年度运输计划，以便指导物流公司合理安排运力、运费。

2）月度预测计划

（1）月度预测总体计划：每月 5 日中午 12 点前，通过 CRM 系统内的预测功能，由经销商在系统内提报"$N+3$"个月的需求预测计划（明确到"G+X"），通过线上对"$N+3$"个月的销售预测进行评审，通过后传递

第十一章　基于互联网架构的订单交付流程应用

到工厂。

（2）月度物流配置计划：依照"$N+3$"个月的预测计划，以及已经下发销售订单的订单交货期，汇总拟定"$N+3$"个月的月度整车发运需求计划，并传输至 TMS 中，由物流公司根据 TMS 收集的月度整车发运计划，制定整车发运计划及资源配置计划。

（3）月度生产计划：工厂接收营销公司下发的月度需求计划，于 25 日前完成转化工厂月度生产计划编制及下发，可进行计划的版本管理，以指导工厂月度生产组织安排、月度预算计划、人力资源计划等。

（4）月度采购计划：按照工厂下发的月度生产计划，SAP 系统按照 BOM 零部件图号、供应商发交系数及采购模式，生成月度采购需求计划并传递至 SRM 系统，通过 SRM 系统发给供应商，供应商在 SRM 系统中回复月度零部件采购计划生产、物流配送的能力。

3．订单录入

（1）订单提报：依照市场信息收集排查情况，由经销商或大客户部在 CRM 系统内提报 BTO 及 BTF 订单，通过 BTO、BTF 两种模式对订单进行分类管理。

（2）订单评审：核对订单的合规性、真实性，然后对 BTO 订单进行耦合，最终确认耦合结果，根据被耦合订单的状态，纳入可发布的订单库进行管理。

（3）订单排产：由系统接收工厂反馈的工作日历，设定订单排产时间、单班产能、最低产能、班次，由系统进行排查限定，不得排至生产日历之外，由系统生成每台车的具体排产日期、交付日期，并传递到工厂。

4．生产订单

工厂 SAP 系统接收了销售订单后，系统按照整车交货日期及整车生产周期，计算出整车上线时间并下发到各车间。

5．采购订单

按照零部件采购订单模式，系统结合月度采购计划、零部件 ATP 检查（安全库存、在途物料、在检物料、采购订单、供应商库存、已下达的生产订单）及供应商系数生成采购订单，采购订单传递至 SRM 系统，供应商在 SRM 系统内回复零部件采购订单生产、物流配送的能力，打印送检送货并通过手机端办理货物入库等工作。

6. 物流管理

入厂协同可实现供应商供货时间窗口管理及入场物流车辆调度，卸货位管理；实现 PDA 送检单条码扫描，自动获取送检单物料到货数量，系统支持对物料入库前各环节（卸货、检验、确认）状态及数量确认。

器具管理是将器具与物料有机结合在一起的，实现器具的全程管理及无缝对接，支持器具的基本信息、账目、进出工厂状态等信息管理。

库存物料检查是根据业务人员选择的日期、车间、对应时区将单车料单汇总，将料单需求数量与当前可用库存数量进行比对，将不能够满足需求的物料生成报表。

按照各车间日上线计划，物流部根据零部件配送模式及生产节拍，配送各车间所需的零部件，按照生产订单排产顺序自动分解排序看板信息。

时区配料看板：生产订单按时区自动分解时区配料看板。

电子看板配送：后补充模式的补货料单，生产线边设置合理存量，按照过点车辆信息精确计算每辆车具体的物料消耗，然后根据设置的时间间隔将需求信息发布至相关物流系统，即整包装配送上线的电子看板料单，指导物流进行物料拣配并配送至线边。

过点拉动：按照上线订单各工位生产节拍，触发各工位的配送需求，指导物流进行物料拣配并配送至线边。

7. 生产制造

按照生产计划排产顺序，制造部门各车间接收当日上线计划订单，并在系统中确认订单上线状态。

自制件（下料件、结构件）及整车上线提前 2 天，系统自动检查生产所需物料的可用性功能，包括底盘、在途物资及库存状态，并提供短缺物料清单，提前提示计划人员处理。

系统支持显示当日上线整车明细（生产订单号、上线日期、上线顺序、交货日期），按照每日上线整车计划进行手机端报工。

订单八大节点记录，包括订单提报、订单锁定、订单上线、订单下线、订单入库、订单发运、订单接收、订单结算，并实时将订单状态信息传到 CRM 系统。

8．订单交付区

1）发车

整车入库并按照已审批通过的合同约定付款后，CRM 系统自动提醒经销商提交发车申请、传递到 SAP 自动创建交货单、下达发车指令并传至 TMS。

2）物流运输

物流公司针对运单分配承运商，进行 PDI 检查工作；检查通过后，打印车辆交接单，中心库进行发车过账；车联网系统与 CRM 系统对接，物流公司配送车辆到达后将信息自动传至 CRM 系统，从而监控车辆到达情况。

3）收车及实销

当物流公司配送车辆到达经销商处后，由其在 CRM 系统内进行收车并录入实销，完成订单交付流程。

（二）项目采取的主要措施

1．项目系统流程建立与运行情况

雷萨重机的订单交付流程试点项目重点对业务流程、规则及模板进行了梳理，建立了一级、二级、三级业务流程并制定了相应的业务运行规则，同时将流程与规则进行 IT 化，实现以客户收集、线索、商机、拜访、行销活动为核心的售前业务，通过商机转化为合同，实现售前业务和售中业务的无缝联合，打通订单提报、订单耦合、订单排产、底盘订单下发、底盘订单耦合、生产制造全流程跟踪、采购订单分析、工艺文件及工艺流转、物流配送、制造报工、过程检验、整车入库、物流驾送、交付及收车、合格证领用、实销、退车及调车的订单全流程，完成售中业务的区块链供应链体系搭建，通过售后服务、配件供应、风险控制、法律跟踪、车辆回购，实现售后业务的全生命周期过程跟踪，最终实现"客户—咨询—订单监控—售后保障—风险控制"为一体的客户全生命周期管理系统，将核心业务运营管控逻辑进行系统固化。

2．信息化系统

1）网络安全及架构

网络依托现有的福田集团整体星型网络架构，通过 MPLS-VPN 接入公

网及公司间专线，经销商/市场销售人员通过手机端或外网加密网址地址解析进入，后勤管理人员通过内网 MPLS-VPN 接入，配置有防火墙、路由器、负载均衡、漏洞扫描、服务器的全面杀毒及防火墙保障。

2）技术架构

雷萨重机的订单交付流程试点项目的技术架构体系分为五层结构。展示层：主要基于 HTML5 网页，以 CSS3、jQuery、jQuery—UI、Java 为技术基础，实现数据表单、文件库、面板、提醒信息等前端的展示内容；服务层：基于多组件的功能逻辑管理、服务组件的服务逻辑；能力层：提供搜索服务、Redis、统一认证、报表、日志、接口；数据层：分布式数据库访问；资源层：基于福田集团已构建完毕的各基础设施、网络架构、IT 服务支持体系。

3）信息集成架构

雷萨重机的订单交付流程试点项目主要以 PLM、CRM、SAP、LES 为核心，关联车联网、MDM、CC、BPM、大数据平台、FCV-BOM、CAPP 等 11 个系统，采用 ESB、直连、Web 等方式进行互通，最终完成以 PLM 为核心的资源管理系统、以 CRM 为核心的销售业务的客户全生命周期管理系统、以 SAP 实现销售、财务、采购、计划、制造等各环节的后台凭证支持、以 LES 为核心的物资配送系统，最终完成 OTD 全流程的信息化贯通及数据作业单元的快速集成。

三、项目实施成效

雷萨重机的订单交付流程试点项目的重点提升指标及具体情况如表 11-1 所列。

表 11-1 雷萨重机的订单交付流程试点项目的重点提升指标及具体情况

序号	重点提升指标	目 标 值	实 际 值	改善程度
1	订单交付周期	11～19 天	10～15 天	缩短 2～4 天
2	月度计划总量准确率	95%～105%（±5%）	98%～105%（±5%）	提升 3%～5%
3	品种准确率	80%	90%	提升 10%
4	订单提报均衡率	100%	100%	—
5	零部件存货周期	12 天	8 天	缩短 4 天
6	市场过程周期	60 天	40 天	缩短 20 天
7	超 6 个月库龄车比例	5%	4%	降低 1%

续表

序号	重点提升指标	目 标 值	实 际 值	改善程度
8	准时发车率	90%	95%	提升 5%
9	准时入库率	90%	95%	提升 5%
10	整车准时到货率	90%	95%	提升 5%

四、项目实施经验

（1）企业全流程管理过程复杂，业务执行规则之间存在影响，需要多部门协作沟通，共同制订流程及规则，对现有业务进行本质性改变，快速打破部门墙，提升整体业务运营效率。

（2）系统功能覆盖全价值链，跨系统功能项目实施比较集中，各系统作业标准及维度不一致，需提升数据小组工作质量及整体规划情况，且各系统存在大量历史数据，在系统上线初期，数据处理需作为重要核心点进行跟踪。

（3）项目实施过程涉及多方供应商、多部门协作，项目的过程管理、人员管理、绩效激励管理、会议管理、决议管理均存在一定的挑战性，协作是项目顺利实施的核心要素。

（4）由于涉及内外部用户、App端操作、Web操作，企业内网和外网的互联互通，需进行严格规划，并应充分考虑网络安全策略，网络架构的安全性、快速互通性为保证项目顺利使用的基本架构要求。

（5）系统功能要充分考虑各种角色的作业标准，不同系统间的角色设定需要统一规划，角色及权限的划分更为严格及标准化，各系统登录账号统一采用域控模式执行，大大提高了账号的通用性。

（6）智能科技快速引用，将对业务执行产生巨大的推力作用，充分引入信息化智能决策，严格避免违规业务流转，快速提升企业运营效率，提高业务运行规范性。

（7）信息化的快速引用，实际上是对业务管理的精细化再次优化，通过项目的推进实施，大量企业运行组织、人员、沟通协作方式均变革了现有的管理体系，智能化、大数据、车联网等数据收集分析平台为企业决策精准化提供了扎实的数据基础。

第十二章
汽车 C2B 定制化业务模式的实现

上汽大通汽车有限公司南京 ME 总工程师　王颖

一、项目实施背景与状况

面对中国经济的新常态以及行业"新四化"的挑战，汽车企业的发展面临严峻挑战；数字化时代，制造业不会消失，只有落后的制造业企业才会消失。随着时代的发展和用户需求的多元化，车企痛点变得越来越明显。

C 端：汽车市场整体增长趋缓，同质化竞争日益激烈，如何通过业务模式进行产品增值成为企业痛点；客户个性化需求日益凸显，固定配置的销售模式已经不能满足用户需求；新生代成为汽车消费主体，尤其是"90 后"的汽车消费观在快速成长，更习惯通过网络获取信息及消费。

B 端：制造业的业务模式正在转向客户大规模定制化生产，由客户的感知价值进行企业价值重构的新阶段：OEM 与客户之间过多的环节导致信息获取困难和失真，且传统渠道的成本以及不稳定性不断增长；企业寻求如何在低成本的情况下生产出高质量的定制产品，高水平地满足客户定制化需求。

C 端与 B 端面临的困局可以通过上汽大通有限公司（以下简称上汽大通）在出行领域首创的 C2B 模式得到很好的解决。通过 C2B 的智能交互平台，从产品定义前期就与用户实时交流互动，可以最终实现企业的全业务链数字化在线。

上汽大通汽车开展 C2B 业务的条件有三点：

（1）工业互联网、智能制造以及基于云或大数据的数字技术的推广和发展为汽车行业推行 C2B 大规模个性化造车提供了理论依据和技术支撑，可以在设计、制造、管理和服务等环节初步实现 C2B 的业务模式。

（2）上汽大通在商用车、房车定制方面已形成了小批量多品种的业务

第十二章 汽车 C2B 定制化业务模式的实现

模式和柔性化、个性化的制造体系能力,在个性化改装等业务方面具有一定的基础。

(3) 上汽大通内部的开发和制造体系、信息化基础较为完善。

(4) 市场特点决定上汽大通无法通过传统的"广告投放+经销商"的模式扩大销量,必须寻找差异化的竞争模式;经销商网络不足制约了销量增长。

因此,上汽大通在全行业率先提出:用户驱动,提供具有全球竞争力的汽车产品和生活服务,为用户创造价值的公司愿景突出了用户驱动的核心;明确了以用户为中心,通过数字化直联,用户可以参与全价值链的数据化互动和决策,形成有温度的相互认可关系,为消费者打造定制化的产品和服务;以用户为驱动,实现了企业平台化转型和组织流程再造的经营理念。

二、项目主要实施内容和措施

上汽大通以 C2B 大规模定制业务模式为核心,通过互联网和云计算,实现企业与用户及伙伴的数字化直联,用户参与全价值链的数据化互动和决策,形成相互认可的有温度的关系,为消费者打造定制化的产品和服务,在企业数字化转型过程中,通过数字技术优化、整合、重构企业的价值链和产业生态,推进转型过程中的各类流程、组织、管理、系统的改进与优化,重点打造 3 个体系——数字化用户运营体系、数字化营销体系、数字化研发和制造体系。

1. 数字化用户运营体系

上汽大通"我行 MAXUS"平台是我国汽车行业第一家自行搭建及运营的数字化平台。用户通过此平台可参与整车"定义、设计、验证、选配、定价和改进"的全流程,通过数字化用户运营,吸引了近 700 万名用户,使上汽大通的数字化营销产品可以有效触达最终用户,覆盖用户全生命周期场景(粉丝—潜客—订单成交—转介绍)。

经过"我行 MAXUS"平台收集用户的行为数据进行提炼和分析,洞察用户对产品的真实需求及用户画像,推动新产品开发及产品迭代;通过用户的特性,施以个性化的运营方式,最终促成粉丝向潜客、潜客向车主转化。

"我行 MAXUS"数字化用户运营平台基于用户数据收集和积累为初始

目的,从自媒体开始,通过不断吸粉、曝光产品,建立了上汽大通的广宣能力;平台通过强化用户标签管理体系,指导个性化用户运营,并与营销在线系统衔接,以推动新零售业务的实现;平台将传统的用户购车的低频行为提升为相对高频的用户体验;整合"数字化营销体系"和售后服务在线化,获取用户各个阶段(从了解大通、关心产品、购买产品到使用产品)的行为数据,对这些数据的有效管理可以进一步指导线下业务,从而让用户获得连续的体验。如图12-1所示为上汽大通"我行MAXUS"数字化用户运营平台架构。

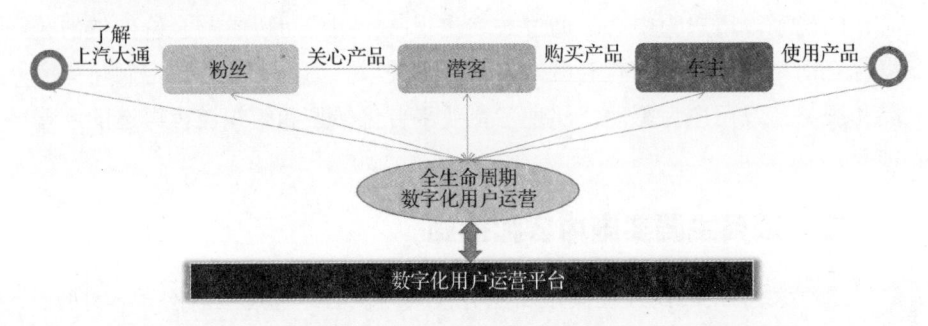

图 12-1　上汽大通"我行 MAXUS"数字化用户运营平台架构

"我行 MAXUS"数字化用户运营平台用户已超 700 万名,在 38 个媒体平台自建内容做渠道;169 位工程师在平台的问答栏目中已回答用户近 17000 个问题,由工程师参与制作的视频内容超过 50 期,播放破亿次;积累了大量的用户行为数据,建立了 12 个大类和超过 500 个小类的用户标签体系,沉淀了近一亿个的用户数据标签(见图 12-2)。在传统模式下,用户的质量问题反馈需要通过"经销商—区域—售后服务部—质量会议"多个环节,时间长且容易失真,通过用户直联,所有相关部门可以同时看到用户的反馈,加快了产品改进速度,同时也提高了用户满意度。

图 12-2　"我行 MAXUS"数字化用户运营平台

第十二章 汽车 C2B 定制化业务模式的实现

数字化用户运营体系将直联式运营推广至售后，提升与用户的相互认可关系。通过微信小程序、车主 App 触达用户，实现车辆使用指导、维修保养提醒，帮助用户及时找到符合用户要求的服务站，并实现维修保养过程的透明化，让用户更加便捷和放心地使用大通产品。

2. 数字化营销体系

"蜘蛛智选"是上汽大通自主开发的 C2B 汽车定制"黑科技神器"，将海量配置开放给用户自行选择，为汽车产品结构和制造流程带来了巨大颠覆，改变了消费者认知中的传统售车模式。

作为全球首家 C2B 智能汽车定制车企，上汽大通推出了智能选配器——"蜘蛛智选"。智能选配器是 C2B 智能化大规模汽车定制业务的核心，其独特之处在于将配置的选择权交还给了消费者——用户可以定制需求、智能下单，自主个性配置，选配器后台会直接生成订单，并实现订单的可追踪和可查询。

"蜘蛛智选"结合数字化营销的各个触点和不同业务场景，制定和完善用户标签，收集和管理营销各场景数据，建立潜客质量评分模型，指导销售，提升用户转化成功率及数字营销管理能力；通过升级"智慧 4S 店"，提升了经销商的业务在线能力，同时为用户提供线上线下一致的选配和助销体验；后续在订单和交付在线基础上，实现销售各个环节在线，从而助力经销商进一步提升用户体验。"蜘蛛智选"实现了上汽大通全车型的智能选配，更好地满足用户对于购车的个性化需求和高质量体验。如图 12-3 所示为"蜘蛛智选"架构示意图。

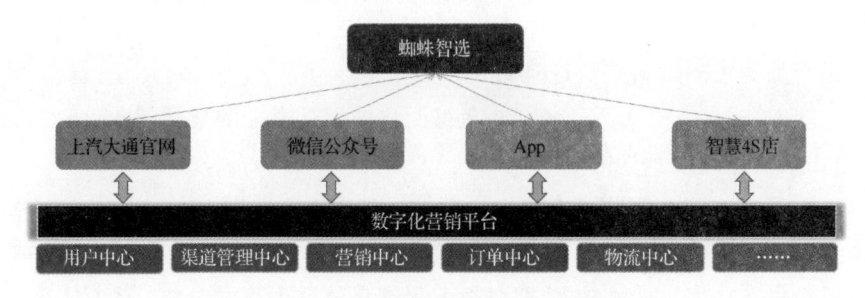

图 12-3 "蜘蛛智选"架构示意图

"蜘蛛智选"智能交互平台作为用户选配交易环节的新物种，实现了全渠道用户直联，是用户体验从购车到服务全过程的平台，也是上汽大通产品营销、市场营销的平台。"蜘蛛智选"对用户的选配全过程进行了行为数据采集及分析，进而用数据化的手段获取用户对产品的直观感受，形成产品改进建议。

上汽大通的数字化营销体系中还有"智慧4S店"，建设集选配系统、数字化展厅及试乘试驾系统于一体的"智慧4S店"，实现与售前、售中及售后用户的全方位直联。"智慧4S店"结合线下数字化展厅改造，打通用户线上线下服务环节，提供个性化、连续性的服务体验，同时通过数据化提升销售过程管理。

3．数字化研发和制造体系

上汽大通建设的3DE在线设计平台，实现了多专业实时在线和关联设计、提升设计效率、减少设计等待与数据差错；推行众包模式，将社会资源转换为企业内部资源；结合采购在线众筹项目，促进用户与供应商直联，满足用户的长尾需求；提供非专业用户以可视化方式参与产品设计、验证的工具。

上汽大通通过打造智能化、柔性化制造体系，满足了对不同产品在生产线上的切换速度和频率提出的更高要求，实现供应链产能直联、精准拉动和智能排产。

上汽大通通过建立工艺在线管理系统，实现现场可视化工艺指导，同时将系统推广至全系车型使用；引入虚拟仿真平台，提升制造数字化，从工位入手，实现设计和工艺的数字化验证，减少实物造车问题，提升效率；进一步提升制造的柔性化，实现交付需求的快速响应。

通过数据化直联平台，将销售预测、订单、零部件拉动和排产，以及整车排产通过算法进行综合平衡，实现精准拉动和智能排产，以及用户个性化产品需求的物料的快速准备。

在C2B业务模式下，客户处会有无数种相互搭配的配置需求，传统的BOM结构是无法承受的。

为了解决这个问题，上汽大通开发了"ECM企业配置管理器+GBOM体系"，通过KSK模块化设计和生产的概念，尽可能地打散各种配置并提供重组拼接功能，通过VTC把自由配置信息传递到下游系统，从而实现了大规模定制从C端到B端（从客户需求到制造）的信息传递，而客户所需要做的仅仅是在"蜘蛛智选"界面选择配置而已，这也大大提高了客户体验：满足多子公司需求的统一的配置基础总库管理，并实现配置数据与下游各系统的衔接，将配置数据传递至各业务系统，实现配置数据源统一；

实现配置数据的发布与更改控制；配置数据发布后，能根据各业务板块的需求在各客户端进行维护，展现所需的配置数据；取消线下纸质流程，所有配置发布及 CR/DN 控制流程都在系统中完成，同时与相关的 BOM 系统关联，自动导出 BOM 差异，由系统完成 BOM 完整性检查，支持 CR 研究；实现配置数据的系统断点功能，实现车型、配置选项、Featur Rule 的断点及市场选配断点支持后续自由选配业务；实现市场端的选配数据支持。

4. 数字化工艺平台

随着"互联网+"时代的到来，源自互联网思维的移动信息技术和 C2B 定制需求，给制造业企业带来了新的机遇和挑战。数字化工艺平台通过与 GBOM、Team Center 等上游系统、可视化等下游系统的无缝对接，打通了"产品数据—工艺开发—现场工艺指导"等全过程的数据传输，从而快速响应工程更改，通过平台实现虚拟仿真与现实生产之间的互联（见图 12-4）。

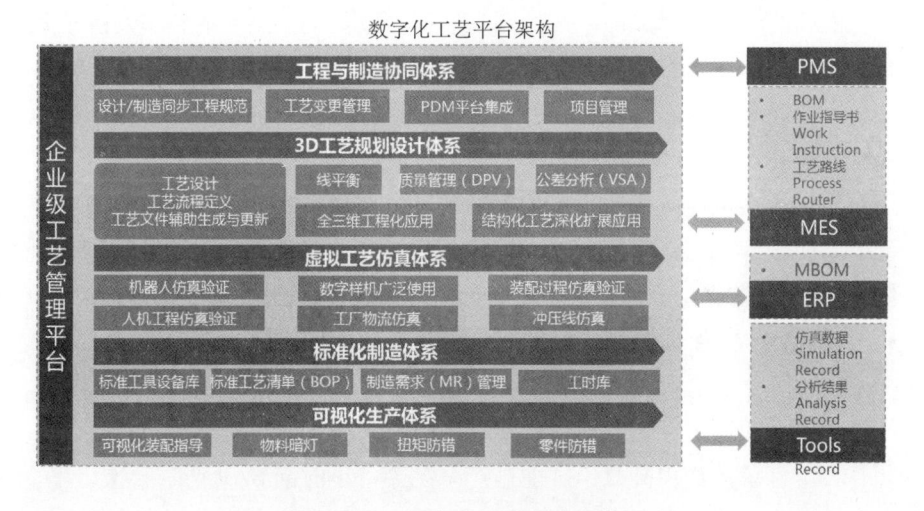

图 12-4　数字化工艺平台架构

5. 制造工艺在线平台

随着 C2B 程度不断深化，零部件总成数量成倍上升，导致复杂程度呈指数级提升。现场装配工人按装配单无法准确地指导现场装配，错装及漏装的风险增加；制造工艺在线平台利用信息技术建设服务于工位和生产线的工作指令、工艺指导及生产状态的信息集成终端，打造柔性化智能生产线。

制造工艺在线平台实现的功能：产品—制造—生产的一体化协同，产品的变化可直接反馈到生产现场；工厂模板、资源库、工时库的统一管理；工艺与生产订单自动匹配，相关工艺直接传输到装配工位可视化设备，实现单一数据源，保证数据的唯一性；系统在数据中心云平台部署，基础数据、规划工艺数据共用；便于维护和管理。

数字化冲压线仿真对南京工厂的冲压机床参数、自动生产线模型和参数、模具数据、钣金型面数据、生产设备模型进行整合，模拟现场生产进行仿真和设计；提升冲压冲次，生成运行轨迹曲线离线程序直接输入冲压线，减少调试时间；在模具实体制造前，通过检查模具在生产过程中与冲压线设备干涉的情况；减少后续模具修改成本；在前期把模拟结果信息、设计模型传递到不同的团队，以便协同工作。

6. 智能供应链

物流通过智能化系统保持着市场订单与现场生产的实时连接，以及时、准确的物料拉动保障生产的顺利进行，以安全、高效的整车发运模式为客户的爱车保驾护航。在上汽大通南京分公司，物流由生产计划、物料计划、物料仓储和配送、整车仓储与发运组成。为应对新颖的C2B制造模式，物流各功能块都向着智能化、自动化的方向发展。

与传统主机厂备库式生产的车型缺乏个性化、客户的需求敏感度弱、订单周期长等的弊端相比，C2B模式下的排产转型直接面向离散用户，预估交期、制造过程可视，覆盖企业全流程及全产业链。

1）基于C2B模式下的生产计划业务革新

（1）订单来源更直接：零散客户可通过"蜘蛛智选"定制个性化爱车，订单生成后即通过订单管理系统传送至物流系统进入预排产阶段。

（2）订单排产更高效：智能排产系统会每小时向SAP请求一次订单，综合考虑优先级、车间日产能、限制条件、零部件库存、日历班次等各种影响排产因素制定出最优日生产计划。

（3）智能排程系统对接智能排产系统，其考虑的是各车间的工艺要求、车型生产工时等信息排布最优的生产作业计划，简单来说就是将粗排到日的计划细分到顺序，有效节约车间不同车型切换及涂装管内残留油漆带来的成本损耗，目前能实现节约年化成本100余万元。

2）C2B模式下的车辆制造过程动态监控三大系统

（1）设备运行监控系统：主要负责对车辆在制状态进行智能调控（见图12-5）。

第十二章　汽车 C2B 定制化业务模式的实现

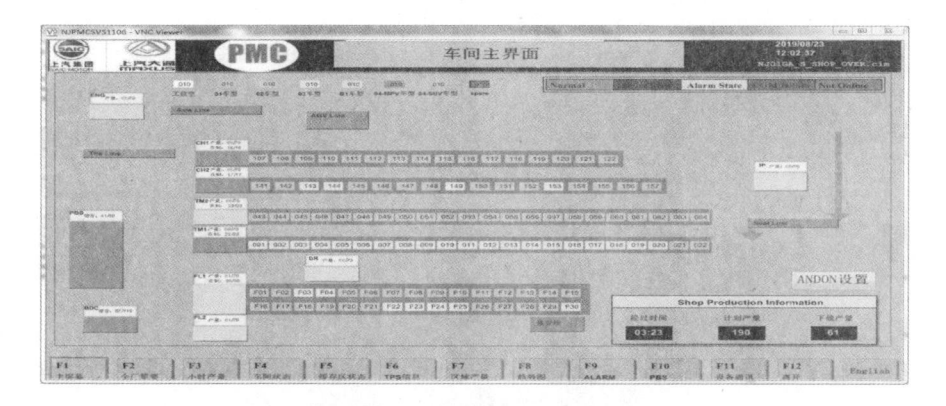

图 12-5　设备运行监控系统示意图

（2）生产监控系统：主要对三大车间以外的两大缓冲区——WBS 及 BDC 进行监控，及时发现车身出车及涂装收车异常，调整车辆出车顺序，平衡制造节拍及规避缺件风险，保证制造的连续性（见图 12-6）。

图 12-6　生产监控系统示意图

（3）通过 IMAP 系统对日产量实时智能监控，体现各车间生产节拍及产量情况（见图 12-7）。

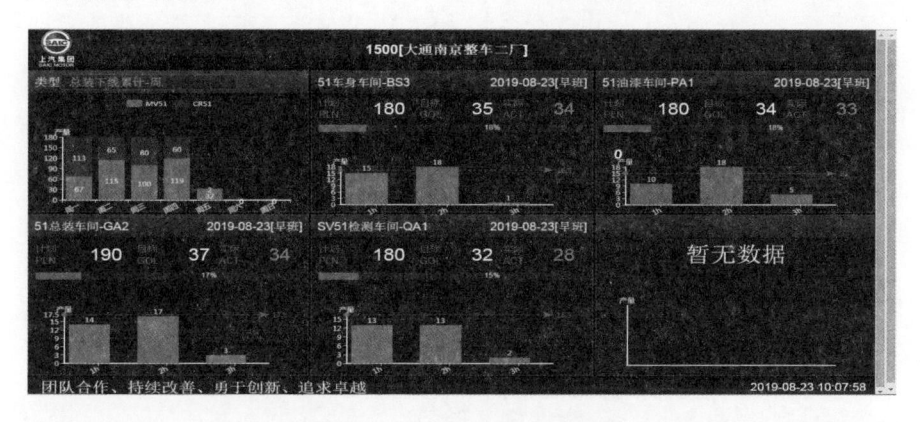

图 12-7　IMAP 系统示意图

生产计划的发布为后续现场生产奠定了实施方向，而物料计划的工作则是保障整车完整性、功能性的一个重要步骤。

物料计划拉动零部件的整个过程分为 5 个步骤：整车生产主计划（MPS）接收、零部件毛需求生成、零部件净需求生成、交货订单发布、物料接收及监控（见图 12-8）。

图 12-8　物料计划拉动

信息系统贯穿零部件拉动的整个过程，主要集中在如下几个方面。

（1）主计划接收和零部件需求生成自动化：生产主计划详细定义了车型品种配置及生产时间，SAP 系统自动接收整车生产主计划并完成释放。SAP 系统自动读取 GBOM 系统的 MBOM 数据，将生产计划分解成零部件需求计划，此时在系统中产生了零部件毛需求计划，详细定义了所有零部件的需求时间及需求数量。

（2）交货计划生成智能化：基于整车生产排产计划，根据零部件不同的拉动方式（Inbound），由 3 个系统（SAP、WMS、MES）智能生成零部件交付计划。零部件采用何种拉动方式取决于零部件属性、供应商的距离、物流成本、仓储面积等因素。零部件拉动方式主要有 3 种：PUS 单供货、DD 供货、JIS 供货。

（3）交货订单发布和物料接收及监控可视化：以上三大系统产生的交货计划将自动传递到 SCM 系统上，供应商登陆 SCM 系统查看并组织发货。供应商按订单交付，工人收货后，收货信息将从 WMS 传递至 SCM 系统，工程师可登录 SCM 系统，监控供应商交付情况。

（4）供应链拉动数据集成化：所有的供应链拉动数据都集成在 SCM 系统上，目前共有 7 个模块：要货信息模块、发货信息模块、供应链数据共享模块、公共信息发布模块、预测模块、供应商社区模块、对账及开票

第十二章　汽车 C2B 定制化业务模式的实现

模块，实现主机厂零部件需求预测与供应商生产计划、制造生产需求拉动业务的一体化管理，提升计划物流管控水平和供应商供货效率（见图 12-9）。

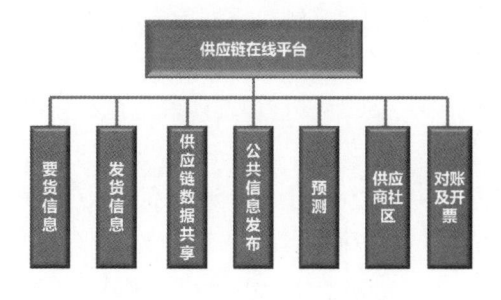

图 12-9　供应商拉动数据集成

在整个供应链管理过程中，物料计划为生产计划建设实物基础，而智能化的仓储则提供了一个良好的储存环境和优秀的配送使用机制。

上汽大通南京工厂做到了仓储与配送业务系统化，仓储与配送业务自动化、智能化，C2B 模式供应链优化。

（1）仓储与配送业务系统化：有别于传统的物流仓储运作模式，上汽大通南京工厂的零部件厂内仓储与配送作业管理全部是基于仓储管理系统（WMS）完成的，实现了从零部件到达至零部件出库的全过程系统覆盖。零部件的收货、入库、上架、配料、出库、上线和盘点都可以通过 PDA 端的 WMS 完成，并可以在 PC 端的 WMS 中进行监控和管理（见图 12-10），保障了全业务流可视化。

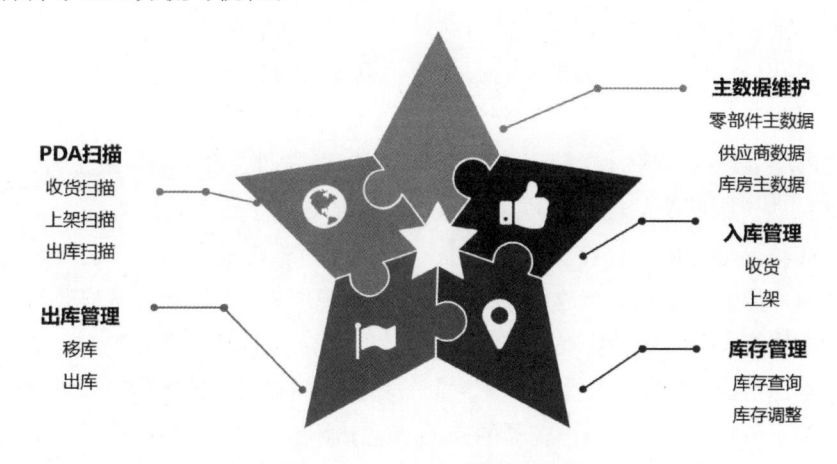

图 12-10　WMS 结构示意图

（2）仓储与配送业务自动化、智能化：物流全面推行自动化及智能化作业模式。物料通过机运链和 WMS 接收，系统根据实时库存和库位情况，按照逻辑规则推荐零部件库位，在员工完成入库后可以通过物料透明化模块实时监控物料和料架的状态。系统根据单车 BOM 触发配料需求，PTL（暗灯拣选）系统按照零部件所在库位提示员工捡配需求，最后通过 AGV 实现自动化转运上线。

（3）C2B 模式供应链优化：上汽大通南京工厂获评智能工厂、灯塔工厂，座椅供应链整体业务优化是点睛之笔。C2B 制造模式加强了对整体供应链的需求，使南京工厂突破传统座椅供应链模式。从客户订单触发伊始，座椅供应商即可接收订单，并将下级零部件需求计划发布至二三级供应链，精益控制库存。同时，在南京工厂建立座椅供应商生产排序系统，实时发布座椅需求至供应商处，供应商根据需求实时生产座椅并通过机运链直接送至线边，实现库存无呆滞。

合理的生产轨迹、高质量的物料装配、智能化的仓储及配送条件，无一不决定着整车的质量。为了将爱车保质保量地交到客户手中，上汽大通南京工厂规划了高效的整车物流配送方案。

整车物流负责从商品车下线到交付给客户的整个过程中的全面管理。通过信息化智能化手段保证整车物流全过程的安全、高质量、高效和经济地运行。

仓储过程数据化：从整车下线开始，通过整合多个应用系统，将人员管理、业务运作、质量管控和费用结算等有效地串联起来，使所有运作情景数据化，为业务优化提供大数据支撑（见图 12-11）。

质量检查无纸化：收车检查、动态维护和出库 PDI 为整车三大质量关卡，PDI 检查系统将物流与质保、四大车间信息联通，质量信息线上传递，线上拉动资源解决问题，推进了业务的无纸化与信息传递的及时性。

车辆储运智能化：整车仓储系统（WMS）可根据业务运作情况实时更改仓库库位规划及车辆存放规则，使车辆停放模块化、标准化。WMS 与立体库的协同运作有效地增加库容，提高运作效率，立体库自动将 WMS 指令车辆运送至提车地点，减少了找车时间。库区大门采用 RFID 识别系统对进出车辆进行管控，确保库内车辆的安全。运输调度系统（TMS）根据订单状态自动确定运输方式，根据发运目的地自动规划最优路线。

第十二章 汽车C2B定制化业务模式的实现

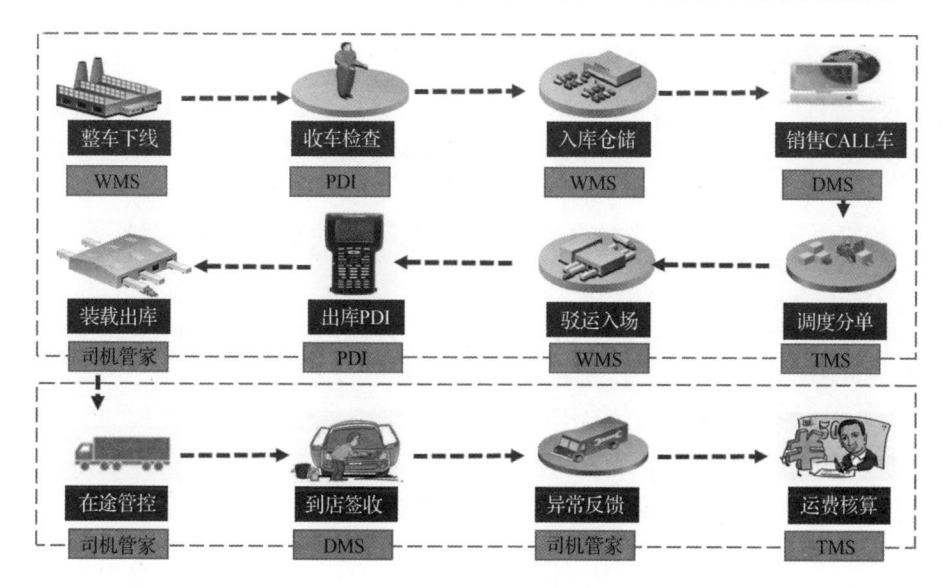

图 12-11 仓储过程数据化

在途跟踪可视化：车辆发运在途后，"司机管家"系统实时监控车辆在途位置，电子围栏保证在途路线准确且可追溯，司机每日上传位置信息及车辆照片，保证了车辆在途安全可控。车辆到店验收时，异常信息可直接反馈给工厂售后人员，售后人员根据反馈信息拉动资源为经销商排忧解难。

正是因为有以上的智能化系统的保驾护航，客户才能准时拿到定制的爱车。

总而言之，物流通过业务数据化将工作变得快捷高效。生产计划接收订单，通过智能排产，将市场与生产连接。系统根据市场订单，转化成零部件级订单实时发布给供应商，物料计划的实时监控保障了生产的顺利进行。整车发运按照经销商或客户订单，以安全、经济、合理的运输路线将车辆护送至客户手中。客户个性化定制的整车完美交付，正是当下C2B制造模式得到的最满意的答卷。

三、项目实施成效

1. 经济效益

上汽大通C2B定制化业务模式提升了工程模块化设计能力，支持产品全配置管理，形成大规模可配置的产品策略，覆盖80%的客户定制化需求；以用户为中心的交互平台的建立，提高了转化率，降低了营销CPS，产品

CPS 同比降低了 20%；通过大数据分析，订单满足率提升至 76%；建立智能生产管理系统，形成柔性化在线制造能力，库存减少了 54%；销量稳步上升，持续保持 60% 以上的复合增长率，特别是 2019 年以来，实现了连续 11 个月的单月销量逆市增长，累计销量同比增长了 38.97%。

2. 社会效益

2019 年世界经济论坛年会上公布了新入选的十家全球制造业领域工业 4.0 示范"灯塔工厂"，肯定了它们在应用第四次工业革命技术、实现生产现代化方面的突出表现。上汽大通南京工厂入选为"灯塔工厂"，上汽大通是唯一一家入选的中国整车生产企业。

2019 世界智能制造大会上，上汽大通成为中国唯一获得工业和信息化部认证的"首批智能制造标杆企业"整车生产企业。通过上汽大通智能制造协同项目的实施，以上汽大通、上柴及上柴供应商为试点，建立了统一的供应链协同平台，协同多级供应商接入，形成统一的面向 B 端的供应链在线平台，推动了供应链数字化进程，引领汽车制造业智能、高效、定制化规模生产的趋势，并为全球汽车业打造智慧工厂提供成功示范。

2019 年，上汽大通入选上海市经济和信息化委员会公布的上海市第一批服务型制造示范企业，推动制造业由生产型制造向服务型制造转变。

3. 综合点评

上汽大通 C2B 定制化业务模式建立和完善了 CVDP 整车研发流程，支持 C2B 车型全配置自由开发，通过"蜘蛛智选"平台打通了营销体系与研发制造体系的数据链，建立企业级配置器统一进行数据管理（基于配置级工程数据，市场数据、价格体系统一管理），通过工程、企业配置、制造、物流、销售、财务系统高度集成，端到端流程贯通"一单一车"按单定制，实现对单车成本进行管控。引入虚拟仿真平台，从工位入手，实现设计和工艺的数字化验证，减少实物造车问题，通过数字化工艺系统实现虚拟仿真与现实生产的互联。

上汽大通 C2B 模式通过模板化的实施，从支持无锡基地的制造业务，到支持南京、无锡、溧阳、临港 4 个基地的制造业务；从支持 10 家公司的财务及销售业务，到支持 25 家公司的财务、销售业务。新车型项目实施周期从 12 个月缩短到 8 个月，方案复用率达 80% 以上，全新业务的系统实施周期比传统业务高 15%。

第十二章　汽车 C2B 定制化业务模式的实现

C 端应用方案——"我行 MAXUS""蜘蛛智选"等数字化解决方案，已被跃进、红岩快速复制，推进了相关企业的数字化创新；B 端应用方案以 SAP/MES/WMS/IMAP/SCM/GBOM/ECM 为主线的系统方案，全面支持了大规模重复制造、C2B 及专用车的三套方案，支持当前商用车部分车型的制造及供应链运作。

第十三章
北京星火站智慧建造新模式

筑讯（北京）科技有限公司总经理　汪军

建筑业一直是我国国民经济中的基础行业之一，在全球数字化、网络化、智能化的发展趋势下，工程建造领域也在不断引进各种新技术，一直处于发展变革中。从采用转化式生产系统、以现场作业为主、不断将生产过程分解细化的传统建造模式，到注重模块化标准化的设计、离场大批量预制生产、现场进行装配的工业化建造模式，再到现在的智慧建造新模式，工程建造领域通过与众多新技术的融合，一直紧跟时代步伐。

一、项目实施背景与状况

北京星火站智慧建造平台是服务于星火枢纽站房工程，以铁路工程信息管理平台、中铁建设集团信息管理系统为基础，以站房 BIM 模型为数据支撑的一套整合物联监测和智慧化管理的项目级智慧建造平台。

星火枢纽站房工程位于北京市东北部四五环之间，具体位置在姚家园北街以南、姚家园路以北、驼房营路以东、蒋台洼西路以西之间的地块。北京星火站站房总建筑面积为 18.23 万平方米，站台面积为 4.35 万平方米，站台雨棚面积为 6.22 万平方米。车站规模为 7 台 15 线，西侧为普速车场，东侧为高速车场。

北京星火站原为货运站，现要建设成北京市新的高铁车站，作为京哈高铁在北京市始发和终到站之一。本工程由中铁建设集团有限公司负责承建，于 2017 年 4 月开始建设，2020 年京沈高铁北京至承德段建成后投入运营。如图 13-1 所示为北京星火站效果图。

1. 北京星火站智慧建造平台建设要求

（1）搭建信息化平台。构建互联网、物联网信息管理平台，建设现代化 OA 办公系统，利用大数据和信息交互技术全过程参与项目管理和施工组织。同时，以北京星火站站房为主要工点构建智慧工地，切实提高项目管理效率。

图 13-1 北京星火站效果图

（2）BIM 深度应用。深入运用 BIM 技术指导设计和施工。针对施工工艺、流水划分、节点构造、综合布线、进度信息、技术交底、成本控制等多方面应用，充分利用可视化可拆分技术提前预见问题、指导施工。

（3）多技术整合。综合利用传感、监控、数据分析和 VR 技术实施北京星火站屋面空间钢结构的健康监测系统，为铁路站房全生命周期维护管理进一步积累经验。

（4）精品工程、智能客站。站房建设项目部与铁科院紧密合作，基于铁路工程管理平台 2.0 的基础上，结合 BIM、GIS、物联网等新技术，全心协力推进精品工程、智能客站。

2．北京星火站智慧建造平台建设周期

北京星火站智慧建造平台建设工期共分为五个阶段。

（1）策划阶段：根据北京星火站的实际需求及甲方要求，按照中铁建设集团"智慧建造"的总体指导思路，结合具体施工需求策划"星火智能建造+"整体方案，并通过多方评审。

（2）设计阶段：将成熟应用和创新应用分别进行设计，其中成熟应用系统主要是设计实施安装细节、创新应用系统重点调研需求、设计系统方案。

（3）研发阶段：针对各类创新应用系统和整合应用系统进行软件研发，

并为未来站房类智能建造应用打下良好技术基础。

（4）实施阶段：根据设计方案，安装实施各类软硬件子系统，根据现场实际建设情况，安装监控、劳务、地磅、塔吊及各类智能检测设备。

（5）应用及迭代阶段：不断优化和改善系统，对各类智能建造子模块进行测试和功能优化，对业务提出的新要求不断进行满足和升级迭代。

二、项目主要实施内容和措施

北京星火站智慧建造平台，以"一个平台、五大终端、六智融合、BIM+GIS集成、全业务综合应用"为核心框架，围绕工程建设的设计、施工、运营全生命周期，通过"智能进度、智能劳务、智能物料、智能设备、智能监控、智能调度"六大智能场景，将施工进度、安全、质量、劳务、设备、物料、技术、环境等全管理要素，进行空间数据和时间维度信息的多方位一体化整合，实现了数据的统一接入、统一管理和统一应用，打造了功能全面的数字化工程管理平台，为企业和行业的大数据积累打下了坚实的基础。

1. 平台总体建设目标

（1）感知作业：通过物联网技术的遥信、遥测、遥感、遥控，实时掌握施工现场信息，为问题预警、指挥决策提供有效的管理依据。

（2）协同生产：提升施工项目各方的信息化管理水平，逐步建立劳务、技术、安全、质量等核心数据库，为大数据建造时代做好准备。

（3）精益建造：应用新技术提供了有效的管理工具，围绕科技工地、绿色施工、智能建造的智慧管理理念，打造绿色、精益的施工建造全过程。

（4）量化监管：提供监管平台，提升工地现场监管效率，全方位降低管理成本。

（5）数据建筑：通过平台与各种物联网技术的深入应用，将建设施工各个阶段的过程无纸化、数据化、电子化，形成真实完整、可追溯的数据化施工档案，为建筑运营维护阶段提供数字化支撑。

"一个平台"即北京星火站智慧建造平台，采用"云服务+三层级管理+多方协同"的架构体系，基于云计算平台、物联网终端、手机 App 等，实现工程建造中的人、机器、资源、环境的实时连通、互相识别和有效交流，实现跨区域的多个承建单位、公司、项目部工地的进度、安全、质量、资源和环境等数据的汇总，实现多个工地、终端系统的统一管理，多场景应用和实时多方协同。

第十三章　北京星火站智慧建造新模式

平台采用三层应用架构，第一层是前端感知层，充分利用物联网技术和移动应用提高现场管控能力，通过传感器、人脸识别机、环境监测单元、摄像头、手机等终端设备，实现对项目建设过程的实时监控、智能感知、数据采集，以及项目过程的标准化协同，覆盖项目管理、工地管理的各个业务方面；第二层是指挥管理层，也是集成应用层，满足政府、建设方的信息共享和实时监管，综合运用感知层汇集的数据，构建业务协同场景，共享信息资源；第三层是综合管控层，是集团总部级的项目集群管理平台，实现对所有项目数据的综合汇总分析。平台能够实时掌控项目全局态势，洞察发展趋势，为决策提供有力支撑。

1）五大终端

"五大终端"分别指物联端、大屏端、计算机端、手机端和微信端。

（1）物联端。物联网终端层充分利用物联网技术和移动应用提高现场管控能力，通过传感器、摄像头、人脸识别机等各种终端设备，实现对项目建设过程的实时监控、智慧感知、数据采集和高效协同，提高作业现场的管理能力。物联端致力于物联网基础设施的搭建，通过打造云端一体化平台，搭建施工项目全面的物联网体系，加速物理世界和数字世界的融合，推动项目物联网向施工智联网发展建设。如图13-2所示为北京星火站硬件及网络架构。

图13-2　北京星火站硬件及网络架构

（2）大屏端。大屏端作为数据可视化展示的终端，将数据转换成图形或图像在大屏上显示出来，包括监测获得的数值、图像或是计算中涉及、产生的数字信息变为直观的、以图形图像信息表示的、随时间和空间变化的图形可视化，让使用者更快地理解和处理信息。如图13-3所示为北京星火站大屏端首页示意图。

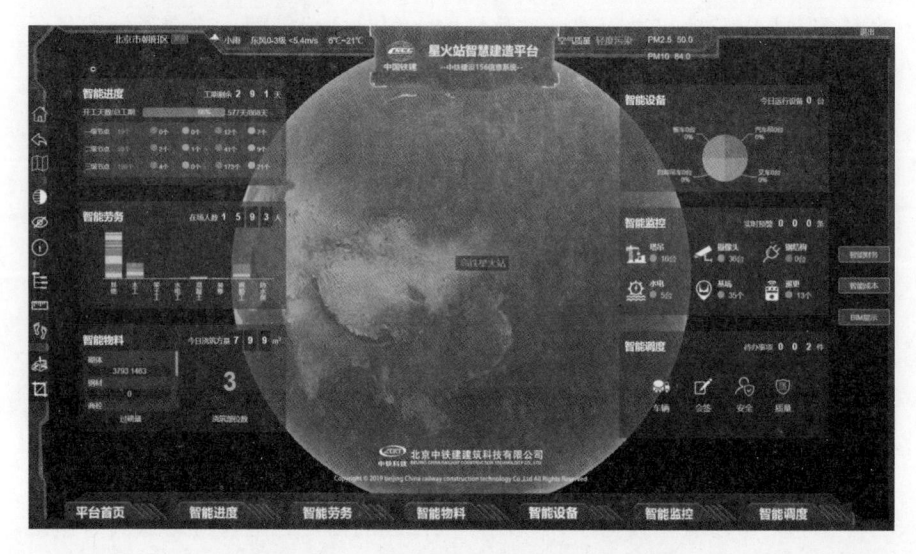

图13-3 北京星火站大屏端首页示意图

　　大屏端对项目整体情况进行了汇总展示，可以清晰地了解进度、劳务、物料、设备、监控、调度等多个维度的整体情况，可实现对工程工地数字化场景进行展示和总览，为管理者提供量化指标，起到项目大脑的核心作用。

　　整个界面设计美观，整体应用于地理信息系统（GIS），专为大屏展示使用，可适用于观摩需求，并且支持下探二级界面，展示详细信息，帮助使用者快速了解具体情况。

　　（3）计算机端。计算机端是北京星火站智慧建造平台的后台管理系统，即内容管理系统（Content Manage System，CMS）的一个子集，方便项目部智慧建造的信息录入，控制其他终端的展示内容。

　　在计算机端，可实现对项目现场人、机、料、法、环的综合管理，并综合运用节点亮灯机制、物联网收发料、车辆调度等创新管理模式，进一步提高项目部的综合管理水平。

　　（4）手机端。作为登入移动互联网最便捷的方式及移动互联网的第一入口，手机端为站房建设项目管理人员提供完善、便捷、多样、高效的应用功能，便于移动办公，可以随时随地查看及处理项目业务（见图13-4）。

第十三章　北京星火站智慧建造新模式

图 13-4　北京星火站手机端示意图

在手机端，利用 App 实现项目部人员作业的紧密协同，利用手机实现现场进度动态实时回传，安全、质量问题责任到人，高速完成审批会签，技术资料和图纸可随手查阅，并实现桩基台账管理、桩基轴线查询等创新小应用并通过智能日志、智能交互查询，让项目的每一个参与者随时关注项目动态、分享项目问题、解决工作重点。

（5）微信端。微信端是嵌入微信平台应用的便捷轻体量终端，借用微信高黏性的用户群体特性，项目部管理人员基于微信可以开展各类工作协同，包括信息填报、任务发布等。在这个终端里，管理人员可关注施工项目管理过程中的重点信息，处理常用业务。

2）六智融合

"六智融合"指将智能进度、智能劳务、智能物料、智能设备、智能监控、智能调度等六大智能场景进行统一融合，让管理人员可以从多个维度清晰掌握项目情况。

（1）智能进度。智能进度场景采用三级监管体系和智能亮灯机制。所有节点划分为一级、二级、三级，共三个层级，按层级划分监管范围，责任明确到人。每个节点的状态都按颜色进行标识，灰色为未开工、绿色为正常、黄色为轻微延期预警、红色为严重延期通报。所有三级节点以树状关系进行进度自动联动爆灯，所有未按工期完成的节点自动亮黄灯预警，延期 10 天以上的亮红灯爆灯。根据整个项目的所有节点，自动计算出关键

智能解密——智能+场景应用案例解析

路径节点，如果有多条就显示多条，并根据进度变化自动进行调整。如图 13-5 所示为北京星火站智能进度总览示意图。

图 13-5 北京星火站智能进度总览示意图

平台将节点进度与 BIM 模型进行关联，将 BIM 构件按节点对应的施工区块进行分组，按颜色高亮区分在施部位和存在延期的部位（见图 13-6）。

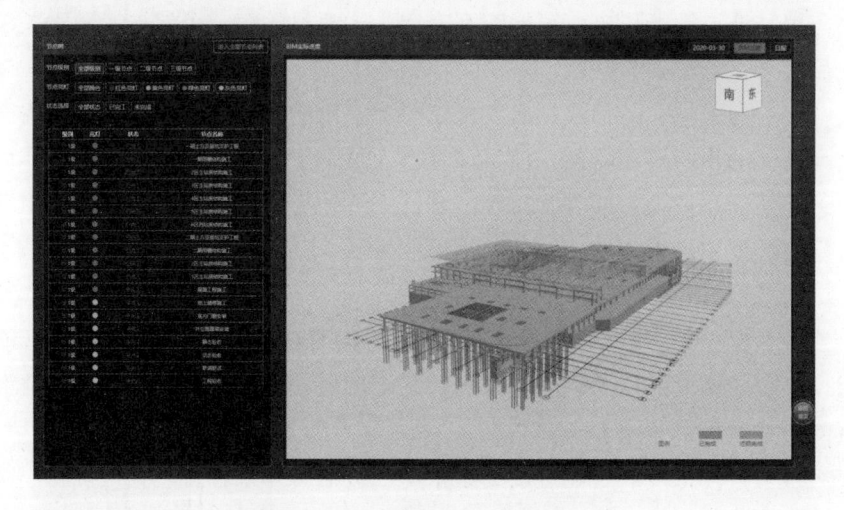

图 13-6 节点进度与 BIM 直接关联

（2）智能劳务。智能劳务场景以劳务实名制管理为核心，实时显示当日进场劳动力情况、各工种工人分布情况、各工区工人情况、工人出勤率走势及工人安全教育培训情况等，并通过二维码的方式对工人进行联动管理，既可查询工人信息，又可进行教育考试、违纪行为等管理记录。通过

第十三章 北京星火站智慧建造新模式

对现场劳动力情况的综合掌控，方便分析各施工阶段工人工种数量是否充足，并进行合理调配和综合管理。如图 13-7 所示为北京星火站智能劳务总览示意图。

图 13-7　北京星火站智能劳务总览示意图

（3）智能物料。智能物料场景以物联网收发料管理为核心，展示混凝土、钢筋、砂浆、砌体、钢管、扣件等各阶段所使用的主要物料申请和过磅情况，并通过对物料使用情况的跟踪分析，保障施工进度的有效推进。如图 13-8 所示为北京星火站智能物料总览示意图。

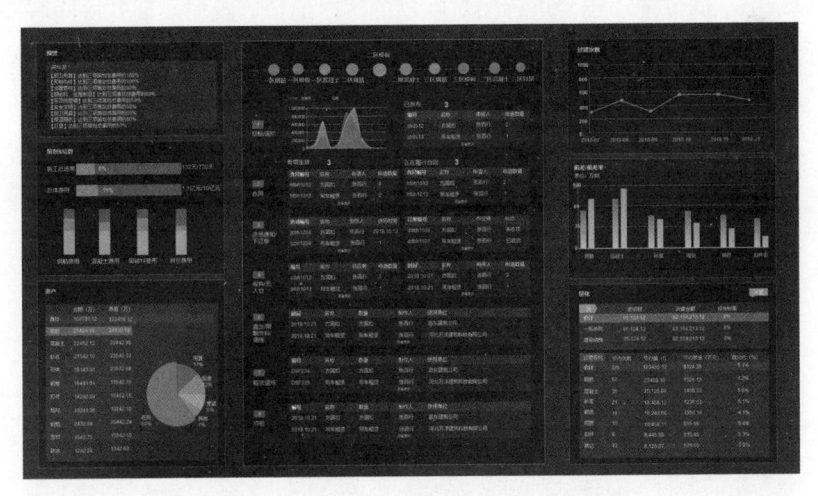

图 13-8　北京星火站智能物料总览示意图

智能解密——智能+场景应用案例解析

（4）智能设备。智能设备场景包含场区展示及设备管理两部分。场区展示通过场区虚拟漫游及航拍画面，展示场区布置设计及实际现场情况。设备管理主要是统计现场大型机械设备的使用情况。通过设备的检修管理、综合报验等信息的全面记录，保障设备对施工的有效支撑。如图 13-9 所示为北京星火站智能设备总览示意图。

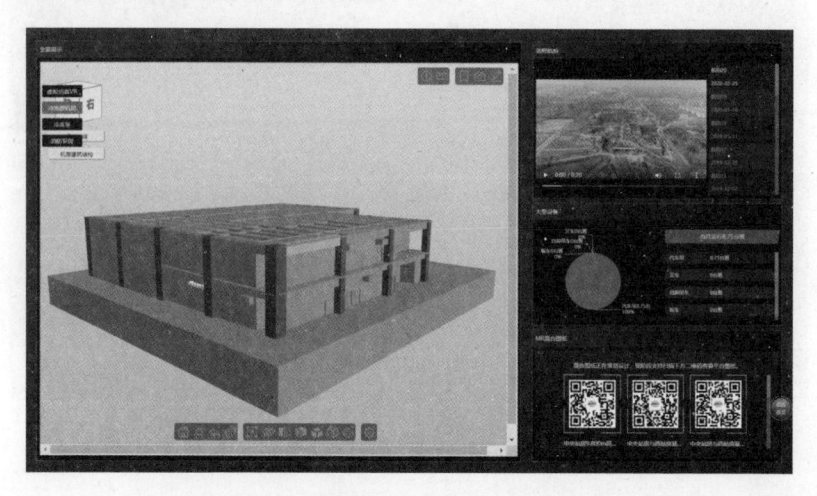

图 13-9　北京星火站智能设备总览示意图

（5）智能监控。智能监控场景包含对现场各类物联监测设备信息的实时掌握，包括塔吊监测、基坑监测、能耗监测、智能旁站、电子巡更、全景视频记录等。通过主动告警进行的对问题的实时通报，及时发现并协同解决现场各类安全施工隐患。如图 13-10 所示为北京星火站智能监控总览示意图。

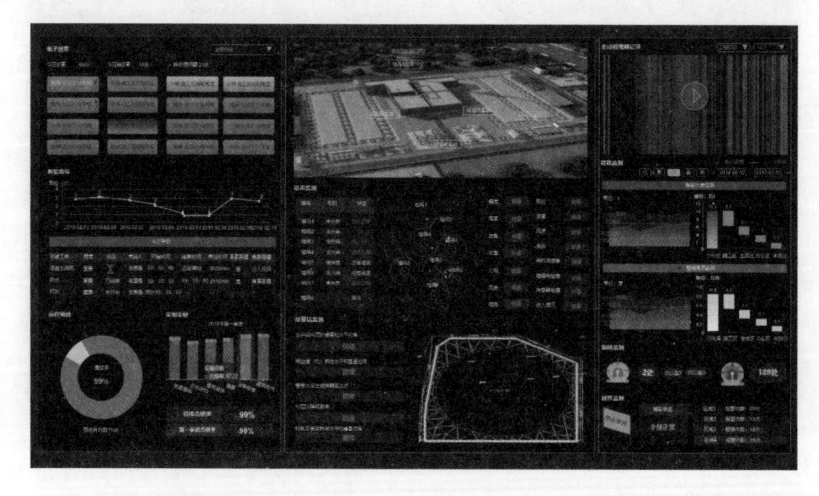

图 13-10　北京星火站智能监控总览示意图

第十三章　北京星火站智慧建造新模式

（6）智能调度。智能调度场景通过对现场作业面进行远程视频画面实时回传，及时了解车辆调度、设备启停信息，随时掌握现场进度，并统一调度和安排现场施工工作，包括会签审批、工作待办、安全隐患、质量排查等工作事项的闭环跟踪管理、数据联动分析，实现对施工情况的全盘调控、工作流合一。如图 13-11 所示为北京星火站智能调度总览示意图。

图 13-11　北京星火站智能调度总览示意图

2. 北京星火站智慧建造平台建设特点

（1）开放性：平台提供应用功能的集成、数据接口的集成、组件的集成。

（2）灵活性：随着时间的推移，不可避免地需要对企业单位的信息管理系统中的某些内容进行修改，如企业单位组织的变化、业务流程的变化、业务表单的变更等。平台提供了数据字典定制、应用定制、工作流定制等工具对各应用子系统中的内容进行维护。具有一定计算机知识的普通用户在经过培训之后可以利用平台完成大多数修改维护工作，用户可以自行定制或修改应用表单、变更工作流程等。

（3）安全性：本系统为各个应用子系统提供了统一的安全服务，包括用户认证、权限认证等；同时，平台的安全服务可与整个系统的安全方案结合起来，提供一个全面的安全解决方案。授权中心包括用户管理、角色管理、权限管理、系统配置、系统日志等。

（4）高度集成：整合各种智能化终端系统及软件系统，形成统一的管理平台；一次登录纵览全部项目；提供远程监控平台，实现上级部门、政府监管部门的远程监管。

（5）可视化：平台数据显示采用大数据可视化技术、驾驶舱技术，面向管理层用户、政府监管设计可视化展示界面，将实时数据、视频数据与情景化画面相结合，营造直观高效的场景化监控及数据分析场面，使管理者、监管者获得更加直接的感知与趋势把握能力。

3. 北京星火站智慧建造平台建设创新点

为了满足项目要求，北京星火站智慧建造平台在很多方面都采用了创新技术，主要创新点如下。

（1）多维度信息监管联动：将BIM、物联网、传感技术、虚拟现实等技术应用到建筑、设备、人员等各类物体中，并且互联互通，形成"物联网"，实现工程管理人员与工程施工现场的联动、施工现场与BIM模型的联动。

（2）BIM+GIS+物联网融合：利用BIM空间计算引擎，将主体结构BIM模型、场布BIM模型、机电BIM模型、GIS数据多模合一，并围绕项目施工进度、安全、质量、劳务、设备、物料、技术、环境等管理要素，依托实体建造过程，进行空间数据和时间维度信息的多方位一体化整合，实现了数据的统一接入、统一管理和统一应用。

（3）搭建智能化监测系统：在办公区大门、工人生活区门口、施工现场门口、施工作业面安装摄像头，通过流媒体云服务统一接入平台，形成无死角视频监控。在此基础上，采取基于深度学习技术的最新一代智能识别技术，通过对接人员基础数据，利用全场区监控摄像机对现场情况进行智能分析，实现了人员未戴安全帽识别、人员抽烟识别、越界检测、烟火识别、人流量检测等多种功能，智能生成风险报告并自动推送给管理人员。

（4）进度管理三级节点亮灯机制：策划阶段将项目所有工作任务按照工作分解结构进行分解，编制施工组织计划，进度节点实现了集团、分公司、项目部的三级协同管理，不同层级关注不同进度的颗粒度，并进行分工负责和问题跟踪解决，确保工期，合理调配人力物力。

4. 北京星火站智慧建造平台建设使用技术及应用情况

1）使用技术

为了更好地实现数字化、网络化、智能化的目标，北京星火站智慧建

第十三章　北京星火站智慧建造新模式

造平台在整个建设过程中使用了诸多新技术，并得到实际应用。

（1）BIM+GIS。建筑信息模型（Building Information Modeling，BIM）技术是一种应用于工程设计、建造、管理的数据化工具，通过对建筑的数据化、信息化模型整合，在项目策划、运行和维护的全生命周期过程中进行共享和传递，使工程技术人员对各种建筑信息做出正确理解及高效应对，为设计团队以及包括建筑、运营单位在内的各方建设主体提供协同工作的基础，在提高生产效率、节约成本和缩短工期方面发挥重要作用。

地理信息系统（Geographic Information System，GIS）是一种空间信息系统，结合地理学与地图学以及遥感和计算机科学，已经广泛地应用在不同的领域，是用于输入、存储、查询、分析和显示地理数据的计算机系统。

北京星火站智慧建造平台构建于"BIM+GIS"基础上，将主体结构BIM模型、场布BIM模型、机电BIM模型、GIS数据多模合一，围绕项目施工进度、安全、质量、劳务、设备、物料、技术、环境等管理要素，进行了数据的统一接入、统一管理和统一应用。利用"BIM+GIS"可视化、协调性、模拟性等特点，实现了可视化进度管理、虚拟施工、三维交底、碰撞检查等，并且能够绘制和出具各种专业的建筑设计图纸及构件加工图纸，使工程表达更加详细。

（2）人工智能。人工智能（Artificial Intelligence，AI）是研究、开发用于模拟、延伸和扩展人的智能的理论、方法、技术及应用系统的一门新的技术科学。

人工智能在项目中的应用范围非常广泛。在人员管理方面，使用了人脸识别技术进行考勤管理，工人完全不用携带任何考勤设备，只需要到人脸考勤机前识别一下即可，操作简便，同时也避免了传统打卡可找人替代刷卡作弊的缺陷，保证了工人考勤的真实有效性。在安全管理方面，基于视频监控系统，利用全场区监控摄像机对现场情况进行自动智能分析，实现了人员未戴安全帽识别、人员抽烟识别、越界检测、烟火识别等多种功能，极大地降低了安全隐患的产生。在车辆管理方面，利用车牌自动识别技术，实现了车辆进出场自动管理，极大地提升了管理效率。

（3）物联网。物联网（The Internet of Things，IoT）是指通过各种信息传感器、射频识别技术、全球定位系统、红外感应器、激光扫描器等各种装置与技术，实时采集任何需要监控、连接、互动的物体或过程，采集其声、光、热、电、力学、化学、生物、位置等各种需要的信息，通过不同类型的网络接入，实现物与物、物与人的泛在连接，实现对物品和过程的智能化感知、识别和管理。

物联网在建造行业早已广泛应用，在本项目中更是如此，基本覆盖到了项目的每个角落。从常见的视频监控、环境监控、地磅称重、塔吊监控，到深基坑监测、高支模监测、脚手架监测、混凝土测温、车辆监控、能耗监测等，涉及工程中的各个领域和全部环节。项目中使用了多种类型的传感器、不同种类的采集设备，数据传输涉及 2G/4G、NB-IoT、LoRa、RS232/RS485、Wi-Fi、有线以太网等多种有线和无线技术，通过对这些硬件设备及技术的使用，实现了对项目建设过程的实时监控、智慧感知、数据采集和高效协同，极大提高了项目在进度、安全、质量等维度的掌控能力，实现高质量施工、安全施工及高效施工，为项目信息化、数字化建设提供了全面的数据基础，为领导层做各种决策提供了全面的数据支撑。

（4）移动互联网。移动互联网是移动和互联网融合的产物，继承了随时、随地、随身与互联网开放、分享、互动的优势，是一个全国性的、以宽带IP为技术核心的，可同时提供话音、传真、数据、图像、多媒体等高品质电信服务的新一代开放的电信基础网络，由运营商提供无线接入，互联网企业提供各种成熟的应用。

智能手机在我国已经普遍使用，普及率非常高，基本达到了人手一机。北京星火站智慧建造平台提供了手机端和微信端，完美地支持智能手机使用，为项目管理人员提供完善、便捷、多样、高效的应用功能，便于移动办公，可以随时随地查看及处理项目业务。通过移动互联网，利用手机端实现项目部人员作业的紧密协同及实现现场进度动态实时回传，安全、质量问题责任到人，审批会签可高速完成，技术资料和图纸可随手查阅，并实现桩基台账管理、桩基轴线查询等创新小应用。通过智能日志、智能交互查询，让项目的每一个参与者随时关注项目动态、分享项目问题、解决工作重点，真正实现了随时、随地、随身办公。

（5）云计算。云计算（Cloud Computing）是分布式计算的一种，指的是通过网络"云"将巨大的数据计算处理程序分解成无数个小程序，然后通过多部服务器组成的系统进行处理和分析这些小程序得到的结果并返给用户。云计算是一种提供资源的网络，使用者可以随时获取"云"上的资源，按需求量使用，并且可以看成是无限扩展的，只要按使用量付费即可。

云计算为智慧建造平台提供了很好的底层基础支撑，北京星火站智慧建造平台完全采用云端部署而非本地部署的方式，全面使用云计算技术，

第十三章 北京星火站智慧建造新模式

为移动协同办公提供了实现基础,让项目管理可以随时随地处理项目工作;降低了项目投资成本,云计算按需使用,完全不需要在本机建立机房、花费成本去购买服务器和网络设备,减少了资金投入;降低了管理维护成本,通过云计算资源集中和统一管理,降低了项目的日常维护工作量,大量的工作都转移到计算机厂商由专业人员完成,从而有效降低了管理维护成本;数据更加安全可靠,云计算通过将数据集中存放,降低了数据在个人手中遗失或者泄露的风险,云计算中心还采用了多种安全手段和容灾备份手段,保证数据不会丢失,也不会被非法篡改,极大地提升了数据的可靠性。

(6)大数据。大数据(Big Data)是指无法在一定时间范围内用常规软件工具进行捕捉、管理和处理的数据集合,是需要新处理模式才能具有更强的决策力、洞察发现力和流程优化能力的海量、高增长率和多样化的信息资产。

北京星火站采用的物联网终端模块达到上百个,供货合作厂家也有数十家。此外,施工工程中还会产生大量的施工管理、施工技术、质量控制等资料,智慧建造平台将施工进度、安全、质量、劳务、设备、物料、技术、环境等全管理要素进行多方位一体化整合,利用统一的大数据采集、预处理、存储和管理技术,实现了数据的统一接入、统一管理和统一应用。在此基础上,对这些大数据进行了多维度的分析和挖掘,利用统计分析和数据挖掘、任意查询和分析、立方体分析、报表分析和预警等多种交互方式,通过文字、表格、图形等多种展现方式,在平台上实现了结果的可视化。项目的所有信息都集中反映在统一管理平台上,使模型数据可视化、部门协同化、施工进度形象化、项目成本具体化。一方面,执行部门能直观清晰地了解项目要求,减少协作成本、降低出错率,提升工作效率和工作质量;另一方面,管理部门对项目做宏观决策的同时,能与各参与方得到有效互动、细化管理颗粒度。

2)应用情况

北京星火站智慧建造平台已于2019年在星火枢纽站房工程中上线使用,具体应用情况如下。

(1)规划策划应用。BIM技术与无人机倾斜摄影建模技术综合应用,将既有建筑与拟建建筑完整结合,对既有建筑拆迁、场地综合布置、机械设备、临时设施、材料加工、现场道路、基坑开挖等进行模拟策划,解决施工场地多变、策划困难的问题,通过30余次三维模拟仿真、地理数据分析和地形模拟计算,使布局更加经济合理,提高场地利用率20%以上,减少后期二次搬运费用15%以上，达到了加快施工进度、节省工期的目的。

（2）施工项目进度全周期管控。项目采用三级节点和智能亮灯机制对项目进度进行全周期管控，通过施工总计划共计导入一级节点19个、二级节点55个、三级节点197个，关联BIM构件251821个。在施工过程中，各级进度管理人员通过手机实时了解各自负责的进度节点完成情况，并根据节点进度状态进行黄灯预警和红灯告警，同时通过BIM模型与三级节点关联，展示每个节点对应的BIM进度情况，整体反映施工进度，优化关键施工路径，及时调整资源匹配，保障了项目部在短短两个多月的时间内，完成拨线区域全部9万平方米结构施工，提前完成了阶段性工期目标。

（3）安全生产联网预警。星火枢纽站房工程共计设置13台塔吊监控、8个基坑监测点位、24个电子巡更点位，实时监测群塔间吊臂距离、塔吊的力矩、吊重、位移、高度、转角、风速等信息，根据设定的风险参数实时进行安全预警，并自动对塔吊进行防碰撞或降档处理。基坑监测智能监测模块，对基坑的沉降、位移、倾斜进行全方位观测，当出现异常波动值时，基坑监测系统自动报警、发送手机短信提醒。

在项目执行过程中共计发生各类问题预警210次，发现50余项安全隐患、30余项质量问题，并进行闭环整改。

（4）"人机料"精细管理。在北京星火站站房项目施工中，利用智能劳务模块，对现场11000余人进行了在线安全教育及考评，完成了每天3000余人的人脸识别实名制考勤管理。对下班高峰期采取严进宽出策略，通过群体识别技术，确保了大批量人员快速出场。结合工程情况，全面分析用工量是否充足，专业工种是否匹配到位，预防劳务人员过剩或不足的情况，实现了工程与用工需求合理对应。杜绝了用工风险、实现了"0"恶意讨薪。

依托于采购验收信息化及系统完整的数据链，实现了对账结算的动态把控和线上结算，大幅提高了对账结算效率。系统供应链各环节数据进行精准匹配，使数据链条监督合同履约，合同结算单在线两级审核，在过程监管中严控"量""价"，从而完成问题识别与风险预警，有力地遏制超耗风险。

通过平台填报用料申请，每日完成30条材料申请计划、50笔进场过磅验收，实现了混凝土、钢筋、周转料等主要物资供应商的在线协同；现场每天完成过磅120次，所有的材料都实现了二维码识别和一次发放；取消了材料计划、用料申请、现场收料、限额发料单等传统的纸质单据，使收发料数据更加准确。

（5）现场指挥调度。通过调度指挥协调功能协助完成现场视频会议 200 余次，同时在集团公司、二级单位、项目部制定三级视频调度机制。集团、二级单位可以在视屏中进行问题标注、问题预警、问题排查，同时可以通过可视对讲系统直接对话。

要求各个项目部在临设布置完成时，现场同步完成可视化监测平台所需硬件设备的安装和接入。项目部设置视频对讲值班员，可随时接收二级单位下发的工作联系单，并及时解决问题，反馈工作进度留存记录。

三、项目实施成效

北京星火站智慧建造平台正式上线使用后，为项目管理方在经济、管理、社会等多个维度都产生了巨大效益。

1. 经济效益

应用本平台后，在项目提前完成的情况下，为项目部节省大量时间、人力、经济成本。项目有效推动了中铁建设集团公司项目管理规范化、精细化，提高了业务衔接的有效性，提升了运行效率和运行质量，经济效益和社会效益显著提高，为建设更优更强的监控数据分析平台提供了有力的支撑。

2. 管理效益

智慧建造平台上线使用后，明显使项目的安全性和质量得到很大提高。

提升工作效率：依托"互联网+"技术、智能化技术，部分功能在无人或少量人为干预的情况下，完成项目协同管理。

提升管控能力：为项目部解决了现场管理信息零星分散、劳务用工管理混乱、大型设备监管困难以及工地污染、施工安全监控手段落后等诸多现场管理难题。

提升产品质量：通过围绕施工过程管理，建立互联协同、智能生产、科学管理的施工项目信息化生态圈，以提高工程管理信息化水平。

3. 社会效益

促进行业发展：北京星火站智慧建造平台凭借其在技术和辅助管理方面的先进性成为智慧工地领域的标杆产品，吸引大量相关企业前来参观学习，为智慧工地信息管理平台的数字化发展迈出了新的一步。

提升品牌效益：凭借北京星火站智慧建造平台在项目中的口碑，中铁建设集团的品牌在建筑业智慧工地领域中的名声日渐扩大，帮助项目方在行业竞争中提高品牌竞争力、提升承揽合同数量。

四、项目实施经验

通过智慧建造平台的综合运用，星火枢纽站房工程已经成为智慧建造的亮点工程，在行业内形成了很好的口碑，将建筑行业的数字化、网络化、智能化的发展向前推进。与此同时，我们也需要看到智慧建造新模式起步时间不长，目前还只是处于发展的初期阶段，未来需要在诸多方面不断地完善、改进和优化，在建设成熟的智慧建造新模式的道路上持续前进。

通过北京星火站智慧建造平台在星火枢纽站房工程的实施运营，其应用的新技术让我们对智慧建造有了更深的认识，同时也发现了智慧建造目前存在的一些不足之处。

1. 现阶段缺少统一的建设标准

目前住建部、行业协会等就行业发展提出了总体规划和部分建设标准，但对于企业搭建智慧建造平台所需求的具体实施方案和统一标准并没有明确说明，更多的是各个平台开发公司根据自己对行业的了解，建立了各自的企业规范和标准。

智慧建造平台建设中集成的子系统在内容和数量上存在很大差异，平台接口需要能够兼容不同的物联网系统、信息化系统，集成的数据源多样化，包含物联网数据、BIM数据、信息化数据、GIS数据等，各数据之间融合协同的标准不统一，并且数据的呈现方式及价值的挖掘不够充分，对数据的集成应用深度有待提高。

由于没有形成统一的信息化标准规范体系，各方建设各自的系统，系统之间不能互联互通，数据不能共享，数据多方录入、来源不一，各系统间的数据往往不一致，这就造成了对数据不能进行有效的统计分析，要实现数据互通需要付出非常大的代价。

2. 智慧建造的针对性和应用性与当前施工现场存在一定差距

智慧建造目前能够提供的产品是非常多的，涉及智慧建造的方方面面，但这些产品存在一定程度的碎片化、表面化的情形，有诸多不足之处，对施工方最关注的成本、进度、安全、质量等核心要素虽然有一定涉及，但程度还不够深。

在工程建设过程中需要监管层、集团层、公司层、项目层等多个层面协同工作，各层面对建设过程中的关注点及需求不同，造成平台很难同时满足各层面的使用需求，在一定程度上降低了平台的适用性，这需要平台建设从更高的维度出发考虑问题，提升不同层面的工作有效协同性。

人才缺乏也是当前智慧建造面临的一个主要问题，包括缺乏专业的技术人员、没有系统的技术培训、员工知识与能力结构欠缺、员工不愿意接受新技术等问题，影响系统使用。

3. 信息化数据分析水平和人工智能有待进一步提高和完善

建筑业是目前信息化程度较低的行业之一，但又是最大的数据行业之一，一方面存在着大量的数据，另一方面有效数据、有价值的数据明显不足，整个行业对数据价值的挖掘还不够，相关数据分析软件还不够多，现有的分析软件对待海量数据挖掘、分析、处理所达到的效果还不高。这需要软件开发公司和建筑企业进一步协作，利用日益成熟的大数据和人工智能技术，不断完善相关软件的智能化水平，提高整个行业的数据分析决策能力。

数字化、网络化、智能化是行业发展大趋势，随着各种新技术的不断发展和成熟，行业内各种人才涌入，通过不断学习新技术新系统、重视新技术系统研究开发、抓住应用新技术的机会、持续改进和集成已有系统，智慧建造肯定会迎来更美好的未来。

第十四章
玻璃纤维智能制造新模式应用

巨石集团有限公司信息技术部总经理　于亚东

制造业是国民经济的支柱，是立国之本、兴国之器、强国之基，而智能制造技术已成为世界制造业发展的客观趋势。世界上主要工业发达国家正在大力推广和应用智能制造，德国最早于2014年提出了"工业4.0"，美国提出了"工业互联网"，我国于2015年5月提出实施制造强国战略，指出智能制造是主攻方向，也是制造业创新驱动、转型升级的制高点和突破口。

一、项目实施背景与状况

1. 项目定性

玻璃纤维制造是典型的流程性工业，玻璃从投料到成品需要近百个工序，其间经过物理和化学等多种耦合反应最终形成不同规格和性能的产品，各工序间存在多变量的相互影响，对产品的质量、成本、效率产生重大的不确定性。因此，智能制造项目方案与部署围绕行业特性与企业现状，在保持大规模低成本生产优势的前提下，开展智能制造转型升级项目。

2. 基础条件

巨石集团有限公司（以下简称巨石集团）目前的玻璃纤维池窑拉丝技术及生产线自动化程度已经达到行业先进水平，本案例分析基于生产线的技术改造和软件系统的全面应用整合来打造智能制造，使技术水平在保持大规模低成本生产优势能力的基础上进一步提升，解决企业在制造过程中的协调与协作不足导致的人力、物力、财力的浪费问题，更重要的是解决企业针对多品种、小批量、个性化订单如何柔性生产的问题，同时通过大数据的积累和分析，帮助企业指导优化生产效率、提升质量控制水平、降低制造成本。

第十四章 玻璃纤维智能制造新模式应用

3. 项目必要性

1) 玻璃纤维发展应用的迫切性

玻璃纤维是一种无机非金属新材料,是国家重点扶持的十大领域之一。玻璃纤维具有强度高、化学稳定性好、电绝缘性好、耐高温等特性,在新能源产业(风力叶片、太阳能支架)、高端装备制造业(飞机、雷达罩、汽车、高速列车、游艇)、环保产业(石油管道、海水淡化系统环保处置设施和装备)、基础设施产业(桥梁、码头、高速公路设施输水管道、墙体、屋面瓦)、健康产业(医疗设施、医用材料、体育器械、体育设施)、电子电气产业(输配电设备、集成电路板)、消费品及休闲产业(游艇、家电、家具、门窗、卫浴设施、手机壳)有着非常广泛的应用。同时,玻璃纤维可替代钢材、木材和石材,使之更轻、更强、更久。作为一种基础材料,玻璃纤维质量的提高,必将使下游产业得到质的提升甚至飞跃。目前,玻璃纤维的应用越来越广泛,市场需求不断扩大,未来行业应用将进一步提升,玻璃纤维的用量、质量、个性化要求将越来越高。因此,在整个行业资源配置的效率下降、创新能力不足等情况下,玻璃纤维行业必须顺应新一轮科技革命和产业变革机遇,加快智能制造、物联网、大数据等信息技术与制造业融合,加大机器换人及制造执行系统(MES)等应用力度,不断提升生产流程的标准化程度,全面布局数据采集系统,构建一体化管控体系,进一步降低生产成本,提高生产效率和生产质量,加快产业转型升级。

2) 玻璃纤维转型升级的迫切性

首先,玻璃纤维整体生产方式相对粗放、产品同质化严重、企业盈利能力不均,制约中国复合材料发展,复合材料的应用能力与国际先进水平相比有较大差距;其次,玻璃纤维的生产特点是大池窑连续化生产,产品种类繁多、工艺复杂,而近年来市场及客户的结构性需求变化越来越快,企业生产计划与客户和市场之间缺乏灵活、高效的信息沟通的机制,柔性制造能力有待提升;再次,随着玻璃纤维生产全球化程度提高,如中国巨石、山东泰安、重庆国际等国内生产企业在全球建设多条玻璃纤维生产线,全球化的发展既需要大量的制造、装备、研发等技术人员给予快速、及时的响应和技术支持,又需要对核心装备、控制、研发机密的保密和掌控。为此,传统意义上的现场服务和支持将不可能满足需求。因此,综合玻璃纤维行业转型升级的需求迫切,应提升行业整体竞争能力,加快生产与市场的融合，探索全球化的管控模式，而智能制造的建设将是行业转型升级的重要手段和方法。

3）玻璃纤维生产特点的迫切性

玻璃纤维的拉丝成型过程是将天然的矿物粉料通过在大型池窑中燃烧形成玻璃液体，从而使玻璃熔体中的玻璃液通过漏嘴挤出到冷却介质中（空气中），同时被拉伸成纤维，然后卷取在拉丝机的绕丝筒上，因此在整个拉丝成型过程中受到一次变量、派生变量和终极变量的影响。一次变量主要受天然原料化学组成及分子结构、作业环境流变性能和其他物理性能等影响，过程中多变量的叠加作用导致全流程生产过程中提升工艺标准精度非常复杂。为此，玻璃纤维急需应用大数据分析，建立多变量作用下的工艺标准、原料配方及化工配方等模型分析系统，并不断积累数据进行模型的优化，提升玻璃纤维行业在生产过程中的智能控制和精准控制能力。如图14-1所示为大规模低成本玻璃纤维制造示意图。

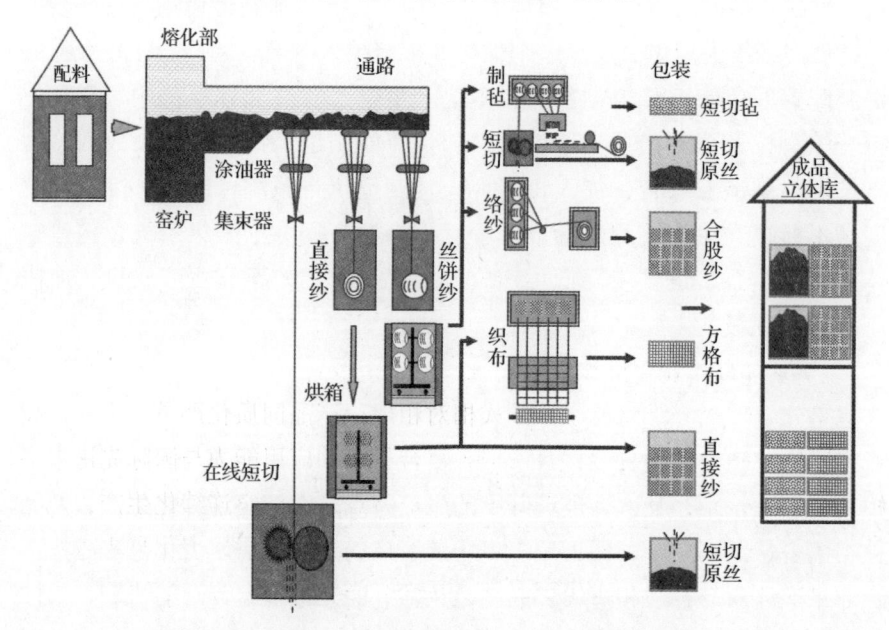

图 14-1 大规模低成本玻璃纤维制造示意图

二、项目主要实施内容和措施

（一）项目总目标及任务概况

巨石集团玻璃纤维智能制造项目力争三年内完成智能工厂建设工作，

第十四章 玻璃纤维智能制造新模式应用

总投资额为 10.48 亿元。项目目标如下：全面提升企业智能化水平；在工厂总体设计、工程设计、工艺流程及布局方面均建立较完善的系统数字模型，设计相关的数据进入企业核心数据库；生产工艺数据自动数采率为 95%以上，工厂自控投用率为 90%以上，实现实时数据库平台与过程控制、生产管理系统实现互通集成、制造执行系统（MES）与企业资源计划管理（ERP）系统集成等；安全可控的核心智能制造装备得到广泛应用，企业生产效率、能源利用率有较大提升，运营成本、不良品率以及产品研制周期进一步降低和缩短，形成部分发明专利及企业或行业相关标准草案。

（二）项目任务规划

本项目按整体规划、分步实施的原则，分三期进行实施，分别为基础条件建设完善期（一期）、"两化融合"纵向集成期（二期）、智能分析科学生产期（三期）。

（1）基础条件建设完善期规划（一期）。

智能制造的基础条件依赖于工业化和信息化的软硬件设施基础，因此在开展以信息为载体的智能升级前，必须已经具备一定的环境条件。基础条件建设完善期的主要任务如下：

① 开展生产线智能化改造的整体需求调研，确定智能制造的初始环境，如场地、现场条件、时间、人员安排、生产要求、服务器机房、供电、通信等。提前规划，如增补人员、勘察场地、工业网络布局、服务器机房建设等。

② 确定"两化融合"集成期需要对应的生产现场作业节点。智能制造项目的实施是一个长期的过程，实施期间，必然是由点带面地逐渐体现智能制造的优势。因此，应确定作业节点，结合生产情况规划关联顺序，以体现实施效果，确定考核指标。

③ 确定自动化设备和软件系统的改造项目，主要包括通信系统、工控系统、机器设备、PLC 控制器、业务管理系统等。

④ 完成 MES 框架部署，逐步推进 MES 实施和集成工作。具体开展的工作有：规划 MES 整体方案；完成生产现场全线生产设备改造工作；完成生产线车间控制设备改造工作；梳理配料、化工配置、包装配置 BOM，建立数据模型基础；梳理生产管理报表体系，为实现生产过程数据和质量

数据的分析对比做准备；系统的后续推进工作。

⑤ 打通纵向的集成，实现设备层与控制层的交互集成，通过 SCADA 采集系统建设，对过程执行参数进行采集。

（2）"两化融合"纵向集成期（二期）。

在一期工作完成后，视生产现场设备改造情况和 MES 执行的成效，开始工业化和信息化的纵向集成，初步形成智能制造体系。

① 通过对已有系统和设备进行深度改造，进一步提升和完善已有设备的管理功能。对接捡装、络纱等工段作业自动化系统，实现数据设备实时采集的进一步细化，同时提升现场设备与条形码/ERP 系统的集成。

② 梳理完成生产、工艺、配料、包装等数字模型，为大数据分析实施做好准备。

③ 建立工业以太网，实现生产线设备及 DCS 的实时传输和统一存储。

④ 梳理移动应用功能需求，为开发 App 审批和报表分析的移动化处理做好准备。

⑤ 实现 MES 与 SCADA、ERP、设备、质量、产品生命周期管理等企业资源管理系统的深度整合，初步形成智能制造。为质量监管、工艺控制及工单管理提供全流程质量追溯信息。

（3）智能分析科学生产期（三期）。

在二期工作完成后，视各数字模型的完成度和各信息系统的集成情况，开展智能分析拓展，深入大数据应用，尝试结合虚拟/现实技术优化生产。三期工作的重点是将各系统交互集成的数字模型成果转化为智能分析的有效数据来源；围绕这些大数据开展应用和开发工作，为工艺、质量、效能的优化开展分析，完成制造能力提升、成本下降的指标性要求。

① 各工厂全面部署实施 MES，统筹总体执行情况，开发移动 App 应用，实现生产现场的实时可视化与监控监督要求。

② 深化控制层与应用层的整合集成应用，实现系统对生产现场部分工作段作业的反向控制。

③ 优化完善生产工艺、能源、设备等数字化模型，科学整合，逐步开展将数字化模拟转化为信息化应用的实施工作，体现数据价值。

④ 建立集团大数据中心，集成生产、运行数据，实现数据的集中统一管理，指导公司运营分析。

⑤ 生产现场完成与能源管理系统的实施与整合，实现能源数据与生产大数据中心整合，进一步提高数据分析价值，实现节能降耗指标要求。

三、项目实施成效

1. 实施过程里程碑

项目建设分成基础建设改造、装备调试和集成优化三个里程碑,各标志性成果如下。

(1)完成智能工厂总体设计、工艺流程、布局的数字化建模以及工厂互联互通网络架构与信息模型。

(2)实现生产工艺仿真与优化,以及生产流程实时数据采集与可视化。

(3)建立工业大数据中心,使现场数据与生产管理软件实现信息集成,使车间制造执行系统(MES)与企业资源计划(ERP)系统实现协同与集成。

2. 实施过程成果产出

(1)实现生产管理与生产控制一体化管控。建立生产计划、过程协同、设备控制、资源优化、质量控制、决策支持智能一体化管控平台,实现玻璃纤维生产排产调度智能化、生产过程智能化、质量管理智能化、能耗管理智能化、资源管理智能化、决策分析智能化。

(2)实现工厂总体设计、工程设计、工艺流程及布局数字化建模,改善和提高生产过程。通过数字建模技术实现工厂总体设计、产品设计,对工艺、生产线、设备进行建模,实现工艺和生产线规划、计划与调度仿真校验和生产执行,从而改善和提高制造企业的制造过程,为企业提供一个创新性、柔性化的制造环境。

(3)实现虚拟制造与物理制造相结合。在数字化工厂模型的基础上,可建立模拟仿真平台,实现产品设计、工艺规划、生产制造仿真、虚拟制造,发现产品在工艺规划、生产过程中存在的问题和偏差,可在线或离线对其进行优化提高,保障物理制造精细化、精准化、智能化。

(4)实现生产/经营一体化管控。通过生产/经营一体化,实现生产、经营管理业务的协同统一,将生产经营业务作为一个有机整体的两个方面,实现物资采购管理、销售管理、财务管理、预算管理、生产管理、指标管理等业务之间相互支撑、同步、融合、控制。

(5)实现人工智能的创新模式。通过对工业大数据的采集和数字模型的建设,对产品设计、工艺优化、配方开发等创新过程全面引入人工智能的应用,缩短产品开发周期、降低研发费用投入,提升产品全生命周期的管理能力。加速云计算、大数据、物联网等信息技术与制造业融合创新，利用企业大数据进行实时或虚拟场景的模拟和分析，有效激活创新潜能、变革创新模式，高效、快速地响应市场，提升企业市场竞争力。

（6）实现覆盖全球工厂的专家诊断与管控。通过建立统一的业务管控系统与生产执行系统，应用云、大数据、物联网等先进信息技术，实现IT与OT的全面融合，构建全球统一的数据监测和运行中心，实现对全球工厂制造的远程监控，统一协调和指挥工厂的运行和调度，保障各地工厂的安全、有序、高效地运行。同时，实现工厂间运营状况数据的对比分析，分享和优化各工厂间运营绩效，进一步协调和配置资源。

3．项目实施的技术架构的设置

（1）系统层级。实现传感器、测控仪表、机器人装备、控制系统的智能化改造。

（2）车间层级。建立采集与监控系统、制造执行系统（MES）等，实现玻璃纤维生产过程可控制、可优化、可视化、可追溯。

（3）企业层级。建立企业资源计划（ERP）系统、供应链管理（SCM）系统和客户关系管理（CRM）系统等，提升公司运作效率。

（4）协同层级。实现产品设计、工艺、制造、管理、监测、物流等环节的系统集成优化，实现产供销存一体化管控，提升客户服务水平。

4．智能制造项目的效益目标

1）综合成果（见表14-1）

表14-1 巨石集团智能制造项目的综合成果

类　型	序　号	内　容	效　益
生产能力	1	生产产能	提升20.8%
	2	生产效率	提升33.2%
	3	运营成本	降低20.5%
人工成本	1	生产人员	减少10%以上
	2	技术管理人员	减少2%
产品研发	1	平均研发周期	缩短到平均10个月
	2	产品研制周期	缩短30%以上
质量管理	1	不良品率	降低20%以上
	2	非A级品指标	控制在3.84%以下
节能降耗	1	产品能耗比	吨纱消耗控制在0.38吨标煤以下
	2	生产能源利用率	提升24%以上

第十四章　玻璃纤维智能制造新模式应用

2）技术成果

根据三个项目实施的里程碑验证项目取得成果（见表 14-2）。

表 14-2　巨石集团智能制造项目的技术成果

序　号	技 术 指 标	内 容 描 述
1	数据采集	实现生产车间、公用设备及系统 95%以上的数据采集率，为数字建模、虚拟仿真奠定基础
2	数字建模	实现对生产布局、工艺标准、产品 BOM、包装 BOM 等关键环节 100%的数字化建模，并逐步与模拟仿真联动
3	仿真化	建立生产工艺、生产工序、生产过程、产品研发过程 90%以上业务的数字化模型，并结合工业大数据逐步开展应用
4	数据可视化	实现生产过程、工艺控制、研发管理等方面的数据图形化展示和分析，生产过程进度 100%的看板展示，为管理决策提供数据支持
5	智能控制	实现智能工厂平台通过下达指令直接控制现场 PLC，从而实现对生产过程和生产工艺的智能控制

3）专利、软件著作权、标准（技术规范）等成果

智能制造项目结合玻璃纤维的行业特性，申请多项发明专利，登记 5 项以上软件著作权，形成 3 项以上玻璃纤维行业标准草案/行业标准草案/国家标准草案。

4）采用智能制造装备的创新应用

（1）利用工业机器人、条形码、视觉传感器和气动系统的结合，实现产品在线自动传送、自动分类、自动称量、自动贴标、自动摆托、自动打包、自动薄膜、自动入库，实现整个过程自动化操作。

（2）利用微机电系统（MEMS）传感器实现络纱自动上头操作。

（3）利用车间物流智能化成套装备、RFID 电子标签实现产品在输送线传输过程中产品品种的自动识别，并结合 PLC 和工业机器人实现不同产品在不同流水线上的自动流转和摆放，达到上下游业务自动协同。

（4）利用在线无损检测系统装备与信息化系统的结合，实现烘箱温度的实时监控和控制，毡面温度的实施检测与警报、纱团水分的非接触式抽检与监控，络纱车间温湿度的实施监控的平衡等。

（5）建立高参数智能立体库，全面利用轻型高速堆垛机、超高超重型堆垛机、高速智能分拣机、高速托盘输送机、高速大容量输送与分拣成套装备等，并结合条形码、移动互联网等实现与信息系统的整合，实现智能

化全自动的产品出入库和存储管理。

5）其他成果或效益取得

（1）在本项目实施中，各子系统均形成成熟的智能装备和系统，可以单独形成产品，在类似项目或同类行业中推广应用。

（2）部分装备可以形成通用产品，实现批量化生产、制造和销售。

（3）全自动智能物流系统可在流程行业甚至离散行业进行推广。

四、项目实施经验和问题分析

（一）项目经验

（1）智能制造项目的实施必须与企业的发展战略相结合，来打造企业的优势竞争能力，提高企业的生命力。

（2）智能制造项目的实施必须保证自上而下，从高层领导、中层管理到基层员工，在方向性、思想性和目标性上保持一致，高层做战略指导、中层做战术部署、基层做实施执行，方可确保项目顺利开展。

（3）项目的实施必须以"整体规划、分步实施"的原则开展，充分考虑分析项目实施方案和实施步骤，步步为营，按计划逐步实现整体目标；没有整体的规划，项目实施将没有全局性，顾此失彼。

（4）国外智能制造经验都是几十年甚至上百年的经验积累，推广与验证同步开展，不能为了推广不加验证，注重验证项目及成果的有效性。

（5）项目在实施过程中，需要有充分的资金和技术保障，实施智能制造是长期的战略性的工作，不能为了节省项目投入而缩减费用就选择资质和水平不佳的供应商，这样容易增加项目风险，无法达到预期目的，甚至投入产出比严重不符。

（6）项目应尽可能多地使用智能化装备与技术，减少人为因素干扰过程，通过智能化设备来替代人工，将可能产生的错误降到最低，从而提高生产流程标准化，进一步推动生产流程智能化。

（7）智能制造的实施不能只建设强大的决策控制层，也要兼顾执行层作用的充分发挥和提升。即不能光靠先进的控制系统或生产设备，相关的辅助设备实施与控制环节都要充分挖掘和发挥作用，达到协调运作。

（8）智能制造项目的实施是生产方式的变革，长期而复杂，不可一蹴而就，必须常抓不懈、持续投入。在项目的实施过程中需要不断验证项目实施有效性，持续完善，直至达到目标。

第十四章　玻璃纤维智能制造新模式应用

（9）项目实施必须要有严格的制度作为保障，在项目实施各阶段确定有效的规范和监督措施，确保项目资金、技术、人员、物资，确认项目质量和项目进度的健康程度。

（10）项目必须培养及留住人才队伍，以参与实施的团队人才为核心，建立产学研用的联合体，才能有效保障项目在实施过程中和实施完成后能得到有效支撑和持续发展。

（二）问题分析

（1）玻璃纤维行业集中度较高，项目实施企业的巨石集团本身作为行业的引领者，没有理想的标杆可参考，没有可提供玻璃纤维智能制造完整解决方案的供应商。企业有丰富的行业经验，却缺少智能制造相关技术和理论的现实指导依据；服务商在智能制造专业技术上有丰富的经验技术，却对玻璃纤维行业知识知之甚少。因此，在项目实施初期各方需要经过相当长的一段时间进行相互了解与磨合，才能将各方优势形成互补，为项目建设服务。从实施角度，整体实施的复杂度需要耗费更多的时间进行调研分析和学习互补；从经济角度，需要增加额外的实施人员进行详细的调研分析，企业也需要提高人工成本，在保证现有生产的情况下，留出人力配合制定详细的解决方案。而这些前期参与需求分析和学习互补的人员，必须保证在之后项目实施正式开展时未流失。

解决措施：一方面，在企业内部完善人才激励机制，通过待遇提升、岗位调整、职务升迁、职业规划、荣誉奖励等各种措施，根据工作表现及对项目做出贡献的不同程度，对前期参与项目的人员进行不同级别的奖励，留住优秀人才，为项目后续推广储备资源；另一方面，与联合体成员在建立长期合作的基础上，通过协议、补充条款等，明确项目组成员的要求，最大限度保障成员的稳定性，以便前期的知识积累在后期推广过程中得到更快捷的复制并优化完善，并不断研究玻璃纤维智能装备、先进控制、人工智能等应用。

（2）玻璃纤维生产模式所涉及的设备种类繁多、数量巨大，设备接口及协议类型、标准、版本各不相同，要形成统一的标准，存在一定的难度。

解决措施：一方面，利用项目实施的契机，淘汰旧设备，尽可能统一设备接口类型和协议，降低接口开发数量；另一方面，对同一类型的协议和标准尽可能进行版本的统一，标准化设备接口协议，为后续项目实施提供保障，保证稳定性和通用性，提升开发的可持续性。此外，对核心设备、工艺联合设备、自动化设备的服务商提出要求，必要时提供支持，共同攻坚克难，提升关键设备或工艺智能化水平。

第十五章
铅炭电池数字化车间建设

浙江天能动力能源有限公司　蒋鑫成、宋文龙

一、项目实施背景与状况

（一）项目实施背景

铅蓄电池行业虽然已有150多年的发展历史，但是由于在我国起步晚，目前我国铅蓄电池行业的智能化水平尚处初级阶段。相对于其他电池类型，铅蓄电池在使用过程中绿色环保，并且可以实现循环再生，但行业整体的智能化水平还不高，数字化装备水平还不够先进。由于工人劳动强度大，制造过程容易对环境产生污染，所以与发达国家相比尚存较大差距，因此建立铅蓄电池制造的智能化、标准化、数字化示范车间成为推动和提升产业可持续健康发展亟待解决的重大问题。

目前成本最低的铅炭电池储能，单位投资 1200 元/kWh 和 0.5 元/kWh 的充放电成本令其在许多应用中可不借助任何补贴实现盈利。以工商业用户单纯用于电价差套利测算，当峰谷电价差大于 0.8 元/kWh 时，无杠杆投资回收期可低至 5 年，若考虑节省的容量费和参与需求响应等电力服务辅助所获得的额外收益，则投资回收期将更短。如表 15-1 所列为不同储能技术的经济效益对比。

表 15-1　不同储能技术的经济效益对比

电池类型	循环次数（次）	电池价格（元/kWh）	配套投资（元/kWh）	总固定投资（元/kWh）	寿命期投资（元/kWh）	收益/投资	经济性
普通	800	1000	3000	4000	6040	1.24	好
改性	1500	1000	3000	4000	—	1.6	好
铅炭	2500	1300	3000	4300	—	2	很好
钠硫	2500	4200	3000	7200	10375	0.72	差

续表

电池类型	循环次数（次）	电池价格（元/kWh）	配套投资（元/kWh）	总固定投资（元/kWh）	寿命期投资（元/kWh）	收益/投资	经济性
锂电	2000	4000	3000	7000	10104	0.74	差
钒硫	13000	4200	3000	7200	10375	0.75	差
抽水	—	—	—	3500	5983	2.51	好
空气	30000	—	—	4000	6000	1.25	好

铅炭电池的正极与铅酸电池相同，但负极是由活性炭制成的超级电容，因此具有较高的表面积，可以用作吸附质子且不发生化学反应。由于负极不需要进行化学反应，因此铅炭电池具有相对较长的寿命，且容易回收。

（二）项目实施的主要思路和目标

1. 主要思路

浙江天能动力能源有限公司（以下简称天能动力）的铅炭电池数字化车间项目通过整体布局，定位数字化车间，在前期充分调研、评估的基础上，引入基于三维模型的产品设计与仿真，建立产品数据管理系统，将生产设备与生产管理软件打通，形成集成系统，建立现场数据采集与分析系统、产品数据管理系统（PDM）、制造执行系统（MES）、产品全生命周期管理（PLM）系统、企业资源计划（ERP）系统等先进管理理念和工具，替代原有传统产品设计和生产管理，提高资源利用效率，提高企业单位时间劳动效率，减轻企业生产成本，加强国际市场的竞争力。

（1）实现对铅炭电池设备数据的全面采集。

（2）实现对铅炭电池工艺参数的控制。

（3）实现对铅炭电池原材料、质量进行全面检测和智能化管理，确保生产过程稳步有序地进行。

（4）实现对生产、物流数据的网络化、信息化处理，将相关的数据反馈给 ERP/MES 集成系统，并对车间的在线管理和生产调控进行协调。

（5）实现对生产辅助系统中的设备和车间生产设备进行信息共享，并将人员之间的信息进行有效集成，达到互联互助的管理水平。

2. 主要技术指标

（1）设备的自动化程度大于 90%。

（2）产品合格率大于 98%。

（3）整线直通率大于 90%。

（4）缩短产品研制周期 35%以上。

（5）自控投用率：80%。

（6）自动数据采集率：90%。

（7）提高生产效率 30%以上。

二、项目主要实施内容和措施

（一）项目实施的主要内容

天能动力的铅炭电池数字化车间建设项目以提高整个研发、生产制造过程的高度自动化和智能化为目标，覆盖产品全生命周期管理，包括同步开发、智能化生产、大数据管理、制造执行全过程管理等。经过近几年的发展与优化完善，现在已经拥有了一套国际制造先进的管理模式和业务流程，建立了信息化基础应用管理平台，大型光纤局域网已覆盖了整个厂区，逐步实现了以 ERP、MES、OA、视频会议、多媒体点播、电子邮件、移动办公、信息采集、发布传输系统等网络基本应用连接数据库为基础的信息服务系统，实现了对车间现场生产的各个环节进行有效的自动化信息采集与标记，实时进行问题分析、解决。在行业内首次率先实现了铅蓄电池的智能制造，并取得了一定成效。

（二）项目采取的主要措施

1. 项目系统模型建立与运行情况

本项目针对铅炭电池的生产工艺和制造流程，以提高动力电池产品合格率、一致性和生产效率，降低生产成本、产品不良率以及生产周期为目标，在集成开发和应用一系列安全可控核心智能制造装备的基础上，以智能化装备为基础，实现铅炭电池生产过程的数字化并应用网络技术和信息化技术，集成基于大数据的智能化分析与决策支持方法，实现以强化电池生产质量控制为核心的面向订单的智能化高效生产模式，形成铅炭电池生产数字化车间技术体系。如图 15-1 所示为天能动力铅炭电池数字化车间整体设计示意图。

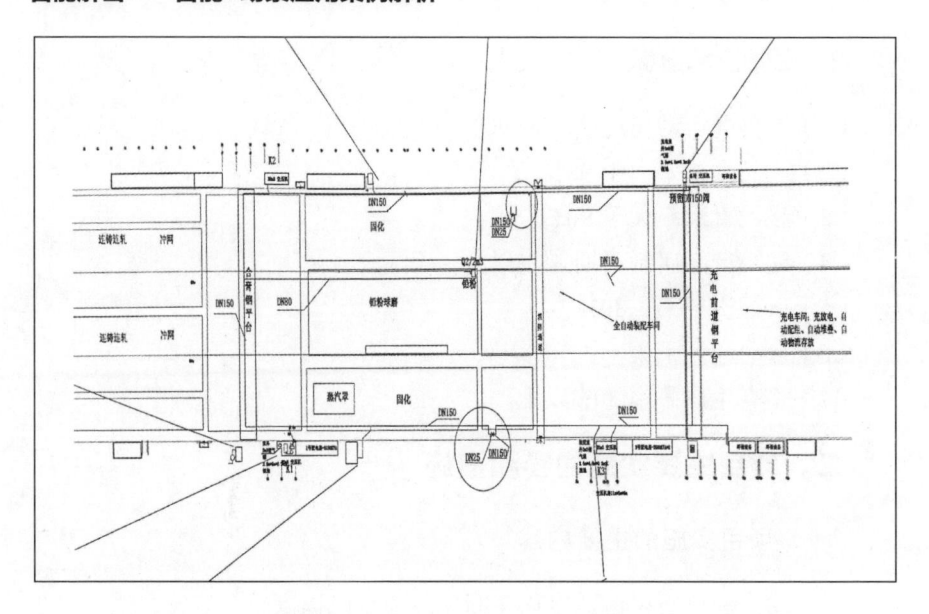

图 15-1　天能动力铅炭电池数字化车间整体设计示意图

本项目从体系结构上分为 3 个层次：电池生产核心智能装备（PCS）层、制造执行系统（MES）层、企业资源计划（ERP）层（见图 15-2）。通过该体系实现电池生产的自动化与信息化的紧密结合，进而对生产过程的信息集成利用，实现生产过程的智能化分析和管控。

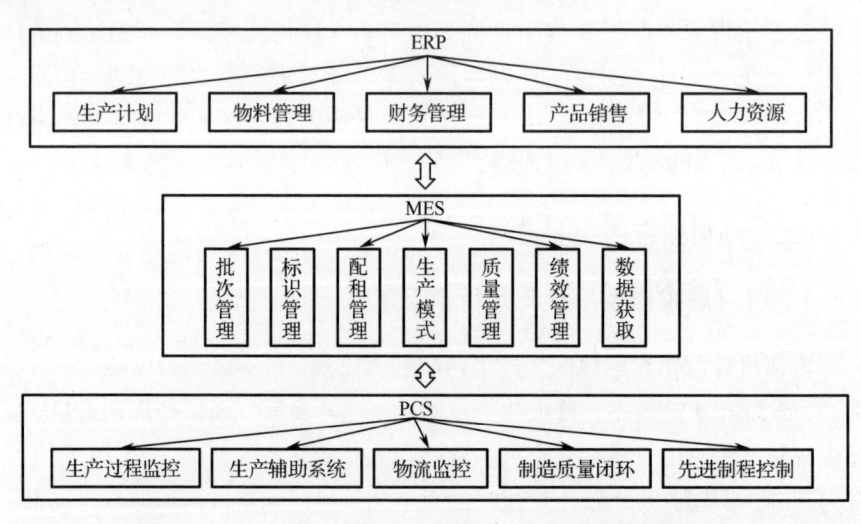

图 15-2　天能动力铅炭电池数字化生产车间体系结构

数字化可编程的机联网系统硬件终端包含通信、控制、信息处理等模块。通过安装机联网硬件终端实现设备的联网，实现对机器设备的运行数据采集、分析、指令下发、远程调试、远程控制等。建立智能化的工序生产子系统（底层控制系统），包括智能化物料管理配送子系统、智能极板生产子系统、智能装配子系统、智能化成子系统、智能仓储子系统。各子系统应具有数据采集、传感探测、协同等功能。通过对数控设备、工业机器人和现场检测设备的集成，实时获取制造装备状态、生产过程进度以及质量参数控制的第一手信息，并传递给管控层，实现车间制造透明化，为敏捷决策提供依据；采用先进的数据采集技术，可以通过各种易于使用的车间设备来收集数据，同时确保系统中生产活动信息传递的同步化和有效性；支持向现场工业计算机、智能终端及制造设备下发过程控制指令，正确、及时地传递设计及工艺意图。

将底层的实时制造信息、状态与指令，同企业上层的生产管控信息进行无缝集成，将信息化、数字化技术用于生产现场（车间）的管控，实现智能化、数字化的企业资源计划（SAP/ERP）与底层控制系统集成，形成实时化的生产管控，对制造车间层进行实时控制，实现信息流集成以及生产自动控制、信息采集、控制集成，保证底层信息的实时反馈，使实时的企业管理成为可能。可以大大提高生产计划精度、减少计划的迭代次数、支持不同客户的订单混排缩短生产周期，同时，对降低车间生产管理（Work In Process，WIP）以及缩短物料提前期有非常大的作用。

2. 先进设计技术应用和产品数据管理系统建设

1）产品数字化三维设计

为了进一步提升企业三维设计数据的管理效率和协同设计的水平，并提升产品的质量，把 SolidWorks 以及 CATIA 作为统一的设计工具，同时将企业的标准规范以及设计规范进行统一管理，方便设计师的快速调用，支撑集团的快速协同研发以及产品设计需求的实现。设计师借助于三维设计建模工具的模块功能等实现模型参数化设计和模块化设计，同时以 AutoCAD 为平面设计工具，设计电器原理图和整个控制逻辑，从而实现了产品建模阶段、应用阶段的设计协同。

通过 COMSOL Multiphysics 仿真软件改进电池和模块的设计，达到提升核心竞争力、增强创新能力、加速研发的目标，COMSOL Multiphysics 作为一款基于全新有限元理论、直接针对偏微分方程为研究对象的大型数值仿真软件，可以实现任意多物理场、直接、双向、实时耦合，在全球领先的数值仿真领域里得到了广泛的应用。

对于电池制造企业，模拟和仿真能够改进电池和配组的设计，找到现有设计方案中的局限性。通过详细描述模型中的相关过程，设计者就可以应用不同的假设，并将这些假设同给定电池所观察、模拟的行为关联起来，可以使用这些模型对电池的相关参数进行优化设计。

2）产品数据管理系统

产品数据管理系统按照产品质量先期策划与控制计划开发体系（APQP），将产品研发直接导入该系统当中，使研发人员能够及时上传数据，有利于产品项目开发的过程控制、数据记录、数据存档等，便于项目负责人等对项目的进展了解、跟踪，并就产品开发过程进行指导（见图15-3）。

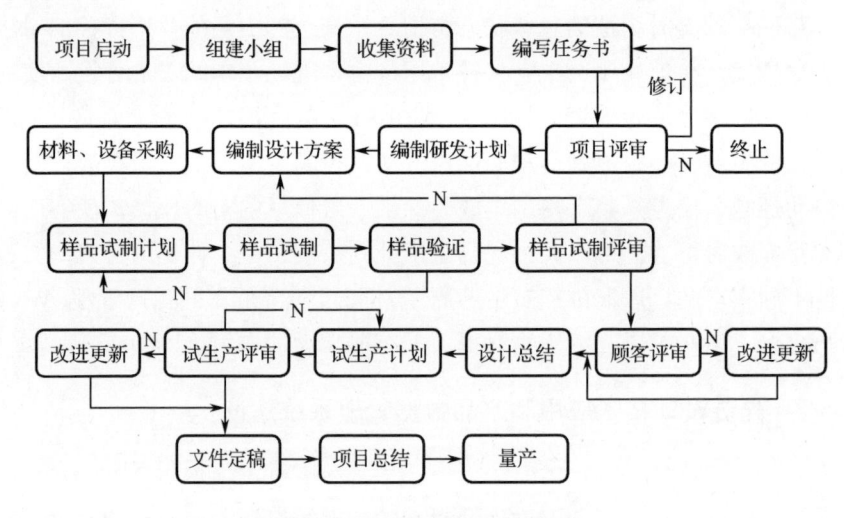

图15-3 数据管理系统模型

3. 关键技术装备应用

智能化、自动化生产线的应用，全面加快了铅蓄电池产业的转型和升级，在全国率先打造了铅蓄电池产业示范工程。

1）连铸连轧绿色板栅制造工艺的数字化

以"连铸连轧+冲网（拉网）制造板栅"为例：一套"连铸连轧+冲网制造板栅"产能，相当于十台重力浇铸设备产能（一套连铸连轧设备装机功率约为150~200kW，而十台重力浇铸设备装机功率为400~500kW），节约能源50%以上；污染物（铅烟）产生量显著下降，同产量比较，铅烟排放体积只有重力浇铸的25%左右。

2）脉冲内化成能量回馈利用智能控制工艺技术

通过脉冲内化成能量回馈利用智能控制工艺技术的设计优化，在原有 4 天内化成工艺基础上，缩短内化成时间为 3 天，提高了内化成充电效率达 25%以上，平均充电电量节省 0.8C，节省电解液 0.5g/Ah（以 12V120Ah 计算，内化成工序每只电池节省电费 1.152 度×0.7 元/度=0.806 元/只）。

3）基于原材料绿色化的铅炭电池开发

该条铅炭电池自动化生产线的实施，使生产效率提高了 45%，成本降低了 11.6%，工作环境干净、整洁，得到全面改善，达到了节能环保的目的，有效地推动了产业的绿色化、智能化发展。

4. 生产过程数据采集与分析建设

1）数据采集

配备完备的电池生产过程在线检测设备，开发电池生产设备数据接口，建设先进可靠的电池生产设备数据传输网络，配置先进的实时数据平台，通过实时数据传输和高速数据采集、存储与访问，实现铅炭电池生产过程的数字化。

2）数据分析

采用 Spark 作为大数据分析处理的计算框架，集成 Hadoop 的分布式文件系统 HDFS，通过 Spark 的内存计算实现电池生产海量数据的快速分析、处理和可视化。通过大数据分析平台支撑动力电池生产过程智能化分析与生产决策。

5. 制造执行系统（MES）与企业资源计划（ERP）系统建设

1）MES 实现的主要功能

（1）电池生产过程实时数据采集与可视化。

（2）电子看板。

（3）电池生产质量管理。

（4）物料追溯。

（5）能耗管理和分析。

（6）与 ERP 交互。

2）企业资源计划（ERP）系统（见图 15-4）

销售与分销：Sales and Distribution，SD；

物料管理：Material Management，MM；

生产计划：Production Planning，PP；
财务管理：Finance Accounting，FI；
成本控制：Cost Controlling，CO。

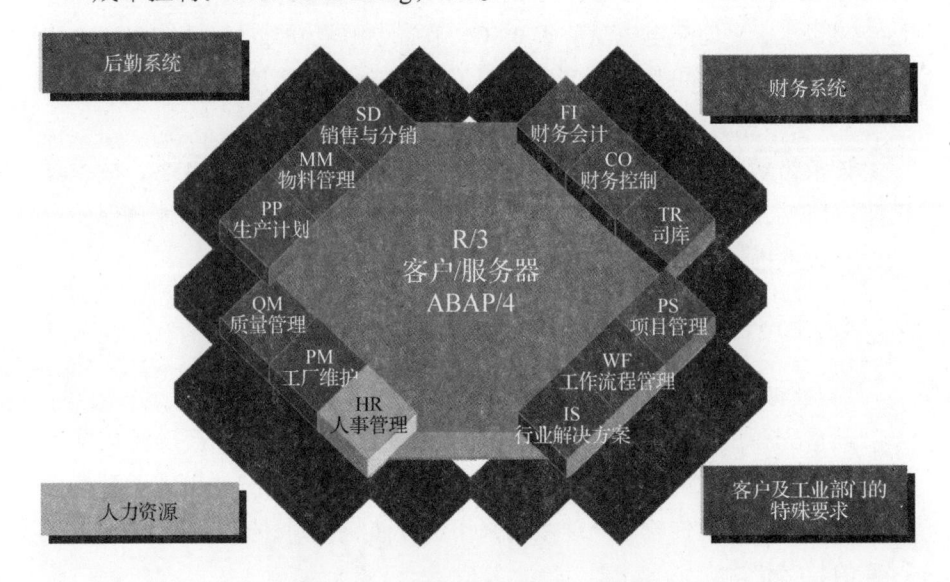

图15-4　企业资源计划系统（ERP）

3）MES与ERP的协同和集成

MES采用精确数据对生产活动进行初始化，及时引导、响应和报告工厂的活动，然后反馈给ERP生产模块，ERP将企业的生产、库存、财务、客户、销售等层面集合在一起，对随时可能发生变化的生产状态和条件做出快速反应，用科学的方法和流程化的模式，实现企业"产销一体化"和"管控一体化"的信息化目标。如图15-5所示为天能动力能源智能制造管控中心。

三、项目实施成效

（1）生产效率提高30%以上，运营成本降低25%以上，产品研制周期缩短35%、生产周期缩短35%以上、不良品率降低25%以上、能源利用率提高20%以上。

（2）随着铅炭电池市场的逐渐完善和公司对铅炭电池制造过程的数字化改造，通过成本管控等手段，铅炭电池的销售将成为公司新的利润增长点，预计到2022年，天能动力的铅炭电池累计销售将达到80亿元，可创造利税总额达15亿元。

第十五章 铅炭电池数字化车间建设

图 15-5 天能动力能源智能制造管控中心

四、项目实施经验

1. 对电池行业两化深度融合起到引领和示范作用

本项目的建设包含了一系列先进的智能化新型装备的研制和应用，信息化和大数据分析等新一代信息技术的应用都是创新型的应用，特别是面向订单的高效生产新模式，支撑动力电池企业运营和管理模式变革，必将对新能源汽车动力电池行业两化深度融合发展起到引领和示范作用。

2. 提升动力电池全产业链快速响应能力，对形成国际化竞争优势起到推动作用

电池生产企业要不断提高应对个性化市场需求的能力。柔性化生产模式的建立，能够大幅度提高企业生产效率，缩短产品的研发和生产周期，提升动力电池行业乃至动力电池全产业链的快速响应能力，对形成国际化竞争新优势起到推动作用。

3. 对国产智能化装备的发展起到积极的促进作用

本项目采用的电池生产智能化装备，特别是对形成自动化、智能化生产起到关键作用的装备均采用自主知识产权的国产化设备，通过本项目的

实施，必将激发动力电池行业使用国产化生产装备的热情，对我国电池装备制造业的发展起到积极的促进作用。

4．加快了铅蓄电池行业的智能化、绿色化发展

通过领先的智能型的自动化、数字化技术工艺装备应用及计算机信息系统管控技术的介入，探索和推动了传统铅蓄电池行业的智能制造模式，使铅蓄电池行业从生产的源头到电池出厂过程有一套严密的监控系统进行跟踪服务，实现铅蓄生产过程的全流程、全自动化的控制，实现减员增效、减能增效、减耗增效、减污增效，增强产品质量的稳定性能，为研发新产品及产品数据分析提供了大量的数据支撑，促进了铅蓄电池行业的不断发展和技术进步，进一步提升铅蓄电池企业的生产智能化水平和环保管控能力，响应了国家对铅蓄电池行业的整治提升和绿色化发展的要求，引领了铅蓄电池行业的智能化、绿色化发展。

第十六章
电子行业智能制造新模式应用

北京元工国际科技股份有限公司技术总监　靳春蓉

上海剑桥科技股份有限公司（以下简称上海剑桥）成立于 2006 年，经过多年跨越式发展，上海剑桥已成为一家集杰出研发能力、大规模生产制造和良好品牌形象于一体的高新技术企业，公司主要从事家庭、企业及工业应用类 ICT 终端设备、高速光组件和光模块、5G 网络设备三大领域产品的研发、生产和销售。上海剑桥在上海市浦江镇拥有 3 万平方米的现代化生产基地（见图 16-1），员工 3000 多人。2016 年，上海剑桥在美国硅谷设立销售和研发中心，并扩展研发中心至武汉和西安；2019 年收购 MACOM 日本公司部分资产，收购日本 Oclaro Japan SPV 公司 100%股权。上海剑桥的 5G 通信传送网关键器件及 ICT 网络设备智能制造新模式应用项目入选上海市工信委 2017 年智能制造专项拟支持项目名单。

图 16-1　上海剑桥科技股份有限公司生产基地

一、项目实施背景与状况

上海剑桥研发及生产的领域如图 16-2 所示。

基于FTTH/FTTB技术的无源光纤接入终端设备（EPON/GPON）产品

基于无线接入技术的产品（如Wi-Fi产品和Small Cell）

DSL技术如VDSL、G.fast和FTTdp

智能家庭和存储等产品

完整的JDM（共同开发）平台和流程

图 16-2　主要产品领域

上海剑桥的产品具有以下特征：

（1）知识、技术密集型产品，科技含量高。

（2）一般为自动化生产线生产，自动化生产水平高。部分插件和组包依靠人工，但逐渐向自动化方向改造。

（3）产品零部件品种、型号复杂，自制与外购并重。

（4）产品竞争激烈，升级换代迅速，产品研发投入大。

（5）产品注重节能环保及与国际标准的接轨。

其产品工艺如图 16-3 所示。

SMT　　DIP　　ASSY　　PKG

贴片　　插件　　组装　　包装

图 16-3　上海剑桥主要产品工艺

ICT 行业终端产品个性化和定制化日趋复杂：既有大批量标准化生产需求，又有小批量多品种的特殊需求。这就对传统的"人工+流水线生产"提出了严峻的挑战：需要面向动态多变的产能需求，用柔性化工艺来适应未来需求。

电信运营商、企业、家庭三大类客户对产品质量要求的日益提高，需要基于工业互联网实现产品质量预防控制和全闭环质量跟踪；基于智能化仓储与物流技术的精准物流、绿色制造，实现 ICT 零件、部件、外购件的精准配送。

公司已有 CAX、PLM、ERP、MES、SCM 等系统，但需要把先进的技术装备应用智能化手段集成起来，自主研发了多条自动化生产线，随着自动化生产线的应用普及，对生产线、设备的运行监控、设备指令下发等都有强烈的需求；生产线的设备供应商不同、控制系统不同、数据项不同，给数据采集带来了很多难点；系统应用中对数据的实效性要求比较高，对数据的分析处理能力和网络带宽要求也比较高；海量数据的采集也衍生了对大数据应用的强烈需求。

二、项目主要实施内容和措施

1．项目整体架构

上海剑桥基于工业网络，打造以CPS为核心的顶层规划设计，统一企业的信息化平台，实现了先进传感、控制、检测、装备、物流及智能化工艺装备与生产管理软件高度集成。项目整体架构示意图如图16-4所示。

（1）设备层：通过设备采集人、机、料、法、环、测等各个方面的数据收集，将隐性的生产制造过程数据变为可见的显性数据，并为后续的分析控制做好基础，是CPS状态感知的体现，为实现精益生产打造数据基础。

（2）控制层：使用数据总线解决了跨车间、跨系统的数据交互、多种数据来源的数据收集和转发，为制造大数据分析做好准备。同时，项目采用雾计算技术，完成边缘计算，满足数据实时型和延时敏感的需求。

（3）车间层：通过把数字化车间3D仿真建模与实时状态收集相结合，为物理空间建立了相对应的虚拟信息空间。根据信息空间的数据分析结果形成对生产制造过程的决策信息，通过软件驱动完成指令下发控制物理空间的生产设备或生产线，使生产过程更加合理、高效，达到设备或生产线的精益化生产，实现了CPS的自主科学决策和精准执行。

2．设备联网及采集控制

车间实时数据的感知、采集与识别，结合不同的设备及接口模式，进行数据采集集成。主要包括设备采集、设备控制、组态监控、三维实况这几个主要功能。

（1）设备采集：贴片机、印刷机、回流炉、AOI、插件机、波峰焊、SPI、立体库、AGV、ESD、环境、按灯等。

（2）设备控制：贴片机、AOI、插件机、立体库、AGV等。

智能解密——智能+场景应用案例解析

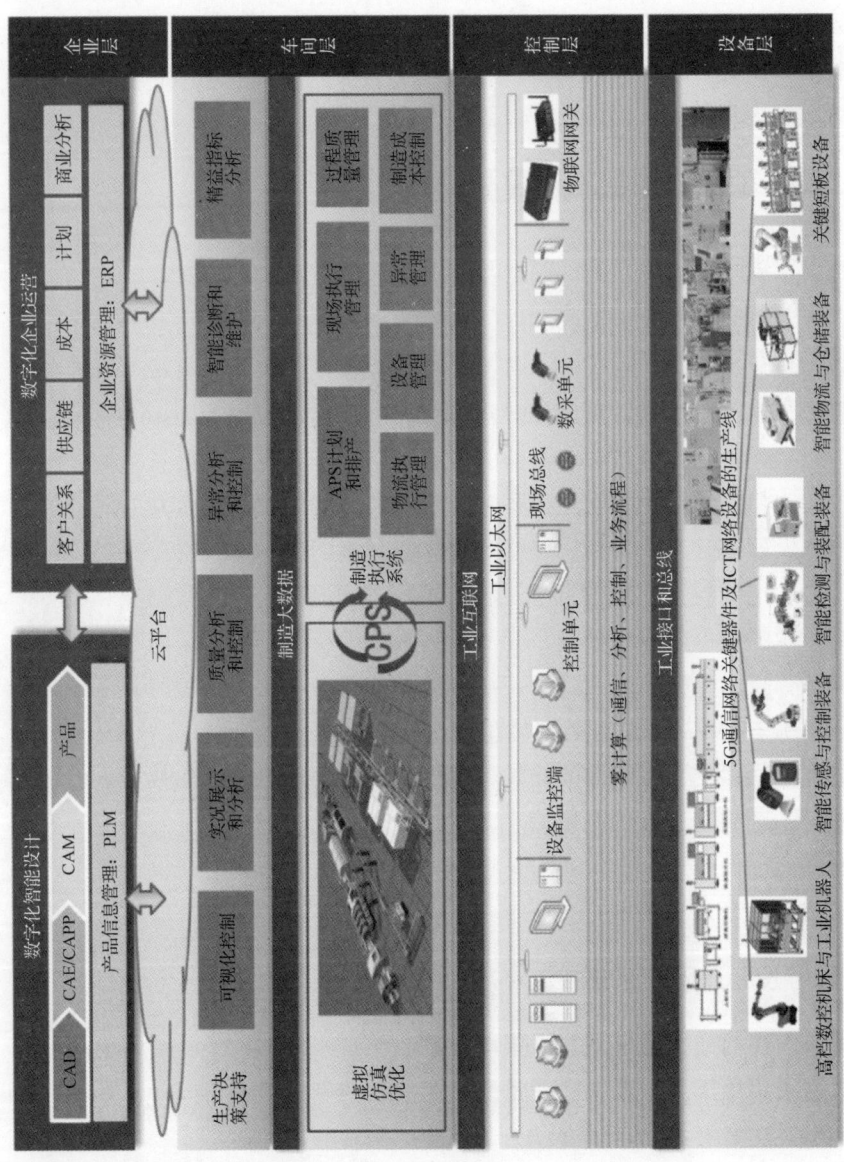

图16-4 上海剑桥项目整体架构示意图

（3）组态监控：生产线/设备状态、ESD异常、环境参数、按灯呼叫、工单完工看板。

（4）三维实况：车间、生产线/Cell、设备、站位、AGV、立体库、环境监测、老化房、线旁库、线旁人员；运动建模；工单完工看板；按灯呼叫、异常报警。

3．产品数字孪生体

产品数字孪生体现状及改进后如图 16-5 所示。

形成"两个 BOM"，即设计 BOM（EBOM）和制造 BOM（MBOM）。Agile 推送整版本的设计 BOM 到 MES 中，在 MES 中编制到 Super Code、Assembly Code 和 PCBA Code 的 MBOM。MBOM 不但包括物料，还包括软件版本。工艺部门按照产品型号维护的相关软件/编码信息（包括客制的和非客制的）型号信息和客制化信息纳入配置码进行管理，主要包括烧片软件、测试软件、出货软件条码标签格式、InfoCode 等，将配置码和型号一一对应。配置码再细分为 PIC（Product Information Code）、PPC（Product process Code）和 PTC（Product Test Code）。

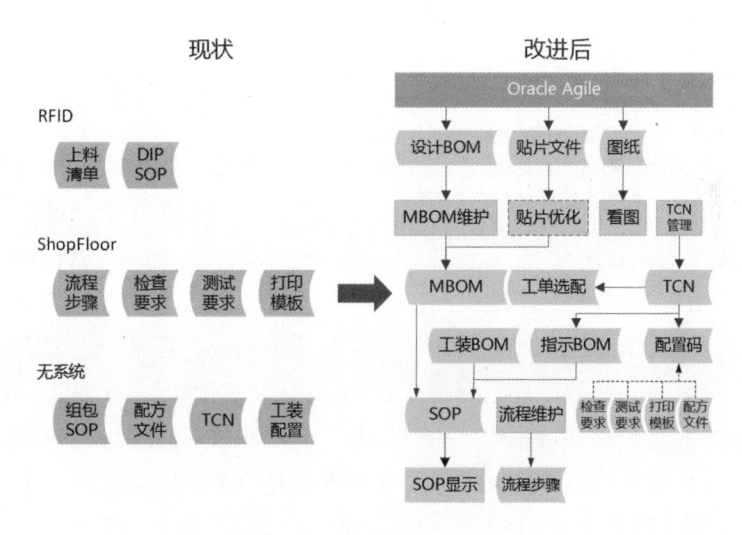

图 16-5　产品数字孪生体

（1）PIC：产品信息码，主要管理客户对产品的一些详细要求。如标签要求、打印要求、出货地/MAC 地址段/产品软件要求等。

（2）PPC：产品过程码，主要是现场的一些标签打印项、粘贴项、人工检查项、参数要求等。

（3）PTC（Product Test Code）：产品测试码，主要是测试项的管理，如测试软件、版本、测试要求等信息。

PPC 和 PTC 将客户要求转换为实际加工现场的具体信息要求，主要解决针对不同的生产线，如何把相关要求转换到生产、测试现场工作站的问题。

工艺部门分型号、生产线、站位维护工装及工装数量形成工装 BOM。工装 BOM 主要描述了产品生产相关的夹具、刀具、卡具和模具等工装信息，反映了零件、装配件和产品在制造过程中使用的工装信息。工艺部门按照型号分工序、生产线、站位维护的配方文件（NC 程序）、作业指导书的作业步骤文本、注意事项、对应图示的图片、视频等信息形成指示 BOM。指示 BOM 反映了零件、装配件和产品在制造过程使用的物料和工装之外的辅助指示、辅助软件、辅助文件等信息。

通过配置码、指示 BOM、工装 BOM，统一了制造工艺的各项工作，形成了产品数字孪生体的平台。标准操作程序（Standard Operating Procedure，SOP）信息结构化存储，可自动生成便于修改的工单，实现变更的闭环管理、TCN 管理信息、替代料信息结构化；通过系统权限分配，明确各项工艺维护工作的人员责任划分，也明确了 D2M（从设计到制造）的衔接机制。

4．"一个计划"管理模式

在计划管理平台上形成"一个计划"的管理模式：输入销售预测，并把临近生产的销售预测转成计划工单，MES 接收计划工单，经过物料齐套分析与 APS 排程生成生产工单，把生产工单传递给 ShopFloor 和 WMS/RFID。传递给下游的生产工单附带所需要的工艺信息，如 MBOM、配置码、途程（工艺路线）等。计划是制造的主线，是采购、物流、工艺和车间等协同的基础，计划要编排合理，更要严格执行。同时，计划的稳定性是保证整个工厂从采购到供应链乃至制程和售后有序运行的基础，通过高级计划与排程系统（APS）优化的排程算法有效提高了科学排程的效率及资源利用率。如图 16-6 所示为订单生产和高级排程系统架构。

5．PLS/MLS 物流模式

根据工厂不同物料的采购频次和送货周期，将工人拉料分为三种物流模式：PO1、PO2、PO3。

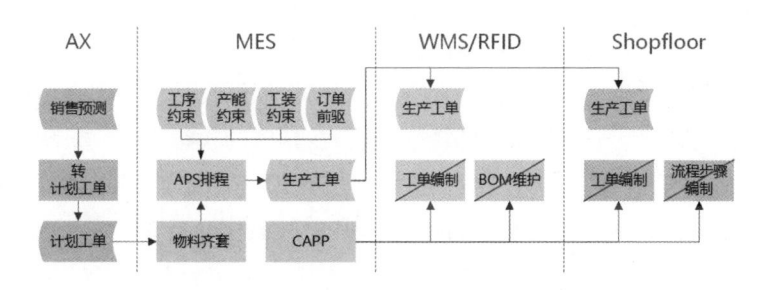

第十六章 电子行业智能制造新模式应用

图 16-6 订单生产和高级排程系统架构

（1）PO1 为供应商直送上线，最大限度降低库存周期，理想目标是 1 次/班。

（2）PO2 为月/周预告基础上的双日拉料，库存周期降低为 2 日。

（3）PO3 为月/周预告基础上的周拉料，库存周期降低为 1 周。

对于本次实施工厂而言，物流成本的主体是库存成本，达到理想状态后可把库存周期降低为行业领先的 3 日；采用优化算法实现毛需求与库存和 OPEN PO 的匹配运算，最优化地匹配替代料，节约成本，极大地减少了原有物料批量报废，减轻了仓库管理的压力。在投料 MRP 中将投料单细化到站位/Feeder，并指定料号，仓库管理系统（WMS）按照先进先出等规则确定 LotCode。MES 基于配额（PO1/2 预告和 PO3）和供应商顺序滚动计算拉料单，减少供应商送货次数。

6．质量管理系统（QMS）

QMS 涵盖五项功能：全程质控、动态策略、质量反馈、TOP 分析、产品档案。

（1）全程质控从进货到售后，覆盖前移检验、进货检验、可靠性检验、首件检验、抽检/盲点抽检、质量稽查、FQC、OBA、OQC 和售后质管等。

（2）建议引入专家培训/辅导，提高质量控制的有效性和及时性。

（3）逐步建立前移检验制度。

（4）在日常工作之上，尽快通过质量的大反馈和大推进，做到质量改进。

（5）整合人、机、料、法、环、测的生产数据，建立产品档案。

7．设备管理系统（EMS）

上海剑桥的设备管理系统以设备生命周期管理为核心理念，建设设备管理功能，包括设备基础信息管理、维保管理，形成设备运行履历。设备运行期管理的基准书驱动模式：设备运行期管控严格按照管理规范去驱动维保活动的进行。通过周期参数的设置，在具体的执行上形成日历、月历和年历作为执行依据，方便执行部门合理分派具体工作。设备运行期维保在执行层次上分为车间班组执行的自主保全和维修班组执行的专业保全。

8．软件系统集成

建立工厂内部互联互通网络架构，实现设计、工艺、制造、检验、物流等制造过程各环节之间，以及企业信息系统间的高效协同与集成，建立全生命周期产品信息统一平台。

9．大数据分析及信息看板

基于云计算技术，形成制造大数据分析，包括产品全周期追溯、生产状态统计与分析、生产过程工艺参数分析与优化、质量数据统计与分析、设备状态统计与分析、人员作业统计与分析……

三、项目实施成效

上海剑桥大力推进精益生产，大规模投入工业自动化、工业信息化，全面按照工业4.0理念和模式重新布局，加快智能制造的步伐。

项目实施后取得了显著效果：

（1）实现了生产数据可视化、生产管理透明化，搭建实时、全面的生产监控体系。通过对人、机、料、法、环、测的数据收集，将隐性的生产制造过程数据变为可见的显性数据。设备运行状态及时间、人员工作效率、物料配送情况、测试结果等都清晰可见。

（2）解决了多渠道、多样式的数据统一问题，消除了信息孤岛。通过CPS总线实现了跨车间、跨系统的有效数据交互，避免在操作复杂、种类繁多的信息系统中重复操作。同一数据来源唯一、确保一致，各个系统中存储的产品相关数据汇集到统一平台，提升工作效率，减少人为差错，保证了数据的关联性和完整性。生产线换线时间由45分钟降至18分钟，每天的人均产出由34.5等效台提升至48.9等效台。

（3）建立了可视的数字化工厂，数据信息一目了然，方便生产管理人员及时发现问题；采用先进的雾计算技术完成边缘计算，满足数据实时型和延时敏感的需求，将显性数据转化为直观的图表、信息看板、3D仿真模拟等可视化信息，使信息获取时间大幅降低。

（4）建立了与物理空间相对应的虚拟信息空间，以虚控实、虚实融合。人和设备这些实体可以与生产相关的软件系统交互、相互协同，真正地实现了个性化制造，具有充分的柔性和敏捷性，能够适应定制化生产对计划、协同、物流等的要求。同时，设备可以自主控制、自主适应，极大地提升了效率，降低了成本，实现少人化工厂。月均用工人数相比之前降低了25%。

（5）项目旨在追求精益求精和不断改善，生产均衡化、同步化，使上海剑桥的生产制造更适合多品种小批量生产，尤其是配置化/订单化/定制化的生产，以最优品质、最低成本和最高效率对市场需求做出最迅速的响应。

四、项目实施经验

上海剑桥开启了电子行业智能制造新的应用模式和实施方法的探索之路，基于企业需求构建了企业智能化、信息化的平台，取得了良好的实施效果，既能满足客户高标准的质量要求，又能快速响应客户的定制化产品需求，并且为上海剑桥的生产管控和智能制造奠定了统一的数据基础，促使上海剑桥的生产制造迈上了新的台阶。作为电子行业龙头企业，上海剑桥为智能制造在电子行业的应用树立了标杆，已然走在电子产品生产领域的前列，起到了良好的带头作用和示范效果。

第十七章
从"电子制造"到"电子智造"的蜕变之路

天准科技股份有限公司　曹葵康、黄沄

人工智能（Artificial Intelligence）是研究如何应用计算机的软硬件来模拟人类某些智能行为的基本理论、方法和技术，即通过控制计算机来完成过去由人智力来完成的工作的一门技术科学。作为一股强大的新生力量，它吸引了全球热烈的关注，被寄予巨大的期望，也成了21世纪推动人类文明进步与发展的最强大的动力。在现代社会的发展中，工业生产技术发生了很大的变革，智能制造行业发展十分迅速，智能化是未来工业发展的一大趋势。

一、项目实施背景与状况

1. 企业简介

天准科技股份有限公司（以下简称天准科技）是在中国科创板上市的工业人工智能企业，是全球电子产品龙头企业的重要供应商，长期参与其核心产品的智能组装、检测等智慧生产项目建设。经过多年的努力，天准科技的智能组装、智能仓储、人工智能边缘计算等产品已覆盖全球3000余家精密制造标杆企业。

2. 项目定性

电子产品推新速度快、时效性强、种类多样，制造过程中的原料、半成品、成品大小形态各异，规格不一，业务流程复杂，日常的来料、检测、组装、进出库、盘点等业务处理烦琐，这对电子制造企业工厂的智能化提出了严峻的挑战，高效率、低成本、精益化、规范化、智能化的管理势在必行。因此，围绕行业特性与企业现状，在保持大规模低成本生产优势能力的前提下，进行智能工厂升级项目方案与部署具有重要的意义。

3．实施项目的基础条件

天准科技打造数字化智能工厂将提升生产效率和物料管理能力，解决改造前在日常运营过程中因信息统计滞后、协调与协作不足导致的产能、物料、人力和财力的浪费，更重要的是解决企业针对产品更新迭代中遇到的设备改造成本高、库存积压严重、多品种小批量无法达到柔性生产的问题，同时可通过实时数据统计和分析，帮助企业指导优化生产效率、提升质量控制水平、降低不良品库存积压和制造成本。

4．实施项目的必要性

未来的信息化战争是通信、电子技术之争。电子产品具有技术更新快、应用广等特点。作为 5G 信息化的必备载体，电子产品质量的提高必将使下游产业得到质的提升甚至飞跃。大到航空航天，小到民生品质，随着市场需求的不断扩大，电子产品的应用对品质、个性化要求将越来越高。因此，在整个行业生产管理效率不足的情况下，电子制造企业必须顺应新一轮科技革命和产业变革，加快智能工厂、物联网、大数据等信息技术与制造业融合，加大智能化改造力度，进一步降低生产成本，提高生产效率和生产质量，加快产业转型升级。

二、项目主要实施内容和措施

1．项目总目标及任务概况

天准科技的数字化智能工厂建设项目力争在二年内完成，企业精益生产和仓储管理水平将得到全面的改善和提升，工厂总体设计、物料流转及仓储设计均建立了较完善的系统数字模型，数据采集并汇总进入企业数据云管理平台，实现生产数据自动采集率96%以上，工厂自动化控制使用率为 90%以上，通过实时的数据管理平台实现从基础实施层、执行层、管理层到企业层，乃至决策层的定制化的数据面板展示、分析和预警。

2．项目任务规划

根据电子产品生产企业的产品制造工艺及物料流转特点，项目大体分为评估期、部署期和完善期。

评估期：主要是针对客户现有的基础设施软硬件情况、新产品导入带来的一系列繁杂变更及成本增加、当前的物料流转、人员统计情况进行深入的调研、探讨，结合现有状况和目标需求，确定关键节点、关键环节、关键数据等，在兼顾需求和改造成本的同时要考虑未来新品导入的柔性和效率。

部署期：智能工厂的策划、部署、测试、改善是一个相对长期的过程，在实施期间需要结合物料流转、制造工艺等顺序，平衡利弊，对通信系统、工控系统、生产设备、检测设备、业务管理系统、生产管理系统等进行综合部署以确保改善效果。

完善期：主要针对原部署情况，实现设备层、控制层和数据分析的优化、改善，以及 MES、ERP、PLM、MOM 等企业管理系统的深度整合，为质量监管、工艺控制及工单管理提供全流程质量追溯信息。

3．项目实施架构

（1）基础实施层：结合现有的通信设施和控制设备情况，针对新品导入常见变更，实施柔性化部署，打造高效、可持续的软硬件控制系统。

（2）执行层：整合生产制造、电气控制、仓储物流等系统，实现电子产品物料流转的基础数据采集、可视、可控、可优化、可追溯的实时管控。

（3）管理层：通过完善 PLM、APS、ERP、SCM、CRM 等管理系统，实现公司运作效率的改善和提升。

（4）企业层：通过整合销售管理、生产计划管理、物料管理等管理系统，实现工艺、制造、检测、物料流转产供销存一体化的可视化，提升管理效率。

（5）决策层：针对各决策层不同的管理需求，将数据进行汇总、分析、实时展示，避免产能、物料等浪费。

三、项目实施成效

1．采用"天准智能+自动化技术"

天准科技的数字化智能工厂项目采用"天准智能+自动化技术"，将上料、标记、清洁、功能测试、外观检测、不良品分选、组装、打标、功能测试、外观检测、成品分选、包装、贴标、入库、出库等工序集成到一个系统，具有自动化程度高、人力投入少、流转效率高、可追溯性好等特点，最大限度地避免生产及物料流转过程中易错、易损等人为因素、实现降本增效。

2. 采用全生态智能物料管理设计

天准科技的数字化智能工厂项目依托高效智能仓储物流软件管理系统和可靠的硬件设备（如托盘式堆垛机、入库输送系统、出库输送系统、拣选系统、RF 管理系统、条码系统、接口系统、WMS/WCS 等），在充分实现物料智能仓储、自动分拣、配送、盘点等同时，完善仓库管理、提升盘点效率、避免人工错误、降低企业运营成本。

3. 采用个性化、定制化看板式管理

天准科技的数字化智能工厂项目中采用个性化、定制化看板管理，在项目评估初期就将执行层、管理层、企业层、决策层等不同层级的管理需要作为看板管理的关键部署，通过 PLM、APS、ERP、SCM、CRM 等管理系统和硬件设备实时的数据统计、汇总、分析、上传、串联、再次分析等数字化管控，为各层级人员提供数据、分析和预警，实现科学规划、智能运转、降低运营成本、提高作业效率和资金使用效率。

四、项目实施经验

（1）智能化改造过程也是思维的变革、制造概念的变革过程，改造过程要与客户现场的各个环节的人员充分沟通，问题会有很多，现有设施和目标也会有一定的差距，要在最优的成本投入和合理的人员参与的情况下完成项目改造，不仅应时刻明确要做什么、达到什么目的、传递什么价值，还要不断地平衡利弊。

（2）以人为中心，在工厂智能化改造过程中，实现结果要尽量避免人工干预的过程，但改造过程中要以各个层级的执行人、管理人的需求为中心，一切智能制造项目的实施是以人为导向进行下去的。

（3）数据的安全性、实效性是智能化改造过程中的重要部分，要通过企业内部各环节数据的互通，实现从投料到出库的厂内数字化监管可控。

（4）工厂的智能化改造要具有前瞻性，不仅要解决当前的物料流转、数据分析等问题，也要将企业面向未来的新品的导入效率、柔性化局部改造的可能性考虑进去。

第十八章
电动汽车充电技术新模式应用

清华大学能源互联网创新研究院研究员　张罗平

一、项目实施背景与状况

为落实国务院关于发展战略性新兴产业和加强节能减排工作的决策部署，加快培育和发展节能与新能源汽车产业，我国政府陆续发布了《关于2016—2020年新能源汽车推广应用财政支持政策的通知》（财建〔2015〕134号）《电动汽车充电基础设施发展指南（2015—2020年）》（发改能源〔2015〕1454号）等文件，指出了充电基础设施与电动汽车发展不协调、充电基础设施建设难度较大等问题的存在制约了新能源汽车的推广应用。基于此，提出加强公共充电基础设施建设的规划，并给予相应的财政补贴。2016年11月7日，国家发展改革委、国家能源局发布了《电力发展"十三五"规划》，其中强调将加快充电设施建设，促进电动汽车发展，力争到2020年使我国的充电设施可满足全国超过500万辆电动汽车充电的需求。2018年四部委发文要满足居民区"一车一桩"，国家发展改革委官网于2018年12月10日发布通知称，国家发展改革委、能源局、工业和信息化部、财政部联合发布"关于《提升新能源汽车充电保障能力行动计划》的通知"（以下简称《通知》），对新能源汽车充电桩的发展提出要求。

《通知》提出六项重点任务及三项保障措施，力争用3年时间提升充电技术水平，提高充电设施产品质量，显著增强充电网络的互联互通能力，居民区千方百计满足"一车一桩"接电需求。

据公安部网站数据显示，截至2018年上半年，中国新能源汽车保有量达199万辆。而《通知》中提到，目前，我国已建成充电桩数量超过60万个。因此，按"一车一桩"的需求，目前我国充电桩缺口或高达140万个。

近年来，我国新能源汽车保有量不断增加，充电桩行业迎来快速发展。多建充电桩，提高充电便利性，可以极大地缓解客户的"里程焦虑"，也可以加快提升家用新能源汽车的性价比，有利于更好地普及新能源汽车。这个共识已经形成。

充电桩是支撑新能源汽车发展的重要基础设施。高效便捷的充电桩可以通过数据交换，使运营方有更多的机会与用户互动，提升用户体验，促进新能源汽车产业高质量发展。未来 10 年，我国存在 6300 多万个充电桩的建设缺口，将充电桩纳入新基建，有望带动新能源汽车新一轮快速增长，促进国家能源网络优化升级，激活万亿元级别大市场。

尽管前景可观，但充电桩建设与运营并不容易。早在 2015 年，国务院办公厅《关于加快电动汽车充电基础设施建设的指导意见》提出，要力争到 2020 年基本建成适度超前、车桩相随、智能高效的充电基础设施体系，满足超过 500 万辆电动汽车的充电需求。随后，各路资本纷纷涌入行业"跑马圈地"，掀起了一波又一波的建桩狂潮。其中，既有国资巨头，又有整车企业，更有大量的民营企业。目前，行业仍然面临基础不牢固、发展不均衡不充分等问题。问题主要表现为：充电设施平均利用率相对较低，行业盈利能力低，商业模式尚未成熟；充电设施运营企业在整体产业链中仍然处于相对弱势的地位，车企参与度相对较低，动力电池充电技术升级难以协同……

通过借鉴欧洲等国家和地区的先进经验，国家能源局将会同相关部门加大协调力度，促进车企深度参与充电运营服务，支持整车企业向充电服务运营商购买配套服务，发挥车企引领作用。

不少专家表示，即使未来实现大功率充电之后，对电动汽车而言，可能还会有一些小功率充电车存在。加快柔性智能充电技术推广应用，不仅有利于提高整个设备的兼容性，而且可以提升充电的智能化水平。

推动充电服务平台整合发展是充电桩建设的未来趋势。国家能源局监管总监李冶认为，应当积极发挥充电基础设施促进联盟等行业协会作用，利用中央财政资金的杠杆作用，加快推动国家级服务平台整合发展，为新能源汽车用户提供更加智能、便捷的充电服务，充电桩行业才能真正实现高质量发展。

二、项目主要实施内容和措施

1. 项目主要内容

中国科学院院士、清华大学教授欧阳明高说："多建设充电桩，提高充电便利性,可以极大地缓解客户的'里程焦虑'。反过来,如果用户的'里程焦虑'降低,又可以加快提升家用新能源汽车性价比,有利于更好地普及新能源汽车。"基于此,本项目实施了以下内容。

(1)基于分布式储能系统构建有序充电的智慧云平台建设:在基于物联网支撑的智慧共享插座中安装智慧芯片,由云平台对泛在的能源互联网智慧共享充电插座中的芯片进行智慧化管控,实现24小时不间断的供用电安全监管,同时可根据不同需求设置不同的电能计费模式,实施灵活的适应用电峰谷动态调节的用电计价模式。

(2)泛在用电细节的智慧化管控:采用物联网技术,形成用电基础大数据,通过人工智能对大数据的分析、自学习及预警处理,实现对户外公共场所泛在用电细节的智慧化管控。

(3)实现预约用电:用户可根据自己的需求自主设置用电时间,以充分利用谷时段的低价电。而且,充电过程可实现充电用户手机端的远程和全程监控。

(4)统一、规范电能计量标准:利用能源互联网智慧共享充电插座中内置的高精度计量芯片,直接完成对电压、电流、功率、电能量和温度等物理量高精度准确的测量或计量。

(5)温控功能设置:能源互联网智慧共享插座内置温控单元,在出现过载、过温、过流、浪涌、漏电等异常情况时,所构建的精细化用电管理及运营云平台将自动断开相应的充电插座,同时向电动汽车车主发送故障告警信息,提醒及时进行维护,从源头遏制户外公共场所泛在用电的安全隐患。

(6)收费设置:无需下载安装App,可实现即扫即用电,即付即充电,真正实现户外公共场所泛在用电的方便快捷。

(7)建立"峰谷充电套餐"商业化充电管理机制,引导用户参与电力需求侧响应:引导各类电动汽车车主用户在每天夜间用电谷时段参与有序充电,能够促进电网改善负载均衡性;其逐步实施到位,利用电池充电过程属于"可中断负荷"的物理属性,对分散的充电负载进行统一调度,由软件算法确定需要接入的负荷总量,可以辅助电网实现部分储能调节负载的功能。

2. 项目主要原理、技术内容及路线

相对于传统的售电管理模式,这种新式用电管理平台更接近用户端,

第十八章　电动汽车充电技术新模式应用

具体将用电服务、电能计量管理等诸多功能都下沉到底层的能源互联网智慧共享充电插座端，采用物联网手段与大数据相结合，精细化、智慧化地管理用户的充电用电行为，并通过建立峰谷用电价格引导机制，让电动汽车的充电过程平移到夜间用电谷时段，实现大范围的有序充电，集中增加夜间谷时段的用电量，为电网供能的削峰填谷、平抑负荷曲线等提供全新的技术手段。如图 18-1 所示为"安全充电+峰谷充电"精细化管理及运营平台。

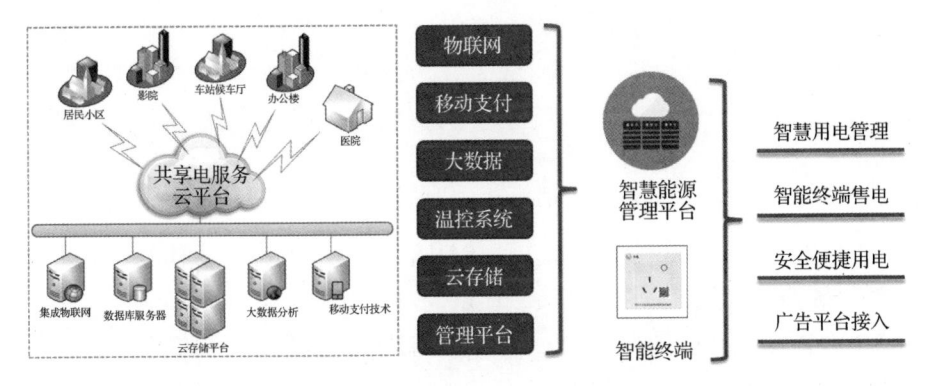

图 18-1 "安全充电+峰谷充电"精细化管理及运营平台

为保证电网稳定运行，传统方式是建立储能电站来实现削峰填谷，而建设一定规模的储能电站需要投入大量的资金。采用新技术提出的"安全充电+峰谷调节"精细化管理及运营平台去实现峰谷调节充电功能，将充分利用电动汽车电池需要经常充电的刚性需求，加之合理调整充电时段，从而巧妙地缓解电网供能削峰填谷的难题，且投资少，一举多得，经济效益明显。对采用本项目新技术的经济效益，可做出如下预估：

某市现在拥有 10 万辆电动汽车，车内自带电池充电总容量为 40 千瓦时，车主不可能把电池电量全部用完再去充电，所以按照每辆电动汽车常规对电池充电 30 度电计算，采用 3 千瓦充电功率的智慧共享插座实现充电，完成 30 度电的充电过程不超过 10 小时，效果是让电动汽车行驶里程增加 200 多公里，能够满足大多数私家车上班代步 4 天的能量消费需求。

平均 4 天充电一次，每次夜间 10 小时。10 万辆电动汽车折合每天总体储电容量=30 千瓦时×25000 辆车，储电容量总计为 750 兆瓦时，其总体规模相当于 750 兆瓦时的储电容量。这就是说，10 万辆电动汽车平均 4 天充电一次，能够实现每天消耗 75 万度电的用电量。利用新技术和新方法，将这些"储能"资源进行统一管理，让这个巨大的分散型负载参与有序充电，实现在后半夜谷时段去充电，能够有效减少白天用电高峰期的用电负荷量。

电动汽车只有接入电网的电源进行充电，才能够对电网的系统负荷起到调节作用，这是一种可中断负荷，充电过程中如果需要切断负荷，不会对电池带来损害，仅仅是延缓充电的过程。利用电动汽车充电实现的等效总功率为

$$P = nmp$$

其中，P 代表总的储能等效功率；n 是参与充电的电动自行车的比率；m 为地区拥有电动自行车的总数量；p 表示电动汽车充电线功率（模式 2 充电线，就是传统的充电器），国内常见有 2 千瓦、3.5 千瓦和 7 千瓦三种规格。

引导 10 万辆电动汽车使用者都参与夜间用电谷时段有序充电，每个停车位充电功率按 3 千瓦计算，且考虑四分之一参与充电，其等效实现的就是 75 兆瓦储能电池充电的负载作用，75 兆瓦的可中断负荷。

为实现上述专用储能功能，如果专门建设储能电站，购置锂电池需要投入 5.68 亿元。而采用智慧共享插座（能源互联网插座）建设分布式电动汽车充电点，实现"分布式储能电站"的效果，实际投入只需要建设 2.5 万个能源互联网共享智慧充电插座，每个插座全部施工材料建设费用为 1000 元一个点，总投入为 2500 万元，这是传统锂电池储能电站建设投入的二十二分之一，也就是只需要 4.5%的投入。

采用夜间用电谷时段有序充电、峰谷调节充电，不仅可助力解决电网削峰填谷难题，能提供更加安全的智慧充电设施，方便老百姓在停车位上就能完成电动汽车的日常充电需求。在物业小区实现电动汽车停车位充电，可明显降低老百姓的充电支出费用，还能减少储能电站场地建设占地，并避免储能电站电池无谓的充放电损耗。利用电动汽车的电池进行有序充电是一种全新的技术手段，是储能电站之外的另一种经济实惠的平抑负荷曲线的全新方法。

综合采用智慧共享新技术手段实现对电动汽车充电行为的集中调节、智慧引导，可以创造可观的经济价值。首先，它可以更有效地削减白天的用电负荷峰值，从而可大大减少电网建设投资。其次，它可以使用电负荷曲线在削峰之后发生变化，从而优化发电成本（将需求从峰值转移到基本负荷发电）。此外，在太阳能和风能发电过剩时宏观实施加快充电，或在可再生能源产量较低时适时地宏观降低充电速度，都有助于整合更大比例的

第十八章 电动汽车充电技术新模式应用

可再生能源参与发电供电。最后，通过提供需求响应服务，智慧充电还可以提供有价值的系统平衡（频率响应）服务。要实现目标，就要经常性保持电动汽车充电负荷在线，有效的工具就是对接能源互联网插座。

让智慧共享充电设施无处不在，让智慧充电端口在户外公共场所随处可见，形成一种全新的用电生态圈，必将带来巨大的社会效应和经济收益。

3. 技术关键点和主要的创新点

新技术的关键点在于解决户外用电安全管理，实现自动收取小额服务费用，无人值守，多种业务差异化服务，业务简单方便精准计量，面向大众泛在普及，普通电工安装实施无须专门培训，一个二维码解决全业务流程。技术关键点包括以下几方面：

（1）安全用电。温度实时监控，出现过载、过温等异常时，系统可以自动断电，同时向管理者发送信息，提醒维护。可远程监控，在任意地点查看、控制设备用电情况。不仅在系统端实现了可监视、可预警、可控制、可追溯，而且在用户手机端也实现了上述先进功能。

（2）售电业务简单方便。在用电设备最前端的插座中内置电压、电流、功率、电量、温度检测，允许后台系统对最小用电终端进行全方位的业务管控，每个终端计价规则灵活设定，能够适应各种各样的用电场景，这是零售电进入市场化的必要条件。

（3）面向大众泛在普及，普通电工人员都可以操作，推广门槛很低。电能是普及度最高的能源，是日常生活中最便捷的能源，在各种复杂环境下，都有电能的应用场景。由于采用极低成本的插座，能够轻易投放到各种各样的用电场所。尤其是电动汽车充电的需求，采用智慧共享插座来解决，简单有效，且充电设施建设成本相比充电桩降低5倍以上，完全替代交流充电桩的作用，低成本更容易普及推广。

（4）一个二维码解决全业务流程。扫二维码付费，是移动支付普及性最高的支付方式，98%的主流支付平台是微信和支付宝，扫码直接付款，避免任何多余环节，一次扫码解决全业务流程，不论新老用户，第一次使用无须验证码。能够让不同的人通过扫同一个二维码获得差异化服务，这是未来服务市场的核心竞争力。

本项目创新点众多，主要包括理论创新、应用创新、技术创新、结构创新四方面。项目采用自主研发的公共场所用电管理平台，能够在各种各样的场合和领域为用户提供电能，尤其是户外用电的创新，真正解决出门找不到电源的难题。

1）理论创新

（1）用电曲线预警算法创新。早期的用电管理设备，最低端（最小采集信息点）的是家庭电表，用电采样周期通常是一个月。新技术采用插座进行用电管理，按分钟采集用电设备的电压电流功率、电量温度信息，为用电预警管理提供了精确的数据，能够实现各种新的管理算法。

（2）峰谷调节算法创新。利用分散的电动车电池作储能单元，协助电网负载动态平衡，通过获取物业小区总变压器动态功率数据，进行有序充电，这种泛在电力物联网实现的电网峰谷调节算法，能够充分发挥电动汽车电池的作用，不仅给车辆提供能源，而且给电网增加负载调节效果，一举两得，经济效果显著，能够有效提升变压器使用容量，在确保安全的前提下增加变压器的容量使用率。

2）应用创新

（1）项目产品把插座从室内移到户外，解决户外无电的困扰。

（2）项目终端产品应用在物业小区的自行车棚，能够解决老年代步车、电动自行车的充电问题，比投币式、刷卡式的支付方式简单，比集中式一机多个插座的产品组合灵活，如果有需要，在某些地方只安装一个插座也是可以的。

（3）项目终端产品安装在汽车停车位上，能够替代充电桩。一个7千瓦交流充电桩的造价为5000元，在地下车库，一个插座的全部设备及安装施工费用总和不超过1000元。这种应用替代创新的社会效益显著。

3）技术创新

（1）采用泛在电力物联网技术，综合制定户外用电控制全业务流程，让每个独立终端采集用电安全的基本数据，依据用户小额付费额度，调度每个终端的供电输出，实现了公共场所开放区域的电源设备共用共享。

（2）采用大数据后台管理业务流程，实现一个静态二维码的全业务流程管控。一个插座在平台内具有一个唯一的二维码，但是，不同的用户扫码会得到不一样的差异化服务。比如，A用户办理过年卡，扫码获得包年服务；B用户办理过打折优惠券业务，扫码获得折扣服务；C用户没有办理过任何优惠套餐，扫码获得即付即用服务。

4）结构创新

（1）采用通信、采集计量、控制电路元器件内置到国家标准86盒电源插座的户外用途插座中，无须额外培训，普通电工看说明书就可以安装，

第十八章　电动汽车充电技术新模式应用

大幅度降低新技术推广难度。

（2）安全防护加强，每个插座插口有防误触挡片，物理隔离带电导体。用户付费之前，电源是关闭的。平时没有电输出，更加安全。

（3）扫码有提示，防止收款二维码被假收款二维码替换。用户扫码看到提示，就可以放心支付，保证支付安全。

三、项目实施成效

智慧共享充电插座自 2018 年 1 月投入运营。用户在给爱车充电的过程中，可以远程监控充电状况，随时允许停止充电，可提前结束充电，及时退款。当遇到意外，如有他人拔掉电源端，车主很快会收到系统发给车主的告警提示信息。由于采用最先进的移动支付工具，用户无须办卡，无须跑营业厅，个性化服务已经植入最新的智慧共享插座体系之中，给用户车主带来方便。

新技术首先应用于清华大学能源互联网创新研究院的办公大楼地下停车位，位于北京市海淀区双清路 77 号，主要为员工代步上班的电动汽车进行充电服务。如图 18-2 所示为清华大学能源互联网创新研究院地下停车场实施案例。如图 18-3 所示为北京亦庄经济开发区泰豪智能大厦实施案例。如图 18-4 所示为广西柳州鹿寨经济开发区实施案例。

新生事物出现之前，需要做出艰巨的创新发明工作。能源互联网插座的外表看起来就是一个传统的插座，但内核已经脱胎换骨，是一种全新的智慧型共享插座，是一个充电服务的收银员，是一个用电管理的安全员，是一个推销各种各样业务的业务员。

图 18-2　清华大学能源互联网创新研究院地下停车场实施案例

图 18-3　北京亦庄经济开发区泰豪智能大厦实施案例

图 18-4　广西柳州鹿寨经济开发区实施案例

四、项目实施经验

得益于国家对新能源汽车战略的重视和我国新能源汽车保有量不断增加，充电桩行业近年来也迎来了快速发展。截至 2019 年年底，我国充电基础设施达到 121.9 万个，较 2018 年年底增加了 50 万个，总体规模远超其他国家。

不过，当前我国桩车比并不高。按照公安部统计数据，截至 2019 年年底，全国新能源汽车保有量达 381 万辆，目前桩车比约为 1∶3，与国家《电动汽车充电基础设施发展指南（2015—2020）》规划桩车比 1∶1 的目标相比，还有不小差距。

第十八章　电动汽车充电技术新模式应用

北汽集团董事长徐和谊认为："在发展新能源汽车过程中，一直有个误区，就是续航里程越长越好，以至于一些企业为了满足长续航里程，不仅'玩命'提高电池能量密度，而且把电池加得越来越多，结果导致车价更高，既浪费资源，又不环保，还增加了电池安全隐患。"如果进一步提高桩车比，大幅改善新能源汽车在使用过程中的便利性，让充电比加油更方便，将会极大地促进新能源汽车市场发展。

中国电动汽车百人会理事长陈清泰预测，到2030年中国电动车销售有望突破1500万辆，保有量有望突破8000万辆，届时纯电动车辆或达到6480万辆。如果严格按照1∶1的桩车比来测算，从2021年到2030年的十年内，需要新建桩6300多万个，形成万亿元级的充电桩基础设施建设市场。

充电桩产业形成规模，直流桩与交流桩产品细分明显，延伸出新的空间。在集中式充电站，随着技术不断进步，充电桩的主要指标功率不断提升，市场销售价格不断下降。以充电功率为例，目前我国公共直流充电桩功率已从2016年年底的60千瓦提高到120千瓦，不少新建公共充电桩配套120千瓦直流桩的数量越来越多，可大幅缩短快充时间。交流桩从早期的3.5千瓦，发展到现在的7千瓦，目前7千瓦的交流充电桩在新入住的居民小区停车位随处可见。

工业和信息化部运行监测协调局特聘专家、赛迪顾问股份有限公司总裁孙会峰表示，充电桩技术应用市场的开拓空间巨大，随着产业价值向运营环节延伸与转移，如果运营领域的龙头企业能有效连接客户需求，其龙头企业的规模化效应将会凸显。孙会峰认为，传统充电桩运营收入以充电服务费为主，收入来源单一且增长空间有限。事实上，充电桩在充电的同时可以获得大量数据。例如，新能源汽车电池信息、用户用车习惯、车辆分布等数据，通过挖掘数据价值对外提供二手车评估、用户画像、商圈规划等增值数据服务，有望打造一个更大的服务市场。

在北京智充科技公司创始人兼CEO丁锐看来，充电只是一个充电桩2%的功能，剩下98%的功能是交互。他认为，未来智能充电桩不仅仅是设备制造商、运营商和车主之间互动，而是贯穿于每个人的生活当中："当你拥有一台充电桩或拥有一个停车位，你拥有的资源可以给别人提供服务，从而获得相应收益。"

充电桩建设与运营价值，要从新能源和交通电动化双重角度来思考。"过去的充电桩是单向的，是把电充到车里的物理插头，如果将其通过智能化改造，组建成一个有能源和数据采集、交互、分析、管理的系统网，实

智能解密——智能+场景应用案例解析

现车与车互动、车与电网互动,不仅可以促进国家能源网络优化升级,还能产生新的价值",特来电新能源有限公司董事长于德翔说。

随着"能源互联网插座"出现,充电桩生态圈领域又增加了一个新的成员:智慧共享充电插座(见图18-5)。

图 18-5　智慧共享充电插座

新技术是一种全新的泛在电力物联网终端产品,将业务流、能量流、信息流三流合一。充电服务只是智慧共享通过挖掘插座提供的2%的服务业务,辅助电网有序充电是其中附加的增值服务,通过挖掘金融套餐、广告入口、红包消费、新能源汽车电池信息、用户用车习惯、车辆分布等数据价值,对外提供二手车评估、用户画像、商圈规划等增值数据服务,将带来越来越多的增值服务。